国家社会科学基金重大项目（23VRC043）研究成果

北京外国语大学"双一流"建设标志性项目（BW202018）研究成果

"一带一路"国家文化教育大系　　　　　总主编　王定华

南非
文化教育研究

Republic of South Africa
Culture and Education

张颖　陈云珠　著

外语教学与研究出版社

FOREIGN LANGUAGE TEACHING AND RESEARCH PRESS

北京 BEIJING

图书在版编目（CIP）数据

南非文化教育研究 / 张颖，陈云珠著. —— 北京 ：外语教学与研究出版社，
2024.10

（"一带一路"国家文化教育大系 / 王定华总主编）

ISBN 978-7-5213-4755-5

I. ①南… II. ①张… ②陈… III. ①教育研究－南非 IV. ①G547

中国国家版本馆 CIP 数据核字 (2023) 第 154861 号

南非文化教育研究
NANFEI WENHUA JIAOYU YANJIU

出 版 人　王　芳
项目负责　巢小倩　姚希瑞
责任编辑　孙　慧
责任校对　巢小倩
封面设计　李　高　锋尚设计
版式设计　李　高
出版发行　外语教学与研究出版社
社　　址　北京市西三环北路 19 号（100089）
网　　址　https://www.fltrp.com
印　　刷　北京盛通印刷股份有限公司
开　　本　787×1092　1/16
印　　张　17.75　彩插 1 印张
字　　数　250 千字
版　　次　2024 年 10 月第 1 版
印　　次　2024 年 10 月第 1 次印刷
书　　号　ISBN 978-7-5213-4755-5
定　　价　188.00 元

如有图书采购需求，图书内容或印刷装订等问题，侵权、盗版书籍等线索，请拨打以下电话或关注官方服务号：
客服电话: 400 898 7008
官方服务号: 微信搜索并关注公众号"外研社官方服务号"
外研社购书网址: https://fltrp.tmall.com

物料号: 347550001

"一带一路"国家文化教育大系编委会

好望角

南非桌山远眺

南非野生动物园

曼德拉（1918—2013）铜像

南非总统府

幼儿园活动课

小学生游泳课

学生参观德班博物馆

南非小学校园

开普敦勒斯滕堡女子小学

南非高中校园

高中体育课

学校烧烤活动

金山大学

开普敦大学

约翰内斯堡大学

斯坦陵布什大学博物馆

约翰内斯堡大学图书馆

开普敦大学中国剪纸文化活动

本书作者张颖与开普敦大学学生合影

出版说明

2013 年 9 月 7 日，国家主席习近平提出共建"丝绸之路经济带"重大倡议。2013 年 10 月 3 日，习近平主席提出共建"21 世纪海上丝绸之路"重大倡议。两者合称"一带一路"倡议。以 2013 年金秋为起点，"一带一路"倡议作为构建人类命运共同体的伟大设想，在开拓和平、繁荣、开放、绿色、创新、文明之路的非凡征程中，孕育生机和活力，汇聚信心和期待，在世界范围内广受欢迎和响应。

文化交流、文明互鉴是构建人类命运共同体的人文基础。文化发展，教育先行。作为"共和国外交官的摇篮"、文化教育的主动践行者、"一带一路"倡议的踊跃响应者和构建人类命运共同体的积极参与者，北京外国语大学在党委书记王定华教授的带领下，放眼世界，找准坐标，勇于担当，主动作为，深耕文化教育相关领域，研究、策划并组织编写了"一带一路"国家文化教育大系（以下简称大系）。国内相关高校和研究机构的众多专家学者献计献策，踊跃参加，形成了一个范围广泛、交流互动、共同进步的"一带一路"国家文化教育学术研究共同体。大系旨在填补国内相关研究领域的学术空白，实现"一带一路"国家教育研究全覆盖，为中国教育"走出去"和相关国家先进教育理念"请进来"提供科学理论和实践指导，具有重要的学术价值。同时，大系服务国家重大战略，通过分期分批出版，形成规模和品牌，助力教育强国建设，具有深远的意义。

作为国家社会科学基金重大项目"'一带一路'沿线国家文化教育发展状

1

况调查研究"、北京外国语大学"双一流"建设标志性项目"'一带一路'国家文化教育研究"的课题研究成果和北京外国语大学党委的"奋进之举",大系秉承学术性与可读性兼顾的原则,对"一带一路"国家文化教育理论与实践问题展开深入研究,从国情概览、文化传统、教育历史、学前教育、基础教育、高等教育、职业教育、成人教育、教师教育、教育政策、教育行政、教育交流等方面,全景擘画"一带一路"国家的教育风貌,帮助读者了解"一带一路"国家教育的历史与现状、经验与特点,为我国教育的发展和对外交流合作提供有益的借鉴、思考与启迪。

世界已进入新的动荡变革期,以"人类命运共同体"理念为价值导向,系统研究"一带一路"国家文化教育的历史、现状、经验、挑战等基本问题,深刻洞悉各共建国的教育政策、教育治理和教育发展前景,是扩大我国教育对外开放、提升我国教育国际影响力、响应和支持"一带一路"倡议的切实有力之举。在此,特别感谢大系总策划、总主编王定华教授,以及所有顾问、编委和作者的心血倾注、智慧贡献和努力付出。

外语教学与研究出版社对大系的编写和出版工作给予了高度重视。自2019年项目启动以来,外研社抽调精锐力量成立大系工作组,多次组织相关部门和人员召开选题论证会,商建编委会,召开全体作者大会,制订周密、科学的出版计划,以保证项目的顺利开展和图书的优质出版。目前,大系的出版工作已取得阶段性丰富成果,接下来将继续分期分批推出数量和规模可观的、具有相当科研价值和学术价值的系列专著。期望大系的编写和出版能为"一带一路"建设、中外教育交流及我国文化教育发展发挥基础性、服务性、广远性的作用。

外语教学与研究出版社
2024年9月

总　序

王定华

改革开放以来，中国各项事业取得了巨大成就。中国经济和世界经济高度关联，中国一以贯之地坚持对外开放的基本国策，构建全方位开放新格局，深度融入世界经济体系。2013 年 9 月和 10 月，习近平主席在出访中亚和东南亚国家期间，先后提出共建"丝绸之路经济带"和"21 世纪海上丝绸之路"的重大倡议（以下简称"一带一路"倡议），得到国际社会的高度关注。其中，"丝绸之路经济带"东边牵着亚太经济圈，西边系着发达的欧洲经济圈，是世界上最长、最具发展潜力的经济大走廊；"21 世纪海上丝绸之路"串起连通东盟、南亚、西亚、北非、欧洲等各大经济板块的市场链，发展面向南海、太平洋和印度洋的战略合作经济带，以亚欧非经济贸易一体化为发展的长期目标。

一、精准把握"一带一路"倡议的时代意蕴

"经济带"概念是对地区经济合作模式的创新。其中经济走廊涵盖中蒙

俄经济走廊、新亚欧大陆桥、中国–中亚–西亚经济走廊、孟中印缅经济走廊、中国–中南半岛经济走廊等，以经济增长极辐射周边，超越了传统发展经济学理论。"丝绸之路经济带"概念不同于历史上所出现的各类"经济区"与"经济联盟"，同后两者相比，经济带具有灵活性高、适用性广以及可操作性强的特点，各国都是平等的参与者，本着自愿参与、协同推进的原则，发扬古丝绸之路兼容并包的精神。

"一带一路"倡议是我国在新时代推进全方位对外开放的重要举措，为当今世界提供了一个充满东方智慧、实现共同发展的中国方案，也是对历史文化传统的高度尊重，凝聚了世界各国利益的最大公约数。丝绸之路是起始于古代中国，连接亚洲、非洲和欧洲的古代陆上商业贸易路线，最初的作用是运输古代中国出产的丝绸、瓷器等商品，后来成为东方与西方之间在经济、政治、文化等方面进行交流的主要通道。1877 年，德国地质、地理学家李希霍芬（F. P. W. Richthofen）在其著作《中国》一书中，把公元前 114 年至公元 127 年，中国与中亚、中国与印度间以丝绸贸易为媒介的这条西域交通道路命名为"丝绸之路"，这一名词很快为学术界和大众所接受，并正式运用。其后，德国历史学家赫尔曼（A. Herrmann）在 20 世纪初出版的《中国与叙利亚之间的古代丝绸之路》一书中，根据新发现的文物考古资料，进一步把丝绸之路延伸到地中海西岸和小亚细亚，并确定了丝绸之路的基本内涵，即它是中国古代与中亚、南亚、西亚以及欧洲、北非的陆上贸易交往通道。进入 21 世纪，海上丝绸之路也被纳入丝绸之路的涵盖范围，即从中国沿海港口过南海到印度洋并延伸至欧洲，从中国沿海港口过南海到南太平洋。随着时代的发展，"丝绸之路"成为古代中国与西方所有政治经济文化往来通道的统称。

推进"一带一路"建设既是中国扩大和深化对外开放的需要，也是加强和世界各国互利合作的需要，中国愿意承担更多责任和义务，为人类和平发展做出更大的贡献。文明交流互鉴是构建人类命运共同体的重要途径，是推动人类文明共同进步、实现世界和平发展的重要动力。共建"一带一路"要顺应世界多极化、经济全球化、文化多样化、社会信息化的潮流，秉持开放的区域合作精神，致力于推动"一带一路"各国实现经济政策协调，开展更大范围、更高水平、更深层次的区域合作，共同打造开放、包容、均衡、普惠的区域经济合作架构，维护全球自由贸易体系和开放型世界经济格局。

"一带一路"贯穿亚欧非大陆，一头是活跃的东亚经济圈，一头是发达的欧洲经济圈，中间广大腹地国家经济发展潜力巨大。根据"一带一路"走向，陆上依托国际大通道，以中心城市为支撑，以重点经贸产业园区为合作平台，共同打造新亚欧大陆桥以及中蒙俄、中国-中亚-西亚、中国-中南半岛等国际经济合作走廊；海上以重点港口为基点，共同建设通畅安全高效的运输大通道。

"一带一路"建设是有关国家开放合作的宏大经济愿景，需要各国携手努力，朝着互利互惠、共同安全的目标相向而行：努力实现区域基础设施更加完善，安全高效的陆海空通道网络基本形成，互联互通达到新水平；投资贸易便利化水平进一步提升，高标准自由贸易区网络基本形成，经济联系更加紧密，政治互信更加深入；人文交流更加广泛深入，不同文明互鉴共荣，各国人民相知相交、和平友好。

"一带一路"倡议是具有开放性和包容性的友好建议。当今世界是一个开放的世界，开放带来进步，封闭导致落后。中国认为，只有开放才能发现机遇、抓住并用好机遇、主动创造机遇，才能实现国家的奋斗目标。"一带一路"倡议就是要把世界的机遇转变为中国的机遇，把中国的机遇转变为世界的机遇。正是基于这种认知与愿景，"一带一路"倡议以开放为导向，冀望通过加强交通、能源和网络等基础设施的互联互通建设，促进经济要素有序自由流动、资源高效配置和市场深度融合，开展更大范围、更高水平、更深层次的区域合作，打造开放、包容、均衡、普惠的区域经济合作架构，以此来解决经济增长和平衡问题。"一带一路"倡议的开放包容性是区别于其他区域性经济倡议的一个突出特点。

"一带一路"倡议是超越地缘政治的务实合作的广阔平台。"和平合作、开放包容、互学互鉴、互利共赢"的丝路精神是人类共有的历史财富，"一带一路"倡议就是秉承这一精神与原则提出的新时代重要倡议，通过加强相关国家间的全方位多层面交流合作，充分发掘与发挥各国的发展潜力与比较优势，形成互利共赢的区域利益共同体、命运共同体和责任共同体。在这一机制中，各国是平等的参与者、贡献者、受益者。因此，"一带一路"倡议从一开始就具有平等性、和平性特征。平等是中国坚持的重要国际准则，也是"一带一路"建设的关键基础。只有建立在平等基础上的合作才能是持久的合作，也才会是互利的合作。"一带一路"倡议平等包容的合作特征为其推进减轻了阻力，提升了共建效率，有助于国际合作真正"落地生根"。同时，"一带一路"建设离不开和平安宁的国际环境和地区环境，和平是"一带一路"建设的本质属性，也是保障其顺利推进所不可或缺的重要因素。这些就决定了"一带一路"倡议不应该也不可能沦为大国政治较量的工具，更不会重复地缘博弈的老路。

"一带一路"倡议是政府、企业、团体共同发力的项目载体。"一带一路"建设是在双边或多边联动基础上通过具体项目加以推进的，是在进行充分政策沟通、战略对接以及市场运作后形成的发展倡议与规划。2017年5月发布的《"一带一路"国际合作高峰论坛圆桌峰会联合公报》强调了建设"一带一路"的合作原则，其中就包括市场运作原则，即充分认识市场作用和企业主体地位，确保政府发挥适当作用，政府采购程序应开放、透明、非歧视。可见，"一带一路"建设的核心主体与支撑力量并不是政府，而是企业，根本方法是遵循市场规律，并通过市场化运作模式来实现参与各方的利益诉求，政府在其中发挥构建平台、创立机制、政策引导等指向性、服务性功能。

"一带一路"倡议是与现有相关机制对接互补的有益渠道。参与"一带一路"建设的国家要素禀赋各异，比较优势差异明显，互补性很强。有的国家能源资源富集但开发力度不够，有的国家劳动力充裕但就业岗位不足，有的国家市场空间广阔但产业基础薄弱，有的国家基础设施建设需求旺盛但资金紧缺。我国目前经济总量居全球第二，外汇储备居全球第一，优势产业越来越多，基础设施建设经验丰富，装备制造能力强、质量好、性价比高，具备资金、技术、人才、管理等综合优势。这就为我国与其他"一带一路"建设参与方实现产业对接与优势互补提供了现实可能与重大机遇。因而，"一带一路"倡议的核心内容就是要加强基础设施建设和促进互联互通，对接各国政策和发展战略，以便深化务实合作，促进协调联动发展，实现共同繁荣。由此可见，"一带一路"倡议不是对现有地区合作机制的替代，而是与现有机制互为助力、相互补充。实际上，"一带一路"建设已经与俄罗斯主导的欧亚经济联盟、印尼全球海洋支点发展规划、哈萨克斯坦光明之路经济发展战略、蒙古国草原之路倡议、欧盟欧洲投资计划、埃及苏伊士运河走廊开发计划等实现了对接与合作，并形成了一批标志性项目，如中哈（连云港）物流合作基地。作为新亚欧大陆桥经济走廊建设成果之一，中哈（连云港）物流合作基地初步实现了深水大港、远洋干线、中欧班列、物流场站的无缝对接。该项目与哈萨克斯坦光明之路经济发展战略高度契合。

　　"一带一路"倡议是促进人文交流的沟通桥梁。"一带一路"倡议跨越不同区域、不同文化、不同宗教信仰，但它带来的不是文明冲突，而是各文明间的交流互鉴。"一带一路"倡议在推进基础设施建设、加强产能合作与发展战略对接的同时，也将"民心相通"作为工作重心之一。民心相通是"一带一路"建设的社会根基。民心相通就是要传承和弘扬丝绸之路友好合作精神，广泛进行文化交流、学术交流、人才交流往来、媒体合作、青年和妇女交往、志愿者服务等，为深化双边和多边合作奠定坚实的民意基础。一是扩大相互间留学生规模，开展合作办学；国家间互办文化年、艺术节、电影节、电视周和图书展等活动，深化国家间人才交流合作。二是加强旅游合作，扩大旅游规模，联合打造具有丝绸之路特色的国际精品旅游线路和旅游产品。三是强化与周边国家在传染病疫情信息沟通、防治技术交流、专业人才培养等方面的合作，提高合作处理突发公共卫生事件的能力。四是加强科技合作，共建联合实验室（研究中心）、国际技术转移中心、海上合作中心，促进科技人员交流，合作开展重大科技攻关，共同提升科技创新能力。五是整合现有资源，开拓和推进参与国家在青年就业、创业培训、职业技能开发、社会保障管理服务、公共行政管理等共同关心领域的务实合作。六是充分发挥政党、议会交往的桥梁作用，加强国家之间立法机构、主要党派和政治组织的友好往来，互结友好城市。七是加强各国民间组织的交流合作，重点面向基层民众，广泛开展教育、医疗、减贫开发、生物多样性和生态环保等主题的各类公益慈善活动，改善贫困地区生产生活条件；加强文化传媒领域的国际交流合作，积极利用网络平台，运用新媒体工具，塑造和谐友好的文化生态和舆论环境；通过强化民心相通，弘扬丝绸之路精神，开展智力丝绸之路、健康丝绸之路等建设，在科学、教育、文化、卫生、民间交往等领域广泛合作，使"一带一路"建设的民意基础更为坚实，社会根基更加牢固。"一带一路"建设就是要以文明交流超越文明隔阂，以文明互鉴超越文明冲突，以文明共存超越文明优越，为相关国家人民加强交流、增进理解搭起新的桥梁，为不同文化和文明加强对话、交流互鉴织就新的纽带，推动各国相互理解、相互尊重、相互信任。

"一带一路"是促进共同发展、实现共同繁荣的友谊之路。共建"一带一路"旨在促进各国发展战略的对接和耦合，有利于发掘区域市场的潜力，推动经济要素有序自由流动、资源高效配置和市场深度融合，促进投资和消费，创造需求和就业，增进各国人民的人文交流与文明互鉴，从而让各国人民相逢相知、互信互敬，共享和谐、安宁、富裕的生活。共建"一带一路"符合国际社会的根本利益，彰显了人类社会的共同理想和美好追求，是国际合作及全球治理新模式的积极探索，将为世界和平发展增添新的正能量。中国政府倡议秉持和平合作、开放包容、互学互鉴、互利共赢的理念，全方位推进务实合作，打造政治互信、经济融合、文化包容的利益共同体、命运共同体和责任共同体。

"一带一路"倡议已经得到世界上众多国家和地区的积极响应，成为维护全球自由贸易体系和开放型世界经济的重要支撑。截至 2021 年 1 月 30 日，中国已经同 171 个国家和国际组织签署 205 份共建"一带一路"合作文件。[1] 特别是 2017 年 5 月第一届"一带一路"国际合作高峰论坛、2019 年 4 月第二届"一带一路"国际合作高峰论坛和 2019 年 5 月亚洲文明对话大会的成功举办，充分彰显了我国开放、包容的大国外交风范。在此背景下，我们一方面应致力于向世界介绍中国，推动中国文化"走出去"，讲好中国故事；另一方面也应加强对"一带一路"国家的历史、文化、语言、教育、艺术等方面的介绍和研究，让中国人民更多地了解"一带一路"国家的具体国情，特别是文化传统和教育体系。

"一带一路"倡议合作范围不断扩大，合作领域愈加广阔。它不仅给参与各方带来了实实在在的合作红利，也为世界贡献了应对挑战、创造机遇、强化信心的智慧与力量。

当今世界，新冠肺炎疫情带来诸多挑战，局部战争风险依然存在，经济增长动能不足，"逆全球化"思潮涌动，地区动荡持续，恐怖主义蔓延。和平赤字、发展赤字、治理赤字带来的严峻问题，已摆在全人类面前。这充分说明现有的全球治理体系面临结构性问题，亟须找到新的破解之策与应对方略。作为一个新兴大国，中国有能力、有意愿同时也有责任为完善全球治理体系贡献智慧与力量。面对新挑战、新问题、新情况，中国给出

---

[1] 中国一带一路网. 我国已签署共建"一带一路"合作文件 205 份 [EB/OL].（2021-01-30）[2021-02-23]. https://www.yidaiyilu.gov.cn/xwzx/gnxw/163241.htm.

的全球治理方案是：构建人类命运共同体，实现共赢共享。"一带一路"倡议正是朝着这个目标努力的具体实践。"一带一路"倡议强调各国的平等参与、包容普惠，主张携手应对世界经济面临的挑战，开创发展新机遇，谋求发展新动力，拓展发展新空间，共同朝着人类命运共同体方向迈进。正是本着这样的原则与理念，"一带一路"倡议针对各国发展的现实问题和治理体系的短板，创立了亚洲基础设施投资银行、丝路基金等新型国际机制，构建了多形式、多渠道的交流合作平台。这既能缓解当今全球治理机制代表性、有效性、及时性难以适应现实需求的困境，在一定程度上扭转公共产品供应不足的局面，提振国际社会参与全球治理的士气与信心，又能满足发展中国家尤其是新兴市场国家变革全球治理机制的现实要求，大大增强了新兴国家和发展中国家的话语权，是推进全球治理体系朝着更加公正合理方向发展的重大突破。

"一带一路"倡议涵盖了发展中国家与发达国家，实现了"南南合作"与"南北合作"的统一，有助于推动全球均衡可持续发展。"一带一路"建设以基础设施建设为着眼点，促进经济要素有序自由流动，推动中国与相关国家的宏观政策的对接与协调。对于参与"一带一路"建设的发展中国家来说，这是一次搭中国经济发展"快车""便车"，实现自身工业化、现代化的历史性机遇，有利于推动"南南合作"的广泛展开，同时也有助于增进"南北对话"，促进"南北合作"的深度发展。不仅如此，"一带一路"倡议的理念和方向同联合国《2030 年可持续发展议程》也高度契合，完全能够加强对接，实现相互促进。联合国秘书长古特雷斯表示，"一带一路"倡议与《2030 年可持续发展议程》都以可持续发展为目标，都试图提供机会、全球公共产品和双赢合作，都致力于深化国家和区域间的联系。

二、深入推动"一带一路"国家的教育交流

2020 年 6 月印发的《教育部等八部门关于加快和扩大新时代教育对外开放的意见》指出，教育对外开放是教育现代化的鲜明特征和重要推动力，要以习近平新时代中国特色社会主义思想为指导，坚持教育对外开放不动摇，主动加强同世界各国的互鉴、互容、互通，形成更全方位、更宽领域、更多层次、更加主动的教育对外开放局面。

教育为国家富强、民族繁荣、人民幸福之本，在共建"一带一路"中具有基础性和先导性作用。教育交流为各国民心相通架设桥梁，人才培养为各国政策沟通、设施联通、贸易畅通、资金融通提供支撑。各国间教育交流源远流长，教育合作前景广阔，大家携手发展教育，合力共建"一带一路"，是造福各国人民的伟大事业。推进"一带一路"国家教育共同繁荣，既是加强与各国教育互利合作的需要，也是推进中国教育改革发展的需要，中国愿意在力所能及的范围内承担更多责任和义务，为区域教育大发展做出更大的贡献。

（一）教育合作的原则

"一带一路"国家教育合作应遵循四个重要原则。

一是育人为本，人文先行。加强合作育人，提高区域人口素质，为共建"一带一路"提供人才支撑。坚持人文交流先行，建立区域人文交流机制，搭建民心相通桥梁。

二是政府引导，民间主体。政府加强沟通协调，整合多种资源，引导教育融合发展。发挥学校、企业及其他社会力量的主体作用，活跃教育合作局面，丰富教育交流内涵。

三是共商共建，开放合作。坚持共商、共建、共享，推进各国教育发

展规划相互衔接，实现各国教育融通发展、互动发展。

四是和谐包容，互利共赢。加强不同文明之间的对话，寻求教育发展最佳契合点和教育合作最大公约数，促进各国在教育领域互利互惠。

（二）教育合作的重点

"一带一路"各国教育特色鲜明、资源丰富、互补性强、合作空间巨大。中国将以基础性、支撑性、引领性三方面举措为建议框架，开展三方面重点合作，对接各国意愿，互鉴先进教育经验，共享优质教育资源，全面推动各国教育提速发展。

1. 开展教育互联互通合作

一是加强教育政策沟通。开展"一带一路"国家教育法律、政策协同研究，构建各国教育政策信息交流通报机制，为各国政府推进教育政策互通提供决策建议，为各国学校和社会力量开展教育合作交流提供政策咨询。积极签署双边、多边和次区域教育合作框架协议，制定各国教育合作交流国际公约，逐步疏通教育合作交流政策性瓶颈，实现学分互认、学位互授联授，协力推进教育共同体建设。

二是助力教育合作渠道畅通。推进"一带一路"国家间签证便利化，扩大教育领域合作交流，形成往来频繁、合作众多、交流活跃、关系密切的携手发展局面。鼓励有合作基础、相同研究课题和发展目标的学校缔结姊妹关系，逐步深化和拓展教育合作交流。举办校长论坛，推进学校间开展多层次、多领域的务实合作。支持高等学校依托优势学科和专业，建立"产学研用"相结合的国际合作联合实验室（研究中心）、国际技术转移中心，共同应对各国在经济发展、资源利用、生态保护等方面面临的重大挑战与机遇。打造"一带一路"国家学术交流平台，吸引各国专家学者、青年学生开展研究和学术交流。推进"一带一路"国家优质教育资源共享。

三是促进语言互通。研究构建语言互通协调机制，共同开发语言互通开放课程，逐步将国家语言课程纳入各国的学校教育课程体系。拓展政府间语言学习交换项目，联合培养、相互培养高层次语言人才。发挥外国语院校人才培养优势，推进基础教育多语种师资队伍建设和外语教育教学工作。扩大语言学习国家公派留学人员规模，倡导各国与中国院校合作在华开办本国语言专业。支持更多社会力量助力孔子学院和孔子课堂建设，加强汉语教师和汉语教学志愿者队伍建设，全力满足不同国家的汉语学习需求。

四是推进民心相通。鼓励学者开展或合作开展中国课题研究，增进各国对中国发展模式、国家政策、教育文化等各方面的理解。建设国别和区域研究基地，与对象国合作开展经济、政治、教育、文化等领域研究。逐步将理解教育课程、丝路文化遗产保护纳入各国中小学教育课程体系，加强青少年对不同国家文化的理解。加强"丝绸之路"青少年交流，注重通过志愿服务、文化体验、体育竞赛、创新创业活动和新媒体社交等途径，增进不同国家青少年对其他国家文化的理解。

五是推动学历学位认证标准联通。推动落实联合国教科文组织《亚太地区承认高等教育资历公约》，支持联合国教科文组织建立世界范围学历互认机制，实现区域内双边、多边学历学位关联互认。呼吁各国完善教育质量保障体系和认证机制，加快推进本国教育资历框架开发，助力各国学习者在不同种类和不同阶段教育之间进行转换，促进终身学习社会的建设。共商、共建区域性职业教育资历框架，逐步实现就业市场的从业标准一体化。探索建立各国教师专业发展标准，促进教师流动。

2．开展人才培养培训合作

一是实施"丝绸之路"留学推进计划。设立"丝绸之路"中国政府奖学金，为各国专项培养行业领军人才和优秀技能人才。全面提升来华留学人才培养质量，把中国打造成为深受各国学子欢迎的留学目的地。以国家公派留学为引领，推动更多中国学生到"一带一路"其他国家留学。坚持"出国留学和来华留学并重、公费留学和自费留学并重、扩大规模和提高质量并重、依法管理和完善服务并重、人才培养和发挥作用并重"，完善全链条的留学人员管理服务体系，保障平安留学、健康留学、成功留学。

二是实施"丝绸之路"合作办学推进计划。有条件的中国高等学校开展境外办学要集中优势学科，选好合作契合点，做好前期论证工作，构建科学的人才培养模式、运行管理模式、服务当地模式、公共关系模式，使学校顺利落地生根、开花结果。发挥政府引领、行业主导作用，促进高等学校、职业院校与行业企业深度产教融合。鼓励中国优质职业教育配合高铁、电信运营等行业企业"走出去"，探索开展多种形式的境外合作办学，合作设立职业院校、培训中心，合作开发教学资源和项目，开展多层次职业教育和培训，培养当地急需的各类"一带一路"建设者。整合资源，积极推进与各国在青年就业培训等共同关心领域的务实合作。倡议国家之间开展高水平合作办学。

三是实施"丝绸之路"师资培训推进计划。开展"丝绸之路"教师培训，加强先进教育经验交流，提升区域教育质量。加强"丝绸之路"教师交流，推动各国校长交流访问、教师及管理人员交流研修，推进优质教育模式在各国的互学互鉴。大力推进各国优质教学仪器设备、教材课件和整体教学解决方案的输出，跟进教师培训工作，促进各国教育资源和教学水平均衡发展。

四是实施"丝绸之路"人才联合培养推进计划。推进国家间的研修访学活动。鼓励各国高等院校在语言、交通运输、建筑、医学、能源、环境工程、水利工程、生物科学、海洋科学、生态保护、文化遗产保护等国家发展急需的专业领域联合培养学生，推动联盟内或校际教育资源共享。

3．共建丝路合作机制

一是加强"丝绸之路"人文交流高层磋商。开展国家间的双边、多边人文交流高层磋商，商定"一带一路"教育合作交流总体布局，协调推动各国建立教育双边和多边合作机制、教育质量保障协作机制和跨境教育市场监管协作机制，统筹推进"一带一路"教育共同行动。

二是充分发挥国际合作平台作用。发挥上海合作组织、东亚峰会、亚太经合组织、亚欧会议、亚洲相互协作与信任措施会议、中阿合作论坛、东南亚教育部长组织、中非合作论坛、中巴经济走廊、孟中印缅经济走廊、中蒙俄经济走廊等现有双边、多边合作机制的作用，增加教育合作的新内涵。借助联合国教科文组织等国际组织力量，推动各国围绕实现世界教育发展目标形成协作机制。充分利用中国–东盟教育交流周、中日韩大学交流合作促进委员会、中阿大学校长论坛、中非高校20+20合作计划、中日大学校长论坛、中韩大学校长论坛、中俄综合性大学联盟等已有平台，开展务实的教育合作交流。支持在共同区域、有合作基础、具备相同专业背景的学校组建联盟，不断延展教育务实合作平台。

三是实施"丝绸之路"教育援助计划。发挥教育援助在"一带一路"教育共同行动中的重要作用，逐步加大教育援助力度，重点投资于人、援助于人、惠及于人。发挥教育援助在"南南合作"中的重要作用，加大对相关国家尤其是最不发达国家的支持力度。统筹利用国家、教育系统和民间资源，为相关国家培养培训教师、学者和各类技能人才。积极开展优质教学仪器设备、整体教学方案、配套师资培训一体化援助。加强中国教育培训中心和教育援外基地建设。倡议各国建立政府引导、社会参与的多元化经费筹措机制，通过国家资助、社会融资、民间捐赠等渠道，拓宽教育经费来源，做大教育援助格局，实现教育共同发展。

三、精心组织"一带一路"国家文化教育大系的编著出版

在编写"一带一路"国家文化教育大系过程中，应当全面了解国内外对"一带一路"倡议的响应情况，关注进展，总结做法；应当在新冠肺炎疫情得到控制后到对象国去走一走，看一看，实地感受其教育情况和发展变化；应当广泛收集对象国一手资料，认真阅读，消化分析，吐故纳新；应当多方检索专家学者已经开展的相关研究，虚心参阅已有的研究成果。肆虐全球的新冠肺炎疫情，给人类身体健康和生命安全带来了巨大威胁，对世界格局和世界治理体系产生了重大影响，给全球各行各业带来了巨大挑战。教育置身其间，影响十分明显。因而，对"一带一路"国家文化教育进行研究时，必须观察分析疫情对相关国家文化教育和全球教育治理的深刻影响。

"一带一路"倡议提出后，中外已形成多个"一带一路"多边大学联盟。2015 年 5 月 22 日，由西安交通大学发起的新丝绸之路大学联盟成立，迄今已吸引 38 个国家和地区的 150 余所大学加盟。该联盟是海内外大学结成的非政府、非营利性的开放性、国际化高等教育合作平台，以"共建教育合作平台，推进区域开放发展"为主题，推动"新丝绸之路经济带"国家和地区大学之间在校际交流、人才培养、科研合作、文化沟通、政策研究、医疗服务等方面的交流与合作，增进青少年之间的了解和友谊，培养具有国际视野的高素质、复合型人才，服务"新丝绸之路经济带"及欧亚地区的发展建设。

2015 年 10 月 17 日，丝绸之路（敦煌）国际文化博览会筹委会文化传承创新高端学术研讨会在敦煌举行。中国的复旦大学、北京师范大学、兰州大

学和俄罗斯乌拉尔国立经济大学、韩国釜庆大学等 46 所中外高校在甘肃敦煌成立了"一带一路"高校战略联盟，以探索跨国培养与跨境流动的人才培养新机制，培养具有国际视野的高素质人才。46 所高校当日达成《敦煌共识》，联合建设"一带一路"高校国际联盟智库。联盟将共同打造"一带一路"高等教育共同体，推动"一带一路"国家和地区大学之间在教育、科技、文化等领域的全面交流与合作，服务"一带一路"国家和地区的经济社会发展。

2016 年 9 月，中国、中亚及丝绸之路经济带沿线 7 个国家的 51 所高校共同发起成立了中国-中亚国家大学联盟，旨在打造开放性、国际化互动平台，深化"一带一路"科教合作。

此外，高等教育合作研讨会也日渐增多，既有官方推动形成的研讨会，也有民间自发举办的研讨会。比如，中外大学校长论坛、新加坡-中国-印度高等教育论坛、"一带一路"教育对话论坛，以及北京师范大学举办的"一带一路"国家教育交流与合作高端研讨会，北京外国语大学举办的"一带一路"与行业国际化人才培养高峰论坛，北京理工大学主办的"一带一路"高等教育研究国际会议，浙江大学举办的"一带一路"背景下的工程科技人才培养国际研讨会等。这些多边研讨会的召开，不仅吸引了大量"一带一路"共建国家的教育研究者与实践者参会，推动了研究与实践合作，而且创新了教育合作模式，促进了国际化高端人才培养，为"一带一路"建设奠定了民意基础。

"一带一路"倡议提出之后，中国学术界迅速开展了关于"一带一路"的研究活动，有关"一带一路"主题的图书主要有以下五类。第一类是倡议解读类图书，一般是梳理"一带一路"倡议的提出、发展及其理论内涵与外延。第二类是经济贸易类图书，专业性较强，主要为理论研究型图书。第三类是国情文史类图书，多为介绍"一带一路"国家国情概览、历史情况、发展概况的工具书，语言平实，部分图书学术性较强。第四类是丝路历史类图书，一般回顾古代丝绸之路的形成与发展、丝绸之路上的人物和大事记等，追古溯源，以便更好地开启"一带一路"新篇章。第五类是法律税收类图书，多为法律指引、税务规范手册等。

可以看出，国内对"一带一路"国家的研究已有一定基础，但是囿于语言翻译的障碍，已经出版的"一带一路"图书，大多是政策解读、数据报告、概况介绍等，对对象国的研究广度和深度还很不够，尤其是针对"一带一路"国家文化教育的系统研究还比较少。

在"一带一路"国家中，遴选具有代表性的对象，对其文化、教育进行系统性的研究，并在此基础上编写"一带一路"国家文化教育大系，分期分批出版，对于帮助中国普通读者和研究人员了解"一带一路"国家的文化教育情况，以及对于拓展我国比较教育研究领域、丰富比较教育研究文献，乃至对于促进中外文明互通、更好地参与推进"一带一路"建设，都具有重要意义。基于对选题背景与意义、相关出版产品调研和北京外国语大学比较优势的分析，"一带一路"国家文化教育大系坚持学术性、可读性兼顾原则，分批次推出，不断积累，以形成规模和品牌。

大系在内容上，一方面呈现"一带一路"国家的文化概貌，展示"一带一路"国家教育发展的文化背景和社会依托。大系采用专题形式，力求用简洁平实的语言生动活泼地介绍"一带一路"国家的自然地理、人文景观、历史发展、风土人情、文化遗产等内容，重点呈现对象国独有的文化现象和独特风貌，集中揭示其民族文化内涵、民族精神、人文意蕴。另一方面，大系重点研究、评价、介绍"一带一路"国家教育的基本情况、发展历史、发展战略、政策法规、现存体系、治理模式与师资队伍等，这方面内容占较大篇幅，是全书的重点和主要内容。

"一带一路"倡议正在成为我国参与全球开放合作、改善全球治理体系、促进全球共同发展繁荣、推动构建人类命运共同体的中国方案。作为国家社会科学基金重大项目"'一带一路'沿线国家文化教育发展状况调查研究"的部分研究成果和北京外国语大学"双一流"建设重大标志性成果，

"一带一路"国家文化教育大系已在 2021 年中国共产党建党 100 周年和北京外国语大学建校 80 周年之际推出首批图书，在 2023 年"一带一路"倡议提出 10 周年时推出该项目二期成果。同时积极参与党和国家相关主题纪念活动，以及国家重大图书项目的申报评选工作。

北京外国语大学以外语见长，国际交往活跃，被誉为"共和国外交官的摇篮"，先后培养了 400 多位大使、2 000 多位参赞，以及更多的外交外事外贸工作者。凡是有五星红旗飘扬的地方，都能看到北外人的身影。北外不仅承担着培养各类国际化人才的任务，更担负着向中国介绍世界、向世界介绍中国的历史使命。迄今为止，北外已获批开设 101 种外国语言，成立了 37 个区域与国别研究中心，丰富的涉外资源正在助力"一带一路"国家的研究。

大系由外研社具体组织实施。外研社隶属北外，多年来致力于"一带一路"国家的合作交流，服务讲好"中国故事"，在中华思想文化传播、打造中外出版联盟、推动中外学术互译等方面积累了丰富经验，对于协助研究、编著、出版"一带一路"国家文化教育大系具有良好的工作基础。这也是北外及外研社的使命和担当之所在。

大系编著者以北外教师为主。服务国家重大战略，北外人责无旁贷。同时，国内有研究专长和研究意愿的专家学者也踊跃参与，他们或独自撰著一书，或与北外同仁合作。大系还邀请了驻外使领馆的同志和对象国的学者参加撰写或审稿，他们运用一手资料，开展实地调研，力图提升大系的准确性。

四、结语

"一带一路"倡议植根历史，更面向未来；源于中国，更属于世界。"一带一路"作为文明互鉴的桥梁，从亚欧大陆延伸到非洲、美洲、大洋洲，与世界各国发展战略及众多国际和地区组织的发展实现对接联通，在通路、通航的基础上更好地通商，进而开展文化教育交流与沟通，加强商品、资金、技术、文化、教育流通，达成互学互鉴的文明愿景。"一带一路"倡议的目标是中国与"一带一路"国家在互联互通基础上分享优质产能，共商项目投资，共建基础设施，共享合作成果，内容包括政策沟通、设施联通、贸易畅通、资金融通、民心相通"五通"。"一带一路"倡议肩负重大使命，它要探寻经济增长之道，将中国自身的产能优势、技术与资金优势、经验与模式优势转化为市场与合作优势，实行全方位开放，共享中国改革发展红利；它要实现全球化再平衡，鼓励向西开放，带动西部开发以及中亚、蒙古等内陆国家和地区的开发，在国际社会推行全球化的包容性发展理念，主动向西推广中国优质产能和比较优势产业，惠及沿途、沿岸国家，避免西方国家所开创的全球化造成的贫富差距和地区发展不平衡情况，推动建立持久和平、普遍安全、共同繁荣的和谐世界；它要开创地区新型合作，强调共商、共建、共享原则，超越了马歇尔计划和传统的对外援助活动，给21世纪的国际合作带来了新的理念。所以，新时代中国的教育学者应当将"一带一路"国家文化教育研究作为比较教育新的增长点，全面深入开展研究，以自己的聪明才智丰富学术，为国出力，服务国家重大发展战略；在加强与"一带一路"国家的交流合作中，推动"一带一路"建设高质量发展，努力建设高质量的中国教育体系，并积极参与新时代全球教育治理体系改革，加快构建以国内大循环为主体、国内国际双循环相互促进的新发展格局。

2024 年 9 月
于北京外国语大学

（王定华，北京外国语大学党委书记、博士、教授、博士生导师，国家督学。历任河南大学教师、中国驻纽约总领事馆教育领事、教育部基础教育一司司长、教育部教师工作司司长等。）

本书前言

2013 年 9 月和 10 月，中国国家主席习近平在出访中亚和东南亚国家期间，先后提出共建"丝绸之路经济带"和"21 世纪海上丝绸之路"的重大倡议，即"一带一路"倡议。近年来，国内外对"一带一路"倡议的关注和研究普遍集中在一般性的政策研究上，对对象国的深度研究远远不够，专门深入挖掘"一带一路"国家文化教育的图书更是稀少。"'一带一路'国家文化教育大系"针对"一带一路"国家文化教育进行研究，力求实现有效的全覆盖。本书的对象国是"彩虹之国"——南非，编写此书主要是为了加深读者对南非教育情况及其背后的文化底蕴和社会依托的了解，让读者感受到"彩虹之国"多元魅力之下的文化与教育。

南非既是非洲经济发展的龙头国家，也是重要的金砖国家。近年来，中国与南非关系不断发展，成为中国对外交往中的典范。作为"一带一路"倡议在非洲的战略支点国家，南非对于"一带一路"倡议有着举足轻重的战略意义。本书重点关注南非教育，力图通过对南非教育情况全面系统的研究，助力中国对南非的了解，推动"一带一路"倡议在南非的落地和发展。

本书第一章对南非的国情进行概述，通过运用翔实、权威的数据，从自然地理、国家制度和社会生活三个方面介绍南非的基本情况和特点，展示南非文化教育所处的社会背景和重要依托。第二章回顾南非的文化传统，系统梳理南非的文化历史发展脉络，介绍各个重要的文化历史发展阶段以及具有重大历史意义的文化事件和文化名人，反映影响和主导南非教育发展轨迹等的文化因素和价值取向，凸显南非的民族精神和独特的人文意蕴。第三章重点介绍、研究和评价南非教育的发展历史。第四到第九章重点介绍南非的各种教育类型，按照章节顺序依次是学前教育、基础教育、高等教育、职业教育、成人教育、教师教育。这六章分别通过南非近年来的教育发展统计数据展现南非各教育类型的发展情况和现状，描述各教育类型的普及、发展程度及教育理念，并对其特点和经验进行总结和提炼。同时，本书还描述了南非各教育类型所面临的困难与挑战，介绍了南非的应对策略。第十章介绍与南非教育相关的政策与规划、政策落地实施的情况，以及面临的挑战。第十一章介绍南非中央和地方教育行政管理模式及其核心主张与实践。第十二章回顾中国与南非的教育交流史，梳理其模式、原则和具体案例，并且对未来双方在"一带一路"层面上的教育合作交流提出建议。

根据工作量和个人专长，本书第一章到第五章由张颖撰写，第六章到第十二章由陈云珠撰写，张颖负责统稿。

本书在编写过程中得到了"一带一路"国家文化教育大系编委会和诸多业内前辈、同事、友人、学生的帮助，在此深表谢意！

张颖　　陈云珠

2024 年 10 月于北京

目　录

第一章　国情概览 ·· 1

 第一节　自然地理 ·· 1

  一、地理位置 ·· 1

  二、地形地貌 ·· 2

  三、气候条件 ·· 2

  四、自然资源 ·· 2

  五、世界遗产 ·· 3

 第二节　国家制度 ·· 6

  一、国家象征 ·· 6

  二、行政区划 ·· 7

  三、国体与政体 ·· 7

  四、议会与政党 ·· 8

  五、司法体系 ·· 9

 第三节　社会生活 ·· 9

  一、人口与语言 ·· 9

  二、经济贸易 ··· 10

  三、医疗卫生 ··· 13

  四、科学技术 ··· 14

  五、新闻出版 ··· 14

第二章　文化传统 ·· 16

 第一节　历史沿革 ··· 16

  一、文明起源到 15 世纪 ····································· 16

  二、15—18 世纪 ·· 17

三、19—20 世纪上半叶 ……………………………………… 18

四、种族隔离时期（1948—1994 年）…………………… 18

五、后种族隔离时期（1994 年至今）………………… 19

第二节 风土人情 …………………………………………20

一、饮食 ……………………………………………… 20

二、服饰 ……………………………………………… 21

三、民居 ……………………………………………… 21

四、风俗习惯 ………………………………………… 22

五、宗教传统 ………………………………………… 24

第三节 文化名人 …………………………………………25

一、纳丁·戈迪默 …………………………………… 25

二、约翰·马克斯韦尔·库切 ……………………… 25

三、阿索尔·富加德 ………………………………… 26

第三章 教育历史 …………………………………………27

第一节 历史沿革 …………………………………………27

一、传统土著教育 …………………………………… 27

二、殖民时期的教育 ………………………………… 28

三、种族隔离时期的教育 …………………………… 31

四、后种族隔离时期的新南非教育 ………………… 35

五、教育管理体系与学制 …………………………… 38

第二节 教育名家 …………………………………………40

一、约翰·兰加里波利·杜贝 ……………………… 40

二、纳尔逊·曼德拉 ………………………………… 42

三、内维尔·爱德华·亚历山大 …………………… 46

第四章 学前教育 ··48
第一节 学前教育的发展现状 ························48
一、学前教育的阶段划分和学制 ················48
二、学前教育的普及和发展程度 ················55
第二节 学前教育的特点 ·····························59
一、助力儿童早期发展 ·····························59
二、整合管理机构 ···································60
三、推动教育公平 ···································61
第三节 学前教育的挑战和对策 ·····················62
一、学前教育面临的挑战 ·························62
二、学前教育的应对策略 ·························66

第五章 基础教育 ··70
第一节 基础教育的发展现状 ························70
一、基础教育的阶段划分和学制 ················70
二、基础教育的普及和发展程度 ················76
第二节 基础教育的特点 ·····························77
一、基础教育信息化 ·······························77
二、"结果本位"的教育管理哲学 ···············79
第三节 基础教育的挑战和对策 ·····················81
一、基础教育面临的挑战 ·························81
二、基础教育的应对策略 ·························87

第六章 高等教育 ··95
第一节 高等教育的发展现状 ························95
一、高等教育的阶段划分和学制 ················95

二、高等教育的普及和发展程度 ……………………… 102

第二节 高等教育的特点 …………………………104

一、努力解决历史遗留问题 ……………………… 104

二、明确高等教育定位 ……………………… 105

三、关注高等教育入学公平 ……………………… 107

四、有限扩大高等教育入学规模 ……………………… 107

五、创建激励高等教育发展的制度 ……………………… 108

六、促进高等教育系统内部有效衔接 ……………………… 110

七、采用合作型管理模式 ……………………… 110

第三节 高等教育的挑战和对策 …………………………111

一、高等教育面临的挑战 ……………………… 112

二、高等教育的应对策略 ……………………… 115

第七章 职业教育 ……………………………………118

第一节 职业教育的发展现状 …………………………118

一、职业教育机构类型和发展程度 ……………………… 119

二、职业教育的教学情况 ……………………… 124

第二节 职业教育的特点 …………………………129

一、创建国家资格认证体制 ……………………… 129

二、实施"结果本位"的课程改革 ……………………… 130

三、规范质量保障制度 ……………………… 131

四、实行学校职业教育与技能培训双轨制 ……………… 132

第三节 职业教育的挑战和对策 …………………………133

一、职业教育面临的挑战 ……………………… 133

二、职业教育的应对策略 ……………………… 138

第八章 成人教育 ··140

第一节 成人教育的发展现状 ·······················140
一、机构设置 ·· 140
二、成人扫盲运动 ·· 141
三、成人教育项目与规划 ······························ 146

第二节 成人教育的特点 ·······························149
一、注重质量评估 ·· 150
二、关注弱势群体 ·· 150

第三节 成人教育的挑战和对策 ·················151
一、成人教育面临的挑战 ······························ 152
二、成人教育的应对策略 ······························ 154

第九章 教师教育 ··156

第一节 教师教育的发展和现状 ·················156
一、教师教育的发展历史 ······························ 156
二、教师教育的发展现状 ······························ 163

第二节 教师教育的特点 ·······························176
一、强化政府的专业管理 ······························ 176
二、兼顾教师教育的区域差异 ······················ 179
三、重视教师教育的专业发展 ······················ 182

第三节 教师教育的挑战和对策 ·················184
一、教师教育面临的挑战 ······························ 184
二、教师教育的应对策略 ······························ 186

第十章 教育政策 ··188

第一节 教育政策与规划 ·······························189

一、教育体制改革与规划 ┈┈┈┈┈┈┈┈ 189

二、教育政策与规划举要 ┈┈┈┈┈┈┈┈ 191

第二节 教育政策的实施现状及问题 ┈┈┈┈199

一、教育不平等现象仍然存在 ┈┈┈┈┈ 199

二、教师数量依然不足，教师素质有待提高 ┈┈ 204

三、教育政策缺乏长远规划，执行不力 ┈┈┈┈ 205

四、教育政策主要侧重公平，忽视效率和质量 ┈ 206

第三节 教育政策的经验与启示 ┈┈┈┈┈┈206

一、以教育立法作为政策保障 ┈┈┈┈┈ 206

二、教育政策的制定注重公平公正 ┈┈┈ 207

三、重视发展学前教育 ┈┈┈┈┈┈┈┈ 208

四、重视教师专业发展评价 ┈┈┈┈┈┈ 209

五、发展公平而有质量的教育 ┈┈┈┈┈ 210

第十一章 教育行政 ┈┈┈┈┈┈┈┈┈┈212

第一节 中央教育行政 ┈┈┈┈┈┈┈┈┈212

一、基础教育部 ┈┈┈┈┈┈┈┈┈┈┈ 213

二、高等教育和培训部 ┈┈┈┈┈┈┈┈ 215

第二节 地方教育行政 ┈┈┈┈┈┈┈┈┈217

一、各省教育厅 ┈┈┈┈┈┈┈┈┈┈┈ 217

二、教育区办事处 ┈┈┈┈┈┈┈┈┈┈ 222

第十二章 中南教育交流 ┈┈┈┈┈┈┈┈224

第一节 交流历史 ┈┈┈┈┈┈┈┈┈┈┈224

一、2000 年以前 ┈┈┈┈┈┈┈┈┈┈┈ 224

二、2000 年以后 ┈┈┈┈┈┈┈┈┈┈┈ 225

第二节 交流现状、模式与原则 ⸼⸼⸼⸼⸼⸼⸼⸼⸼⸼⸼⸼⸼⸼⸼⸼⸼⸼⸼⸼⸼⸼⸼⸼⸼⸼⸼⸼ 228

　　一、交流现状 ⸼⸼⸼⸼⸼⸼⸼⸼⸼⸼⸼⸼⸼⸼⸼⸼⸼⸼⸼ 228

　　二、交流模式 ⸼⸼⸼⸼⸼⸼⸼⸼⸼⸼⸼⸼⸼⸼⸼⸼⸼⸼⸼ 230

　　三、交流原则 ⸼⸼⸼⸼⸼⸼⸼⸼⸼⸼⸼⸼⸼⸼⸼⸼⸼⸼⸼ 234

第三节 案例与思考 ⸼⸼⸼⸼⸼⸼⸼⸼⸼⸼⸼⸼⸼⸼⸼⸼⸼⸼⸼⸼⸼⸼⸼⸼⸼⸼⸼⸼⸼⸼⸼⸼⸼⸼⸼ 236

　　一、合作案例 ⸼⸼⸼⸼⸼⸼⸼⸼⸼⸼⸼⸼⸼⸼⸼⸼⸼⸼⸼ 236

　　二、问题与思考 ⸼⸼⸼⸼⸼⸼⸼⸼⸼⸼⸼⸼⸼⸼⸼⸼⸼ 240

结　语 ⸼⸼⸼⸼⸼⸼⸼⸼⸼⸼⸼⸼⸼⸼⸼⸼⸼⸼⸼⸼⸼⸼⸼⸼⸼⸼⸼⸼⸼⸼⸼⸼⸼⸼⸼⸼⸼ 243

参考文献 ⸼⸼⸼⸼⸼⸼⸼⸼⸼⸼⸼⸼⸼⸼⸼⸼⸼⸼⸼⸼⸼⸼⸼⸼⸼⸼⸼⸼⸼⸼⸼⸼⸼ 251

第一章 国情概览

南非共和国简称南非，位于非洲南部，地理位置优越，自然资源丰富，尤其是在矿产资源和农业资源上具有天然优势，拥有多处世界自然与文化遗产。南非是一个包含多种语言、文化、民族和宗教的国家，其人民以多样性和包容性著称，因此南非又被称为"彩虹之国"。南非经济基础较好，工业和农业等行业的发展在非洲处于领先地位。

第一节 自然地理

一、地理位置

南非位于非洲大陆最南端，其纬度自南纬22°至南纬35°，经度从东经17°至东经33°。南非东濒印度洋，西临大西洋，北邻纳米比亚、博茨瓦纳、津巴布韦、莫桑比克和斯威士兰，另有莱索托为南非领土所包围，海岸线长约3 000千米，领土还包括大西洋上的罗本岛、达森岛和鸟岛，以及印度洋上的爱德华王子岛和马里昂岛。[1]

---

[1] 资料来源于事实世界官网。

二、地形地貌

南非地处非洲高原的最南端，地势从东南向西北逐渐降低，除东南沿海为平原外，大部分地区为海拔 600—1 600 米的高原。东部的德拉肯斯山脉是南非第一大山脉。与莱索托交界的香槟堡山海拔为 3 375 米，是全国最高峰。奥兰治河和林波波河为南非两大主要河流。[1]

三、气候条件

南非大部分地区位于副热带高压带，属热带草原气候。每年 10 月至次年 2 月是夏季，6—8 月为冬季。南非气温比南半球同纬度其他国家低，但年均温度仍在 0 摄氏度以上，一般在 12—23℃，温差不大，但海拔高低悬殊，造成气温垂直变化大。全国全年平均日照时数为 7.5—9.5 小时，尤以 4—5 月日照最长。南非偏干旱，年平均降雨量约为 464 毫米。[2]

四、自然资源

南非三面环海，拥有 150 万平方千米的海洋专属经济区。南非矿产资源丰富，以种类多、储量大、产量高而闻名于世，现已探明储量并开采的矿产有 70 余种。铂族金属、氟石、铬、黄金、钒、锰、锆、钛、磷酸盐矿、铀、铅、锑等储量居世界前列。南非的能源资源以煤炭为主，此外还有核

---

[1] 李安强. 世界地图集 [M]. 北京：中国地图出版社，2013：210.
[2] 资料来源于南非政府官网。

能、太阳能和风能等。近年来，生物能源、煤变油技术也得到部分采用。[1]

五、世界遗产

南非拥有壮观的自然景观、多样化的文化、历史悠久的遗产和丰富的野生动植物资源，已被列入世界遗产名录的世界遗产共 10 处，其中 5 处为文化遗产，4 处为自然遗产，1 处为自然与文化综合遗产。[2]

（一）文化遗产

1. 南非古人类化石遗址

南非古人类化石遗址展现了早期人类的活动遗迹。该遗址包括很多景点，其中著名的有斯托克方丹山洞。

2. 马蓬古布韦文化景观

马蓬古布韦文化景观位于林波波省，于 2004 年对外开放。从公元前 600 年到公元 13 世纪，这里曾是非洲内陆最大的王国中心所在地。它见证了马蓬古布韦古王国的成长和衰落。

---

[1] 资料来源于南非政府官网。
[2] 资料来源于南非政府官网。

3. 理查德斯维德文化植物景观

理查德斯维德文化植物景观位于南非西北部的山区沙漠中，是由社区拥有和管理的文化景观，保留了纳马人维持了近 2 000 年的半游牧生活模式。这里是唯一一个纳马人仍然在建造便携式小屋的地区。

4. 罗本岛

罗本岛坐落于大西洋，原本是一个监狱。在种族隔离时期，罗本岛曾因禁锢纳尔逊·曼德拉和沃尔特·西苏卢，以及残酷对待囚犯闻名。在今天，罗本岛象征着人类战胜困难的胜利精神。

5. 霍马尼文化景观

霍马尼文化景观位于南非北开普省的北部地区，毗邻博茨瓦纳和纳米比亚，包含了从石器时代到目前为止与霍马尼地区文化有关的人类居住证据，还包括该地区历史、移民、生活、记忆和资源等方面的著名地标。

（二）自然遗产

1. 开普花卉王国

开普花卉王国又称开普植物区，位于西开普省，于 2004 年列入世界自然遗产名录，是全球植物最丰富的地区之一。其中，帝王花是南非的国花，也是世界上最具盛名的花种之一。

2．伊西曼格利索湿地公园

伊西曼格利索湿地公园位于夸祖鲁-纳塔尔省，其前身是大圣卢西亚湿地公园。该公园因汇聚了5个独立而又相互连接的生态系统而闻名于世，拥有各种地貌，包括珊瑚礁、长沙滩、海岸沙丘、湖泊、沼泽，以及广阔的芦苇湿地。

3．弗里德堡陨石坑

弗里德堡陨石坑位于豪登省，是目前已知地球上最大的撞击坑，也是地球上已知的第二古老的陨石坑。弗里德堡陨石坑提供了地球地质史的重要证据，对人类了解地球演化至关重要。

4．马克霍伊瓦山

马克霍伊瓦山又称巴伯顿绿石带，位于普马兰加巴伯顿的马克霍伊瓦山山脉，是世界上最古老的地质结构之一，有世界上保存最完好的火山岩和沉积岩序列。

（三）自然与文化综合遗产

德拉肯斯山脉公园位于夸祖鲁-纳塔尔省，拥有非洲最大、最集中的岩画艺术系列。这里栖息着许多濒临灭绝的物种，是各种动植物的欢乐家园。

第二节 国家制度

一、国家象征

南非国旗由红、黄、蓝、绿、黑、白六种颜色组成，呈 Y 形，象征种族和解、民族团结，垂直悬挂时要左右翻转，即红在左，蓝在右。[1]

南非现在的国徽于 2000 年 4 月 27 日自由日正式启用，替代了从 1910 年开始使用的旧式国徽，象征南非正式与种族隔离制度作别。[2] 国徽中心图案为盾形，黄色盾面上有两个互相问候的褐色石刻人像，盾面外面以麦穗和象牙装饰。盾面上方是交叉的长矛和圆头棒，象征权利和国防。盾面下方绿环上书写着："多样化的民族团结起来"。国徽上半部分的主体为展开双翅的秘书鸟，象征时刻保卫国家。秘书鸟的胸部为山龙眼图案，象征南非美丽的国土以及南非致力实现非洲复兴所展现的光彩。顶部光芒四射的太阳象征生命和光明之源。[3]

南非原国歌名为《上帝保佑非洲》，由诺克·桑汤加在 1897 年谱写而成，1912 年首次在南非土著人国民大会上作为黑人民族主义赞歌被唱出来。南非现在的国歌由《上帝保佑非洲》和《南非的呐喊》合并而成，共用了 5 种语言。

---

[1] 中国地图出版社. 世界国旗国徽地图册 [M]. 北京：中国地图出版社，2013：124.

[2] 资料来源于南非政府官网。

[3] 中国地图出版社. 世界国旗国徽地图册 [M]. 北京：中国地图出版社，2013：124.

二、行政区划

南非国土总面积约为 121.9 万平方千米，世界排名第 25 位。全国共划分为 9 个省，设有 278 个地方政府，包括 8 个大都市、44 个地区委员会和 226 个地方委员会。[1] 南非的 9 个省分别是东开普省、自由州省、豪登省、夸祖鲁–纳塔尔省、林波波省、普马兰加省、北开普省、西北省和西开普省。[2]

南非有三个首都，分别是行政首都、立法首都和司法首都。行政首都为茨瓦内（原称比勒陀利亚），是中央政府机关所在地，人口约 328 万。茨瓦内终年阳光充足，是一座花园式城市，既是南非黑色冶金工业中心和公路、铁路枢纽，也是南非重要的文化、教育、科研中心，拥有比勒陀利亚大学、南非大学、国家天文台和各种研究机构。立法首都为开普敦，人口约 401 万，面临大西洋桌湾，背靠桌山，风景优美，为世界著名旅游城市。司法首都为布隆方丹，人口约 76 万，以黑人居多，是南非重要的会议中心。[3]

三、国体与政体

1994 年 4 月 27 日，南非举行首次不分种族的大选，成立了以非洲人国民大会（简称非国大）为首的新政府。政府分为中央、省和地方政府三级。中央政府实行总统内阁制，总统兼任政府首脑，领导内阁工作。总统任期 5 年，由选民选举产生，任期不得超过两任，地方政府也是 5 年一选。内阁由

---

[1] 中华人民共和国驻南非共和国大使馆. 南非国家概况 [EB/OL]. （2021-09-01）[2023-03-17]. http://za.china-embassy.gov.cn/nfgk/gjgk/201208/t20120801_7617170.htm.

[2] 资料来源于南非政府官网。

[3] 资料来源于南非政府官网。

总统、副总统和各部部长组成，总统任命副总统和部长。[1]

南非是资本主义制度国家。宪法规定实行行政、立法、司法三权分立制度，中央、省和地方政府相互依存，各行其权。中央、省和地方各级政府在各自的领域都拥有立法权、司法权和行政权。[2]

省政府由省长和 5—10 名执委会成员组成。地方政府设有市政委员会、市长、行政委员会或市长委员会以及专门委员会。大部分地区还设有议长，负责召集市政委员会会议。大多数地方政府实行市长负责制，市政委员会选举市长并赋予其最高行政权力，市长任命市长委员会行使政府职能。

四、议会与政党

南非议会实行两院制，分为国民议会和全国省级事务委员会（简称省务院），议员任期均为 5 年。国民议会有 350—400 名议员，通过比例代表制选举产生。[3]

南非实行多党制。国民议会现有 13 个政党，分别是非国大、民主联盟、经济自由斗士党、因卡塔自由党、南非共产党、新自由阵线、人民大会党、联合民主运动、非洲基督教民主党、泛非主义者大会、少数阵线、非洲转型运动党和好党。[4]

非洲人国民大会即非国大，创立于 1912 年，1925 年改为现名，成员约 100 万。[5] 非国大是南非的主要执政党，也是南非最大的黑人政党，主张建

---

[1] 资料来源于南非政府官网。

[2] 资料来源于南非政府官网。

[3] 资料来源于南非政府官网。

[4] 中华人民共和国驻南非共和国大使馆. 南非国家概况 [EB/OL].（2021-09-01）[2023-03-17]. http://za.china-embassy.gov.cn/nfgk/gjgk/201208/t20120801_7617170.htm.

[5] 中华人民共和国外交部. 南非国家概况 [EB/OL].（2023-04）[2023-06-18]. https://www.mfa.gov.cn/web/gjhdq_676201/gj_676203/fz_677316/1206_678284/1206x0_678286/.

立统一、民主和种族平等的新南非，领导了南非反种族主义斗争。

五、司法体系

宪法是南非的根本大法。现行《南非共和国宪法》于 1996 年 12 月 4 日由宪法法院批准，并于 1997 年 2 月 4 日生效。[1] 宪法中的《人权法案》被称为南非民主的基石，明确保障公民的各项权利。修改宪法序言须国民议会四分之三的议员和省务院中的六省通过；修改宪法其他条款须国民议会三分之二的议员通过；若修宪部分涉及省务条款，则还须省务院中的六省通过。[2]

南非司法体系主要由法院、刑事司法和检察机关三大系统组成。法院由宪法法院、最高上诉法院、高等法院、地方法院、特别法院等组成。刑事司法包括警察部、政府司法及宪法发展部、狱政部等。[3]

第三节 社会生活

一、人口与语言

南非人口总计 6 014 万，其中男性约 2 939 万人（48.87%），女性约 3 075 万人（51.13%），黑人约占总人口的五分之四。豪登省人口最多，约

---

[1] 资料来源于南非政府官网。

[2] 中华人民共和国驻南非共和国大使馆. 南非国家概况 [EB/OL].（2021-09-01）[2023-03-17]. http://za.china-embassy.gov.cn/nfgk/gjgk/201208/t20120801_7617170.htm.

[3] 资料来源于南非政府官网。

有 1 581 万人，占南非总人口的 26.3%。夸祖鲁–纳塔尔省是第二人口大省，约有 1 130 万人。北开普省是南非人口最少的省，约有 130 万人，仅占南非人口的 2.2%。南非约 28.3% 的人口（1 704 万）年龄小于 15 岁，约 9.2% 的南非人民是 60 岁以上的老年人。15 岁以下儿童占比最多的省份是豪登省（21.8%）和夸祖鲁–纳塔尔省（21.2%）。[1]

南非种族分为黑人、有色人、白人和亚裔。黑人主要有祖鲁、科萨、斯威士、茨瓦纳、北索托、南索托、聪加、文达、恩德贝莱 9 个部族。白人主要为阿非利卡人（以荷兰裔为主，融合法国、德国移民形成的非洲白人民族）和英裔白人。有色人主要是白人同当地黑人所生的混血人种。亚裔则主要是印度人（占绝大多数）和华人。[2]

南非语言丰富多样，有 11 种地位平等的官方语言，分别是英语、祖鲁语、科萨语、恩德贝莱语、南非荷兰语（阿非利卡语）、斯威士语、斯佩迪语、索托语、茨瓦纳语、文达语和聪加语。[3]

二、经济贸易

南非属于中等收入的发展中国家，也是非洲经济最发达的国家，其金融和法律体系比较完善，通信、交通、能源等基础设施良好。南非的矿业、制造业、农业和服务业均较发达，是其国民经济的四大支柱，其深井开采等技术居世界领先地位。受新冠肺炎疫情和相关封禁措施影响，2020 年南非经济下滑 7%，为自 1946 年以来最大年度降幅，国内生产总值为 3 376 亿美元，人均国内生产总值为 5 091 美元。根据世界银行的统计数据，2020 年

---

[1] 资料来源于南非政府官网。

[2] 中华人民共和国驻南非共和国大使馆. 南非国家概况 [EB/OL]. （2021-09-01）[2023-03-17]. http://za.china-embassy.gov.cn/nfgk/gjgk/201208/t20120801_7617170.htm.

[3] 资料来源于南非政府官网。

南非投资占国内生产总值的 12.43%，净出口占比为 4.94%。从消费者价格指数分析，2020 年南非的平均通胀率为 3.3%，创下了南非自 2004 年以来的新低。2021 年 4 月，南非年平均通胀率上升至 4.4%，达到 14 个月以来的最高水平，接近南非储备银行 3%—6% 目标区间的中间值。[1]

在过去的 40 多年里，南非农业占国内生产总值的比例持续下降，目前只占 2% 左右。虽然如此，但农业仍然是南非比较重要的经济部门，这主要体现在农业创造就业机会的潜力上。南非农业、林业、渔业就业人数约占总人口的 6%，其产品出口收入占全国非矿业出口收入的 15%。[2] 2009—2013 年，南非的农业部门创造了 65 000 个新工作岗位，扭转了自 20 世纪 70 年代以来农业岗位流失的趋势。南非农作物中种植最多的是玉米，其次是小麦、甘蔗和向日葵。南非不仅几乎所有主要的农产品都能自给自足，而且还是一个粮食净出口国，南非农业对出口创汇也很重要。[3]

南非工业主要集中在豪登省、西开普省、夸祖鲁-纳塔尔省的德班-皮涅敦地区和东开普省的伊丽莎白-乌滕哈格港地区。2020 年，南非制造业增长 3 393.6 亿兰特，占国内生产总值的 11.6%。南非制造业门类齐全，技术先进，主要工业部门有钢铁、金属制品、化工、运输设备、机器制造、食品加工、纺织、服装等，冶金和机械工业是南非制造业的支柱。[4]

近年来，南非的纺织、服装等缺乏竞争力的行业在萎缩，汽车制造、农产品加工等新兴出口产业发展较快。南非位居世界汽车工业大国行列，是全球汽车及零部件制造和进出口主要国家之一，宝马、戴姆勒-克莱斯勒、大众、丰田、福特等跨国公司均在南非建立生产基地。矿业是南非国

[1] 中华人民共和国外交部. 南非国家概况 [EB/OL].（2023-04）[2023-06-18]. https://www.mfa.gov.cn/web/gjhdq_676201/gj_676203/fz_677316/1206_678284/1206x0_678286/.

[2] 资料来源于非洲开发银行官网。

[3] 资料来源于品牌南非官网。

[4] 中华人民共和国外交部. 南非国家概况 [EB/OL].（2023-04）[2023-06-18]. https://www.mfa.gov.cn/web/gjhdq_676201/gj_676203/fz_677316/1206_678284/1206x0_678286/.

民经济的支柱产业之一。2020 年，南非矿业产值环比增长 2 014.5 亿兰特，占当年南非国内生产总值的 6.9%，矿业增值规模位居全球第五。同时，南非矿产资源丰富，铂金产量全球居首，铂金、黄金、煤炭出口分别排名全球第二、三、六位，矿产资源出口占南非出口总额的 30%。南非采矿机械、选矿技术设备、矿井通信和安全保障技术、矿产品冶炼和加工技术均名列世界前茅，其深井开采技术输出到南美洲、澳大利亚、加拿大和欧洲。南非矿业公司也已打入欧洲、拉丁美洲和非洲各国市场。[1]

旅游业在推动南非经济走上可持续、包容性增长轨道方面发挥着重要作用。同时，旅游业是南非表现最好的经济部门之一。自 2010 年以来，南非旅游业的增长速度明显优于其他部门。南非拥有极为丰富的自然和人文旅游资源，是世界著名旅游度假胜地，是非洲接待国际游客最多的国家。根据世界旅游和旅游理事会的数据，旅游业是当前南非发展最快的行业之一，产值约占国内生产总值的 9%，从业人员高达 140 万。南非的主要旅游景点有桌山、维多利亚和阿尔弗雷德海滨、第六区博物馆、议会大厦、南非国家美术馆、非洲黄金博物馆和南非橄榄球博物馆等。[2] 南非旅游设施完善，拥有全球最高蹦极设施。世界经济论坛《2019年旅游竞争力报告》显示，南非在 140 个经济体中名列第 61 位。[3]

南非旅游局数据显示，2018 年南非共接待 9.7 万人次的中国游客；2019年，南非接待全球和中国游客数量分别为 1 021 万人次和 93 171 人次。同时，中国客源市场也为南非的经济发展做出了积极贡献，2018 年中国游客在南非的消费额同比增长 69%。由于新冠肺炎疫情导致旅游和休闲活动受限，南非旅游业成为新冠肺炎疫情期间遭受冲击最为严重的行业之一。

---

[1] 中华人民共和国外交部. 南非国家概况 [EB/OL].（2023-04）[2023-06-18]. https://www.mfa.gov.cn/web/gjhdq_676201/gj_676203/fz_677316/1206_678284/1206x0_678286/.

[2] 资料来源于南非政府官网。

[3] 中华人民共和国外交部. 南非国家概况 [EB/OL].（2023-04）[2023-06-18]. https://www.mfa.gov.cn/web/gjhdq_676201/gj_676203/fz_677316/1206_678284/1206x0_678286/.

2020 年，南非游客数量减少近四分之三，仅接待游客 280 万人次。[1]

南非拥有发达的现代化交通基础设施，交通状况良好。南非的公路是非洲国家中最长的，总里程约为 747 000 千米。沿南大西洋和印度洋的南非海岸线是南非主要的航道。南非约 96% 的出口都依靠海运，其 8 个商业港口既是南非与非洲南部伙伴国之间的贸易通道，也为来往于欧洲、美洲、亚洲、大洋洲和非洲的船只提供了天然的中转站。南非拥有强大的铁路网，拥有非洲最完善的交通运输系统。[2]

南非实行自由贸易制度，是世界贸易组织的创始会员国之一。欧盟与美国等是南非传统的贸易伙伴。近年来，南非与亚洲、中东等地区的贸易也在不断增长。2022 年，南非货物进出口额为 2 314 亿美元，比 2021 上升 8%。其中，出口额为 1 216 亿美元，进口额为 1 098 亿美元，贸易顺差为 118 亿美元，主要出口矿产品、贵金属及制品、运输设备等，主要进口机电产品、矿产品、化工产品及运输设备等。[3]

三、医疗卫生

南非医疗卫生系统较为完善。南非政府正在努力建立一个人人都能享有平等、高效、可靠和可持续发展的国家卫生服务体系，以此来提高南非民众的健康水平。2021—2022 年，南非政府医疗卫生支出预算为 2 488 亿兰

[1] 中华人民共和国外交部. 南非国家概况 [EB/OL].（2023-04）[2023-06-18]. https://www.mfa.gov.cn/web/gjhdq_676201/gj_676203/fz_677316/1206_678284/1206x0_678286/.

[2] 资料来源于南非政府官网.

[3] 中华人民共和国外交部. 南非国家概况 [EB/OL].（2023-04）[2023-06-18]. https://www.mfa.gov.cn/web/gjhdq_676201/gj_676203/fz_677316/1206_678284/1206x0_678286/.

特，相当于中等发达国家水平。[1]

2019 年 7 月，南非政府批准全民医疗保险法，决定在 2022 年正式开始实施医疗保险第三阶段，即引入强制性医疗保险收费标准，与私立医疗机构等进行合作，在全国范围内推广全民医疗保险。现在，南非已有全民健康保险，旨在确保南非所有居民都能获得公共和私营部门提供的高质量卫生服务。

四、科学技术

南非是非洲的科技大国和科技强国，科技管理体系较健全，最高科技领导机构分立法和执法两类。议会科技与文化艺术委员会下设的科技分委会负责科技立法。国家科技委员会（又称部长科技委员会）是政府最高科技领导机构，负责执法。南非政府制定实施了一系列科技发展战略、规划和政策，有力地推动了南非的经济发展，推动了南非的科技创新。2009 年 12 月，南非成立国家航天局，南非的射电望远镜研究处于世界前列。[2] 2020 年，南非政府宣布投资 40 亿兰特来推动数字基础设施建设。[3]

五、新闻出版

南非媒体业发达，有各类新闻网站，就其报道的速度和广度而言，可

---

[1] 商务部国际贸易经济合作研究院，中国驻南非共和国大使馆经济商务处，商务部对外投资和经济合作司.对外投资合作国别（地区）指南——南非（2021 年版）[EB/OL]. [2023-04-16]. http://www.mofcom.gov.cn/dl/gbdqzn/upload/nanfei.pdf.

[2] 资料来源于品牌南非官网。

[3] 商务部国际贸易经济合作研究院，中国驻南非共和国大使馆经济商务处，商务部对外投资和经济合作司.对外投资合作国别（地区）指南——南非（2021 年版）[EB/OL]. [2023-04-16]. http://www.mofcom.gov.cn/dl/gbdqzn/upload/nanfei.pdf.

与世界上最好的新闻网站媲美。南非有众多的电视台，报道国内外各类新闻。南非广播公司提供公共广播，各广播电台拥有大量听众。

南非定期出版的报刊数量居非洲之首，共有日报、周报50余种，另有200多种省级和地方性报纸、600多种各类杂志。其中，发行量较大的有《星期日时报》（英文）、《每日太阳报》（英文）、《报道报》（阿非利卡文）、《索韦托人报》（英文）、《城市报》（英文）、《星报》（英文）、《公民报》（英文）。《星期日时报》《报道报》和《星期日独立报》是全国性报纸。[1]

南非通讯社曾是南非唯一一家非政府、非营利性质的全国性通讯社，已于2015年正式停止运营，其主要业务由非洲新闻社取代。南非广播公司下辖广播电台和电视台。广播电台共有18套国内节目，用11种语言向全国广播，拥有2 000万听众；对外节目《非洲频道》用4种语言向国外广播。电视台有4个频道，其中2套为公共服务节目，2套为商业电视节目。[2]

---

[1] 中华人民共和国外交部. 南非国家概况 [EB/OL].（2023-04）[2023-06-18]. https://www.mfa.gov.cn/web/gjhdq_676201/gj_676203/fz_677316/1206_678284/1206x0_678286/.

[2] 中华人民共和国外交部. 南非国家概况 [EB/OL].（2023-04）[2023-06-18]. https://www.mfa.gov.cn/web/gjhdq_676201/gj_676203/fz_677316/1206_678284/1206x0_678286/.

第二章 文化传统

文化交融碰撞出的瑰丽火花在南非随处可见。南非的文化传统是非洲本土习俗与西方传统文化相碰撞而造就的精妙产物。无论是南非土著居民、黑人，还是白人等，都在南非文化的发展方面有着各自的巨大贡献。同时，南非也因文化碰撞而引起各种社会问题，比如，在教育机会和经济收入等方面，白人和黑人之间存在着较大的差距。不过，南非正在为消除这些问题积极探索，并取得了稳步进展。对南非的绝大多数人而言，生活已经越来越好，文化和艺术在结束种族隔离后得以蓬勃发展，丰富多彩的历史文化传统也在自由和谐的社会氛围中得到更好的继承。

第一节 历史沿革

一、文明起源到 15 世纪

南非是人类文明的发祥地之一。大约公元前 500 年，桑人在非洲南部建立了包括狩猎采集等在内的以畜牧业为主导的经济活动，并拥有相对成熟的政治制度。大约公元前 200 年，南非进入铁器时代，人们开始发展农业，并建立了初具规模的村落。11 世纪，南非在林波波河河谷建立了最早的城市马蓬古布韦。从文明起源至 15 世纪末，古南非人的生活可谓祥和平静，丰饶的物资与适宜的气候条件使得南非的政治和经济得以一直平稳发展。

二、15—18 世纪

15—18 世纪是地理大发现时代（又称大航海时代），欧洲航海者开辟新航路，发现了许多当时在欧洲不为人知的国家与地区，其中就有南非。

1488 年，葡萄牙探险家 B. 迪亚斯在经历了一场巨大的风暴后在莫塞尔湾登陆，他最初将这个海角命名为"风暴角"。后来人们发现它打开了通往东方的航路，于是就将这个海角重新命名为"好望角"。1497 年，另一位传奇的葡萄牙探险家达·伽马绕过好望角，经莫桑比克等地，于 1498 年到达印度。达·伽马通航印度，对全球航海和贸易产生了重要影响，也让这些沿途发现的城市走入大众视野。在 1869 年苏伊士运河通航前，欧洲与印度洋沿岸各国和中国的贸易，主要通过这条航路。这条航路的通航也是葡萄牙和欧洲其他国家在亚洲从事殖民活动的开端。[1]

欧洲文化对南非文化的影响是伴随着殖民的进程发展起来的。1652 年，荷兰东印度公司在桌湾建立了南非的第一个欧洲殖民地——开普敦。随着停靠南非的补给船只的增多，加之国际政治的变动，开普敦港口的地位越来越重要。[2] 开普敦逐渐取代了毛里求斯，成为来往于大西洋和印度洋船只的最重要的中途补给基地。1710 年，荷兰人正式抛弃了毛里求斯岛，全力经营开普殖民地。

---

[1] 资料来源于格林伍德指南官网。

[2] 郑家馨. 南非史 [M]. 北京：北京大学出版社，2010：2-8.

三、19—20 世纪上半叶

19 世纪初，英国开始重视开普敦这块地理位置优越的殖民地。随着荷兰东印度公司的破产，英国人分两次从荷兰人的手中夺取了开普敦。1800—1860 年，大量的英国移民抵达开普敦，南非的英国化速度加快，英国殖民者开始从布尔人[1] 和南非当地的土著人手中夺取土地。

1910 年 5 月 31 日，开普、纳塔尔、德兰士瓦和奥兰治自由邦组成了南非联邦。南非联邦是大英帝国管辖下的自治国家，本质上是一个白人联盟，以牺牲黑人利益为代价，立法赋予白人政治和财产权利。除开普省和纳塔尔的少数选民外，非洲黑人没有参与选举的权利。1911 年，《矿山与劳工法》规定只有白人被允许在采矿业从事技术工作。1913 年，《原住民土地法》禁止非洲黑人在保留地外购买土地。这些法律迫使黑人必须在白人雇主那里工作，且报酬极低。黑人没有投票权，无法改变法律，被置于社会的最底层。[2]

四、种族隔离时期（1948—1994 年）

自 1948 年起，南非推行白人至上的国家政策，每个南非居民都依据肤色被划分到一个种族群体，南非成为白人当家作主的国家。在南非白人巩固其权力的同时，黑人反对派的政治力量也在发展。1949 年，非洲人国民大会通过《行动纲领》，呼吁以抗议、罢工和示威的形式来反对白人至上的政策。

20 世纪 50 年代，南非黑人在纳尔逊·曼德拉和奥利弗·坦博的领导

---

[1] 布尔人即阿非利卡人。19 世纪 30 年代，布尔人受南非联邦政府鼓励改称"阿非利卡人"，有"民族统一"的寓意。

[2] 资料来源于事实世界官网。

下抗议种族隔离制度。1960 年，约翰内斯堡南部黑人小镇沙佩维尔的警察向一群和平抗议《通行证法》的黑人开枪，打死 69 人。枪击事件引起了全世界的谴责，随后政府禁止非国大、泛非主义者大会和其他反对种族隔离的组织进行活动，并退出英联邦，经过白人选民的公投后，政府宣布南非为共和国。[1] 成千上万的非白人群体被迁移到保留地，建立起庞大的农村贫民窟。[2] 非国大和阿扎尼亚泛非主义者大会（简称泛非大）因被禁止在南非境内活动，开始在反对种族隔离的斗争中诉诸暴力。这些活动被政府粉碎，南非境内的非国大和泛非大领导人被追查、逮捕，并以叛国罪起诉。1964 年，纳尔逊·曼德拉被判终身监禁，奥利弗·坦博流亡国外。[3] 1976 年 6 月 16 日，位于约翰内斯堡索韦托区的数千名黑人中学生抗议南非当局强行规定在黑人学校使用南非荷兰语进行教学，不准使用非洲语言，索韦托起义爆发。示威者与警察的暴力冲突导致 176 人死亡，1 228 人受伤，数千人流亡海外。索韦托起义成为后来废除南非种族隔离制度的重要里程碑。[4]

五、后种族隔离时期（1994 年至今）

1990 年，时任总统弗雷德里克·威廉·德克勒克取消了对非国大、泛非大和其他政治组织的禁令，并于当年 2 月 2 日释放了纳尔逊·曼德拉。在 1992 年的全民公投中，白人选民以 69% 的投票支持废除种族隔离制度。1994 年，南非举行了首次多种族大选，非国大以绝对优势获胜，纳尔逊·曼德拉成为总统。同年，南非颁布了历史上第一部体现种族平等的临时宪法。1996 年，南非制宪议会通过了在临时宪法基础上起草的新宪法。

---

[1] 资料来源于事实世界官网。

[2] 资料来源于事实世界官网。

[3] 资料来源于事实世界官网。

[4] 资料来源于事实世界官网。

新宪法于同年 12 月开始生效。新宪法规定，宪法具有至高无上的地位；不分种族、性别、宗教，法律面前人人平等；保留临时宪法中的《权利法案》、三权分立系统、联邦制政府管理体制和现行司法体系的重大制宪原则和内容。[1]

第二节　风土人情

一、饮食

不同文化的交融使得南非的饮食种类繁多，风格多样。在殖民统治期间，欧洲人带来了丰富多样的欧式菜系。19 世纪，作为契约劳工抵达南非的华人和印度人又带来了各自的香料、调味品和菜肴，进一步丰富了南非的饮食文化。因此，从南非各民族的传统食物，到世界其他各国的特色菜肴，人们在南非几乎都可以品尝到。

南非人的一日三餐品种丰富。常见的早餐有热麦片粥，人们通常会配上牛奶和糖享用。茶和咖啡也是受欢迎的早餐饮品。午餐较为简单，如三明治或汤。晚餐（正餐）一般是主菜，配以蔬菜和米饭。南非香肠是阿非利卡人的特色菜品，通常由牛肉、猪肉、香菜和各种香料制成。烤肉是南非黑人和白人在美食上最为共通之处。干肉条是南非人较为喜爱的肉类美食。

---

[1] 南非概况 [EB/OL].（2011-04-08）[2023-04-08]. http://www.china.com.cn/fangtan/2011-04/08/content_22319481_2.htm.

二、服饰

传统与现代在南非交织。从繁华的购物中心，到原始的部落民居，人们行走在南非，便是行走在传统与现代之间。在现代化气息浓厚的城市，人们的穿着打扮完全西化。在上班时间，男士通常西装革履，女士穿裙子或者套装。在休息日，民众喜爱穿一种叫作"马迪巴"的花衬衫。"马迪巴"本是纳尔逊·曼德拉总统的家族名，民众常用"马迪巴"来代指这位总统并视他为令人尊敬的自家长辈。由于在很多重要场合，曼德拉都穿着花衬衫面对公众，所以南非有了专门的"马迪巴"衬衫，还逐渐成为民众生活中不可缺少的重要服饰。[1]

三、民居

在种族隔离时期，南非的不同种族住何种住宅是由法律明文规定的，白人和黑人的住宅区被严格隔离开。大部分白人都居住在自然环境优美的城镇中心地区，而黑人则被限制在"黑人家园"和环境较差的城镇边缘地带，不同种族之间的混居被严令禁止。时至今日，南非人可以根据经济实力来自行决定自己或家庭的房屋及住宅区，而不再由肤色决定。[2]

南非的城市住宅大致可以分为富裕阶层居住的花园别墅式住宅、中产阶级居住的连栋式住宅和普通百姓居住的公寓型住宅三类。与城市不同，农村地区的黑人依旧住在圆锥形或者长方形的茅草屋里。

---

[1] 王俊. 南非 [M]. 长春：东北师范大学出版社，2012：93.

[2] 叶兴增. 南非 [M]. 重庆：重庆出版社，2004：411-412.

四、风俗习惯

（一）重要节日

1．人权日

1994 年，南非政府将每年的 3 月 21 日定为全国的人权日，又称国际消除种族歧视日，以纪念 1960 年 3 月 21 日在南非沙佩维尔镇，因当局镇压大规模反种族歧视示威游行而酿成的大规模死伤事件。南非人权日是南非最重要的节日之一。

2．自由日

1994 年 4 月 27 日，南非历史上第一部体现种族平等的宪法生效，并举办了南非有史以来第一次不分种族的总统大选，纳尔逊·曼德拉成为南非新宪法生效后选出的首任总统。南非政府将每年的 4 月 27 日定为自由日，又称国庆日，这是南非最重要的节日之一。[1]

3．青年日

1994 年新南非成立后，南非政府宣布将 6 月 16 日定为青年日，以纪念在"索韦托起义"中死难的青年。

---

[1] 王俊. 南非 [M]. 长春：东北师范大学出版社，2012：107.

4．纳尔逊·曼德拉国际日

由于纳尔逊·曼德拉对南非有着不可磨灭的巨大贡献，他的生日，即7月18日，被定为纳尔逊·曼德拉国际日。这一天，南非各地都会举行隆重的纪念活动。

5．妇女节

1956年8月9日，数百名黑人妇女在比勒陀利亚举行示威游行，抗议当局推行种族隔离制度的最重要标志——《通行证法》。新南非政府将这一天定为妇女节，以纪念南非妇女在争取和平斗争中所做出的贡献，并将这一天定为全国公假日。[1]

6．遗产日

每年的9月24日是南非遗产日，有着"以海纳百川之心拥抱我们的文化和传统"之意。这一天南非民众会举行各种活动来庆祝这一节日，庆祝南非丰富多样的文化、信仰和传统。

7．和解日

12月16日原称丁冈日，或誓言日，是为纪念1838年向北迁徙的南非布尔人打败祖鲁王丁冈并夺取了南非内陆大片土地而设。1994年南非新政府成立后，这一天便根据祖鲁人的习惯改名为和解日，寓意是希望黑、白两大种族面向未来，和平共处。[2]

---

[1] 王俊. 南非 [M]. 长春：东北师范大学出版社，2012：107-108.

[2] 王俊. 南非 [M]. 长春：东北师范大学出版社，2012：108.

（二）传统礼仪

1. 成人礼

南非各黑人部落的男女到了十三四岁步入青春期时，都要举行成人礼。成人礼是南非黑人一生中最重要的仪式之一。[1]

2. 婚礼

南非白人恋爱和组建家庭的方式与西方国家类似。南非黑人的恋爱婚姻因部族的不同，又有许多差别，婚礼庆祝活动通常要延续数天，甚至十几天，天天充满热闹的气氛。

3. 葬礼

南非的葬礼是典型的"丧事喜办"。除因非正常死亡而造成"白发人送黑发人"的情况外，人们大多会坦然接受亲人死亡的现实。[2]

五、宗教传统

南非是一个笃信宗教的国家，同时也是一个宗教多元化的国家。南非人民的宗教信仰主要有基督教、伊斯兰教、非洲传统宗教、印度教、佛教、巴哈教和犹太教等，其中信仰基督教的人数最多。在欧洲殖民者到来之前，

---

[1] 王俊. 南非 [M]. 长春：东北师范大学出版社，2012：109.

[2] 叶兴增. 南非 [M]. 重庆：重庆出版社，2004：426.

南非各族人民已有自己的传统宗教，基督教是伴随西方殖民主义入侵而在南非传播的。

第三节 文化名人

一、纳丁·戈迪默

纳丁·戈迪默于 1923 年 11 月 20 日出生，1991 年获得诺贝尔文学奖，2014 年 7 月 13 日去世，是南非著名的小说家。其作品包括小说、短篇故事和随笔等，主要主题是流亡和异化。[1]戈迪默的第一本著作是短篇小说集《面对面》（1949 年）。1953 年，戈迪默出版长篇小说《说谎的日子》。1974 年，戈迪默的小说《生态保护者》获得布克奖。戈迪默后来的小说包括《伯格的女儿》（1979 年）、《七月的人民》（1981 年）、《大自然的运动》（1987 年）、《我儿子的故事》（1990 年）、《家藏的枪》（1998 年）等。戈迪默还创作了许多短篇小说集，如《士兵的拥抱》（1980 年）等。《生活在希望与历史中：我们世纪的笔记》（1999 年）是戈迪默的一本文集，收录了他的一些随笔、书信和回忆录。2007 年，戈迪默被授予法国荣誉军团勋章。[2]

二、约翰·马克斯韦尔·库切

约翰·马克斯韦尔·库切于 1940 年 2 月 9 日出生在开普敦，是南非著

---

[1] 资料来源于诺贝尔奖官网。
[2] 资料来源于大英百科全书（英文在线）官网。

名的小说家、文学评论家和翻译家，以其反映殖民影响的小说而闻名。2003年，库切获得了诺贝尔文学奖。《幽暗之地》（1974 年）是库切的第一本著作，其中包含了两篇中篇小说。1983 年，库切的作品《迈克尔·K 的生活和时代》获得布克奖。1999 年，库切凭借小说《耻》成为首位两度获得布克奖的作家。[1] 这位著名作家的其他作品还包括《白人写作》（1988 年）、《双重视角》（1992 年）、《冒犯》（1996）等。《此时此地》是库切和美国小说家保罗·奥斯特于 2008—2011 年的通信合集。

三、阿索尔·富加德

阿索尔·富加德于 1932 年 6 月 11 日出生在米德尔堡，是南非著名的剧作家、演员和导演，因其剧作中对种族隔离时期南非社会深刻而悲观的分析而闻名于世。[2] 富加德最早的剧作是《耶稣受难日》（1977 年）和《妓女》（1977 年）。其剧作《血结》（1963 年）在伦敦和纽约两地的舞台演出和电视播出奠定了富加德的文学声誉。[3] 1994 年，富加德出版了回忆录《堂表兄弟》。他随后创作的剧本包括《悲伤与快乐》（2002 年）、《胜利》（2009 年）、《火车司机》（2010 年）等。2011 年，富加德获得托尼奖戏剧终身成就奖。[4] 2006 年，基于富加德 1961 年的同名小说《阿飞》而改编的电影《黑帮暴徒》赢得奥斯卡最佳外语片。[5]

---

[1] 资料来源于大英百科全书（英文在线）官网。

[2] 资料来源于大英百科全书（英文在线）官网。

[3] 资料来源于大英百科全书（英文在线）官网。

[4] 托尼奖是 1947 年由美国戏剧协会设立的奖项。一直以来，托尼奖被视为美国话剧和音乐剧的最高奖项。

[5] 资料来源于大英百科全书（英文在线）官网。

第三章 教育历史

南非的教育历史可以划分为以下四个教育阶段：南非原住民桑人以生活和生存技能教学为主的传统土著教育、殖民时期由欧洲传教士和神职人员建立的教会教育、种族隔离时期发展起来的班图教育和后种族隔离时期不断推进平等教育的新南非教育。南非教育伴随着时代的发展，其教育形式也在不断发展和进步。

第一节　历史沿革

一、传统土著教育

桑人是南非的原住民，他们在英语国家中通常被称为布须曼人。桑人在南非生活了数万年，现在仍有少数桑人的后代生活在南非、纳米比亚和博茨瓦纳北部的平原和沙漠地区。桑人在被欧洲殖民者殖民之前，完全靠狩猎和采集为生。科伊桑人中（又称科伊科伊人）是从桑人中分离出来的一个群体，主要生活在西开普地区。与原有的种族群体相比，科伊桑人掌握了饲养和管理牲畜的技能。这些技能让他们拥有在人口密集区定居的能力。同时，科伊桑人还通过与黑人部落的交往和通婚，学会了田园式生活方式。

在大多数欧洲人的心目中，在欧洲殖民者来到南非并开始殖民该地区之前，南非并没有正规的教育。可是，事实上，南非在被殖民以前，各土著族群就已经高度重视他们自己的教育，他们的生活中已经孕育着教育的雏形。

南非传统土著教育的主要目标是向部落成员传递道德价值观。当然，每个人除了应该学会如何遵守这些道德规范外，还应该知道男性和女性各自需要掌握的必备职业技能，以及构成个人世界观的基本认知和精神基础。整个部落的人从幼年到成年都要接受教育。土著儿童从部落的年长成员那里接受教导，从而了解他们的生存、工作和社会环境。土著儿童不是通过简单的口头教育来学习，而是通过不断地观察父母以及接触到的其他部落成年人在生活中的言行来学习的。在这个不断学习的过程中，土著儿童为家庭和部落承担并完成越来越多的任务，也是在这个持续学习的过程中，他们从儿童成长为成人。

二、殖民时期的教育

（一）殖民时期的教会教育

在实行种族隔离制度以前，南非土著和南非印裔等种族所接受的教育，几乎完全是通过由欧洲传教士和神职人员建立的教会和教会资助的学校来提供的。这些学校的资助者主要是英国教会，以及荷兰归正教会、德国基督教会等。

荷兰殖民者来到南非以后，教会学校的数量开始显著增加，其中一个很重要的原因是由教会拥有和经营的学校可以从殖民地政府获得部分补贴。

1652 年，荷兰东印度公司在南非建立了开普殖民地，这在一定程度上开启了南非正式学校教育的启蒙时代。1658 年，南非成立了第一所正式的学校，这所学校是由荷兰指挥官贝克创办。贝克从一个葡萄牙奴隶贩子手中俘获了一艘荷兰船只，船上的奴隶及其子女被带到开普。这所学校就是为这些奴隶子女而建。

比起荷兰殖民者，英国殖民者对南非教育英国化的决心更大。1795 年 6 月，英国人借口保护"盟国"的海外殖民地，进军开普。9 月 14 日，英军在开普登陆，驻守海港的荷兰正规军不战而逃。9 月 15 日，英军便顺利地实现占领，"名正言顺"地接受了开普殖民地的管辖权。[1]

英国教会对南非传教工作特别积极。英军刚一占领开普，同年成立的伦敦教会便计划派遣传教士到南非传教。英国殖民者来到南非以后，快速展开教会运动，为黑人和白人儿童提供教育。进入 19 世纪以后，英国基督教教会在南非进行广泛的活动，非常重视教会教育，并且取得了一定成效，因为人们参加基督教教会教育首先意味着需改信基督教，比传福音的成效要大得多。19 世纪 40 年代，教会开始兴办中学和师范学校，使一部分富裕家庭和酋长的子弟以及信徒的黑人子弟能够接受到西式教育。在很长一段时间里，教会教育在南非是唯一的教育形式。

与此同时，班图语言文字的教育也开始发展起来。1821 年，格拉夫赖内特的传教士约翰·本恩以拉丁字母拼写科萨语，创造出科萨文以后，识字开始在格拉夫赖内特地区的非洲人中逐渐普及。1841 年 7 月，格拉斯哥教会在纳塔尔的洛弗代尔开办了一所神学院，培养非洲人传教士。该学院的与众不同之处是附设工程系，教授泥瓦工、木工、修造马车和铁器制作技术。1861 年，该学院增设的印刷和装订技术专业很受欢迎。1877 年，罗马天主教会在纳塔尔"圣家庭修女会"所属的一所修道院内设立寄宿学校

---

[1] 郑家馨. 南非史 [M]. 北京：北京大学出版社，2010：50.

和寄宿小学。1868 年，法国传教士在德班以南沿岸地带阿曼齐姆托蒂创办师范学校。1880 年，英国圣公会在祖鲁兰创办圣奥尔本斯学院。[1]

教会在南非的最重要影响就是通过办学在教会学校中培养了一批接受西方文化的知识分子，特别是其中的"精英"阶层。1841—1896 年，洛弗代尔神学院共有 3 448 名学生毕业，平均每年培养出 62 名学生；其中有 700 名从事"专业工作"，大多数任教师，只有 8 名任律师，2 名任法院书记员，1 名当医生，2 名做编辑和记者。他们中的有些人后来成为著名的"土著传教士"，如科萨人牧师蒂约·索加、在希尔德敦学院研究神学的学者奈赫米阿·泰尔、开普的非洲人传教士卡尼奥密牧师、詹姆士·万德尼牧师、曼吉纳·莫科恩牧师等。[2]

（二）殖民时期的不平等教育

事实上，早在殖民后期，南非就在国家层面开始实施将黑人和有色人种学生与有欧洲血统的白人学生区分开来的政策和措施。这与南非主要的资本主义垄断企业，特别是采矿业的需求息息相关。自 19 世纪初到 20 世纪 20—30 年代，南非白人的职业与黑人和有色人种的职业截然不同。白人通常从事最有技术含量或知识水平要求高的职业，而黑人和有色人种，无论他们受到的培训和教育水平如何，除非担任教师或神职人员等职业外，在大多数情况下他们只能从事半熟练和简单的体力劳动。

这种以种族和阶级为基础的社会结构与当时南非资产阶级的劳动需求密切相关。当时的资产阶级需要维持行业平衡，缓解停工和工人工资上升的压力。因为随着南非工业结构和技术变革的创新，矿主不再需要昂贵的白人矿工，所以为了降低人工成本，矿主更愿意用培训不足、经验不足的

---

[1] 郑家馨. 南非史 [M]. 北京：北京大学出版社，2010：166.

[2] 郑家馨. 南非史 [M]. 北京：北京大学出版社，2010：166-167.

黑人矿工来取代白人矿工。从 1933 年开始，南非的第二大工业制造业开始发展起来。截至 1943 年，制造业已远超采矿业，成为南非工业和国内生产总值的主要贡献力量。新的制造业开始为南非的白人提供了新的工作领域。南非当局积极施行肤色限制政策，限制黑人工人获得更受尊重和高薪的职位。

三、种族隔离时期的教育

（一）种族隔离时期的教育制度

1948 年，由荷兰裔南非人组成的南非国民党依据种族隔离主义建立了新政府，给包括教育在内的南非各方面的社会生活带来了巨变。南非对黑人、印裔和有色人种子女的教育政策发生了根本性的转变，走向了极端的政府控制和镇压。

种族隔离时期，南非教育领域施行最久的政策是班图教育制度。1953 年，南非颁布《班图教育法》，标志着班图教育制度的正式确立，从此一个人的社会责任和政治机会完全由他的种族身份来界定。《班图教育法》规定，黑人教育的控制权归属于中央政府土著人事务部。教会教育被指斥不恰当地西化黑人，使黑人产生了脱离自身文化和社会地位的不恰当想法从而遭到了排挤。南非政府通过取消几乎所有的财政援助，加强了对宗教学校的控制，迫使许多教会将学校出售给政府，或者干脆关闭。仅剩的几所能够自筹经费维持的教会学校也必须接受土著人事务部的控制。在打击教会教育的同时，南非国民党政府建立了为种族隔离意识形态和社会结构服务的班图公共学校教育体系。

为了将黑人稳定在农村地区，南非国民党政府率先在白人农场和黑人家园的土地上开设学校，而黑人城镇的教育需求一度被蓄意压制。后来，南非国民党政府意识到黑人的城市化潮流不可阻挡，因此不得不改变策略，在黑人城镇开始投资建校，以配合 20 世纪 70 年代中期以后的"总体战略"。新的战略试图将黑人分化为所谓的"合格的"城市黑人居民与大多数"不合格"的只允许生活在黑人家园的黑人，以便通过拉拢这些生活在黑人城镇里接受了资本主义现代生活方式的黑人来维持种族隔离制度的稳定。然而，具有讽刺意味的是，恰恰是像沙佩维尔和索韦托这样的黑人城镇，以及这些城镇里的黑人学校最终成了反对种族隔离斗争的策源地。[1]

自班图教育实施以来，黑人接受教育的机会有了空前的提高，但在南非国民党政府釜底抽薪式的干预之下，教育质量却急剧下滑，具体表现为三个方面。第一，黑人教育经费不足。在种族隔离猖獗时期，人均政府教育开支一个白人学生是非洲人学生的 10 倍。即使到了种族隔离制度即将寿终正寝的 1994 年，在非洲人学校经费有所增加的情况下，在城镇白人学生与非洲人学生开支还存在 2.5 倍的差距，在黑人家园则更是达到了 3.5 倍。[2]第二，黑人教师的发展受到制约。为了阻止接受西式自由主义思想的黑人教师进入校园，政府接管了教会手中的教师教育机构。凭借《班图教育法》赋予黑人教师雇主地位，土著人事务部拒绝给予教会自主培养的教师上岗机会，禁止教师发表异见，同时有计划地大幅度削减教师的薪资，从而明确地传递出贬低黑人教师的信息。第三，教学语言和教学内容受到限制。以传承本民族文化和保持本民族身份为由，班图教育体系中 8 年的小学教育被要求完全采用部族语言进行教学，然而进入中学之后，却又突然要求转换到用英语和阿非利卡语各占一半的教学模式。虽然使用部族语言有利于培养民族认同感，但在没有对现代课程进行本土化的前提下，长期依赖部族语言进行教学实际上把大部分的黑人学生阻挡在现代生活所需要的知识

---

[1] 王琳璞，毛锡龙，张屹. 南非教育战略研究 [M]. 杭州：浙江教育出版社，2014：15-16.

[2] 罗毅. 南非教育的改革与发展 [J]. 西亚非洲，2007（9）：17-22.

之外。而且突破小学束缚的黑人学生一旦升入中学，马上面临着英语和阿非利卡语的挑战，这无疑增加了学习难度，降低了学业成功的可能性。尤其是南非国民党政府强行普及阿非利卡语（黑人倾向于学习英语）的行为，更是激起了黑人学生的反抗，1976 年的索韦托起义便是由此引发的。除了在语言上设置障碍外，在教学内容方面，班图教育还向学生灌输种族差别和服从白人的顺民思想，限制向黑人教授高级数学、科学和技术课程，以便在思想、心理和能力上彻底消除黑人与白人竞争的可能性。[1]

南非高等教育的种族隔离始于 20 世纪 50 年代末。1958 年颁布的《扩充大学教育法》规定，按种族分别建立非洲、有色人和印度人的高校，这将种族大隔离带进了高等教育领域。[2] 根据《扩充大学教育法》，非白人被禁止进入白人大学，并基于种族语言给非白人建立独立的大学。之前，虽然也有着各种阻碍与隔离措施，但是有能力的黑人仍然可以升入为白人建立的大学，尤其是金山大学、开普敦大学和纳塔尔大学这三所白人大学。而培养了包括曼德拉在内的一大批黑人精英的福特哈尔大学（其前身是土著人学院）则面向全非洲的各族黑人招生。该法律施行之后，南非政府先后在边远的黑人家园新设了面向特定黑人群体的部落学院（后均升格为大学），在德班近郊设立了面向印裔群体的德班威斯特维尔大学，在开普敦近郊设立了面向有色人种的西开普大学，将福特哈尔大学改制为仅面向科萨族黑人的高等教育机构，并且规定任何人都只能进入各自种族所属的大学教育机构。这就意味着非白人群体除不能进入白人大学外，也不能进入除专门针对本族裔开设的大学之外的其他非白人大学。禁止非白人进入白人大学实质上剥夺了非白人获得优质高等教育的机会，而禁止非白人之间跨族裔入学则是为了将各自族群的人限制在各自的属地上。

当然，与其社会地位相一致，印裔和有色人种大学的教育质量要比黑

---

[1] 王琳璞，毛锡龙，张屹. 南非教育战略研究 [M]. 杭州：浙江教育出版社，2014：16-17.

[2] 罗毅. 南非教育的改革与发展 [J]. 西亚非洲，2007（9）：18.

人的各所大学稍高。此外，在黑人家园的土地上设立的黑人大学还具有宣示所谓"国家主权"的功能。南非高等教育领域中的种族大隔离为白人和非白人的高等教育设定了不同的培养目标。在南非国民党执政的四十多年里，充足的教育资源、良好的学术传统使南非白人高校的教育质量和科研水平远近闻名，几乎所有符合入学条件的白人都能够享受到高质量的高等教育机会。而非白人的高校，在学校的软硬件设施和师资配备方面，与白人高校完全没有可比性，其教育经费数量少且用途被限定，还不允许跨年累积。20世纪70年代，南非政府在黑人教育上的人均支出降至白人的十分之一。由于黑人大学的定位是服务本族群发展的高等学府，其使命是要发展和传承本族群的传统文化，培养本族群或家园经济发展所需要的人才和经营管理黑人家园所需要的公务人员，因此在专业设置上严重偏文轻理。即便是黑人理工学院，相应职业技术专业的层次和教育水平也都低于白人的同类院校，以"确保留给白人的技术工种不被黑人觊觎"。[1] 与白人优质的初、中等教育为高等教育机构输送高质量的生源不同，黑人畸形且低质量的基础教育从起点上就限制了黑人高等教育的入学率和高等教育质量的提高。

（二）新南非成立前夕的教育变革

在1994年以前，南非的教育模式极其复杂，存在大量重复的职位和部门，以确保白人青年在受教育期间与其他种族和族裔群体隔离开来。这种教育模式的存在也有助于防止其他非白人年轻群体和他们的父母起来反抗，以寻求教育解放、反对白人优先的政策。当时的南非教育系统实际上很分散，存在15个不同的教育部门，即10个独立的班图斯坦黑人部落（即后来

---

[1] 王琳璞，毛锡龙，张屹. 南非教育战略研究 [M]. 杭州：浙江教育出版社：17-18.

的黑人家园），4 个官方承认的种族群体（其他非洲人、白人、有色人种和印裔），还有 1 个负责制定国家教育规范和标准的国家教育部门。政府通过采取这种复杂且分散的教育系统来达到当局在政治和教育上的霸权目的。

15 个教育部门各有自己的办学模式、融资模式和治理原则。这种不平等且难以管理的教育模式显然亟需改变，从而为所有的南非公民，不分种族、民族或社会阶层，提供平等的教育机会。1990 年，南非负责白人教育的克拉塞宣布，白人州立学校必须向所有种族群体敞开大门。然而事实上，基本上只有白人家庭和少数最富有的黑人家庭才拥有这个机会。当时，白人学校只占南非学校总数的五分之一，南非大部分学校都位于黑人和有色人种聚居的地区，克拉塞所倡导的教育政策变革偏离了南非教育的真正问题。

四、后种族隔离时期的新南非教育

（一）新南非成立后的教育变革

1994 年 4 月，南非废除了种族隔离制度，进入了后种族隔离时期。南非新政府把提高全民教育水平作为基本政策，旨在实现社会经济可持续发展。新制度的确立使种族主义教育成为历史，教育部门的变革和重建随即展开。新政府的重要任务是促进建立统一、公平、高质量的国家教育体制，使所有南非国民能够平等地接受教育。新政府尤其重视改善在种族隔离制度下受到歧视的黑人的受教育条件，以增强他们在社会经济中的竞争力。政府通过颁布各种教育法律法规，为教育改革奠定法律基础。[1]

---

[1] 罗毅. 南非教育的改革与发展 [J]. 西亚非洲，2007（9）：17-22.

　　1994 年，非洲人国民大会政府开始尝试实施《重建和发展计划》来缩小教育上的不平等，这也是新政府的第一个教育政策。为达到《重建和发展计划》制定的教育目标，南非政府需要修建新教室和新学校，并提供相应的新媒体中心、电气、供水和卫生设施等配套资源。对于这些巨额的财政支出，政府面临借外债和实现自身经济增长两种选择。当时，整个国家正处于动荡和亟需重建的阶段，这两种选择都不容乐观。因此，政府在同年发布的《教育培训白皮书》中强烈主张实现各种族的教育平等。该白皮书由南非教育和培训部撰写，强调消除不平等和贫穷现象，同时提出提高教育和培训质量。

　　1996 年，南非颁布《国家教育政策法》，确定了国家对教育的集中统一管理，并明确了国家与各省教育管理机构的关系。1996 年，《南非学校法》颁布，旨在为学校的组织、管理和资助提供统一的制度保障，明确学校教育体制改革的方向和举措。该法成为南非教育的主要法律遵循。1997 年，南非又颁布《高等教育法》，以法律形式确定了南非高等教育的价值取向、基本原则和核心政策。

　　1997 年，南非政府出台《教育白皮书 3：高等教育变革计划》（以下简称《教育白皮书 3》），规划了南非高等教育变革的远景，确定了南非高等教育发展的原则和措施，力图变革高等教育体系，以解决种族隔离时代遗留下来的高等教育的不公平和低效率问题，通过发展高等教育来回应全球化时代对社会、经济与文化发展的要求。《教育白皮书 3》勾勒了南非高等教育改革的四重愿景：（1）消除歧视，提供公平的入学机会与成功机会；（2）通过科学的职能规划与各校在教学与研究活动中的合作来满足国家发展的需要；（3）通过课程与实践活动，倡导公平民主、尊重人权、文化包容的主流价值观，推动建立人道的、非种族的、无性别歧视的社会秩序；（4）推动知识和学术大发展，以此对地方、国家、南部非洲乃至整个非洲的教育多样化问题与需求做出回应，全面提高学术水平。

1998 年，南非颁布《继续教育与培训法》，确立了建立和发展继续教育与培训体制的基础。2001 年颁布的《国家高等教育规划》和 2002 年颁布的《变革与重建：高等教育机构新框架》，确立了南非高等教育机构整合的具体方案和时间。2010 年 11 月，南非发布《2014 年行动计划：面向 2025 年学校教育》，提出南非基础教育发展的关键举措及内容。作为该行动计划的发展和延伸，2015 年 4 月，南非又发布《2019 年行动计划：面向 2030 年学校教育》。该行动计划制定得更加全面和系统，并规划了处于不同阶段的中小学生所要达成的学习目标和所需掌握的基本技能，以及学前班（R 年级）至 12 年级学生所要完成的目标任务。

（二）新南非教育的发展特点

1994 年，废除种族隔离制度后新南非民主政府进行了一系列旨在推进南非建设和促进教育公平的教育改革，新南非教育的发展表现为以下四个特点。第一，政府推动教育平权运动，比如，加大教育投入，提升黑人院校的办学条件和办学水平，增加弱势群体的入学机会，加强职业教育等。第二，进入 21 世纪之后，政府努力变革基于种族隔离制度而建立起来的高等教育双轨制体系，进一步着力推进高校合并。一方面，政府对白人精英高校与黑人高校进行合并重组；另一方面，政府对办学教学条件差的黑人高校进行合并。第三，按照南非《高等教育国家规划》，政府进一步要求增加高校中黑人学生和教职员工的比例，甚至鼓励大学雇用非洲其他地区的黑人学者，促进大学文化的改变。第四，政府围绕语言平等实施多语教育，颁布了多项法律法规。在一所大学里，学校可以根据学生的种族情况和需要，采用多种语言授课。[1]

---

[1] 中华人民共和国国家民族事务委员会. 国家民委"南非民族教育管理培训团"情况报告 [EB/OL]. (2018-12-25）[2023-07-14]. https://www.neac.gov.cn/seac/mzjy/201812/1130841/files/b2342f9758754e8ba0206bc4c9cbbbf5.doc.

南非在实行民主转型与教育改革 20 多年后，黑人等弱势种族学生接受高等教育的比例逐年提高，白人高校和黑人高校的合并逐步实现，学生可以自主选择高校。在那些办学条件和教育水平更优质的白人高校中，黑人学生的比例逐步提高，部分高校实现了多语教育，语言多样性得到了提升。

五、教育管理体系与学制

2009 年，南非教育部进行机构改革，将原来的教育部拆分为基础教育部、高等教育和培训部两个部门，成立了新的教育部和 9 个省教育厅。基础教育部主要负责 R 年级到 12 年级的教育，管理普通公立学校、私立学校、幼儿发展中心和特殊学校。高等教育和培训部负责管理高等教育、职业教育、职业技术教育与培训学院、社区教育和培训学院等教育机构。这一变化将基础教育、高等教育与职业技术教育置于同等重要的地位，淡化了学术型教育与职业型教育之间的区别，有利于教育现代化的整体推进。南非教育管理体系如图 3.1 所示。[1]

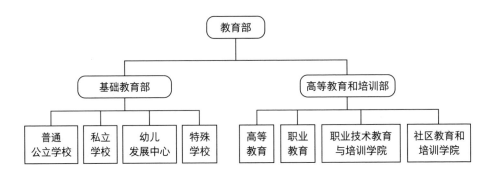

图 3.1 南非教育管理体系

---

[1] 陈建录. 南非职业教育研究 [M]. 北京：外语教学与研究出版社，2023：18-19.

1995 年，南非通过《南非资格认证法》；1997 年，南非出台《2005 年课程：21 世纪的终身教育》。这两项法律文件共同确立了南非教育体系的新学制（见表 3.1）。南非教育分为学前、小学、中学、大学和研究生教育五个阶段。国家资格认证框架将南非国民正式教育体系分为三个级别。第一级别为普通教育与培训，即从 R 年级一直到 9 年级（R—9 年级）。第二级别为继续教育与培训，这一阶段既包括普通教育中的 10—12 年级，也包括同一级别的职业技术教育与培训。第三级别为高等教育与培训，由 24 所重组后的国立大学构成。[1]

表 3.1　南非教育的新学制

教育阶段	年级	国家资格框架级别
高等教育与培训	—	5—10
继续教育与培训	12	4
	11	3
	10	2
普通教育与培训	R-9	1

南非国家资格框架由普通和继续教育与培训资格框架、高等教育资格框架、职业资格框架三个子框架构成，共 10 级资格（见表 3.2）。普通和继续教育与培训资格框架为 1—4 级，1 级属于普通教育与培训阶段，2—4 级属于继续教育与培训阶段。高等教育资格框架为 5—10 级。职业资格框架目前仅有 1—8 级，8 级以上尚未确定。每个资格级别都对应着职业证书等级，这是教育系统与国家资格框架系统的衔接，一方面促进教育的职业导向，另一方面也为学习者接受更高教育提供机会。[2]

---

[1] 朱守信. 南非继续教育体系的结构改革探析 [J]. 继续教育研究，2012 (3): 170-172.

[2] 陈建录. 南非职业教育研究 [M]. 北京：外语教学与研究出版社，2023: 38-39.

表 3.2　南非国家资格框架

资格级别	子框架及资格类型		
	普通和继续教育与培训框架	高等教育资格框架	职业资格框架
10	—	博士学位 技术博士学位	—
9	—	硕士学位 技术硕士学位	—
8	—	荣誉学士学位 研究生文凭 技术学士学位	职业证书（第8级）
7	—	学士学位 高级文凭	职业证书（第7级）
6	—	文凭 高级证书	职业证书（第6级）
5	—	高等证书	职业证书（第5级）
4	国家高级证书	—	职业证书（第4级）
3	中级证书	—	职业证书（第3级）
2	初级证书	—	职业证书（第2级）
1	普通证书	—	职业证书（第1级）

第二节　教育名家

一、约翰·兰加里波利·杜贝

约翰·兰加里波利·杜贝（1871—1946）是南非的教育家、新闻工作者和牧师。杜贝曾就读于美国俄亥俄州欧柏林学院，并获得了牧师职位。20世纪初，杜贝回到纳塔尔，创办了奥兰格学院。1936 年，杜贝在南非大学获得博士学位。[1]

杜贝的教育成就主要有三点。

一是创办奥兰格学院和女子学校。1890—1892 年，杜贝在美国学习期间得到了演讲的机会。他在俄亥俄州、宾夕法尼亚州和纽约分别进行了演讲，并因此成功筹集了一笔资金。后来他把这笔资金用于在南非开设学校。在巡回演讲期间，杜贝还出版了一本名为《对我的祖国的熟悉谈话和在那里的发现》的书。书中反映了杜贝经历的挣扎：他是一位受过教育的土著人，正努力在其传统族裔根源和基督教教义之间寻求平衡。这本书还反映了杜贝创作的动机，并展示了他的写作技巧，有助于他领导土著人民阐明自己的权利并进行斗争。[2]

1897 年，杜贝在妻子的陪同下再次回到美国接受进一步的学习，并报名参加了纽约市立大学——布鲁克林学院的培训。在这次培训中，杜贝的教育和政治思想受到布克·华盛顿的深刻影响。杜贝和华盛顿又都受到了欧柏林学院校训"学习和劳动"的启发，他们都成了民权活动家、教育家和作家。华盛顿教授那些在塔斯基吉学习的学生们印刷、耕作、制鞋和烹饪等技能，让他们有能力自力更生。华盛顿的做法激发了杜贝发起类似的倡议，以促进恢复黑人在南非的受教育权利。1900 年 8 月，杜贝建立了祖鲁基督教工业学院（1901 年更名为奥兰格学院），为非洲儿童提供教育。几年后，杜贝又在附近建立了一所女子学校。[3]

二是开创祖鲁语纸媒。杜贝在美国一家本地印刷公司的工作经历，培养了他的编辑和出版技能。这些技能在他创办第一家祖鲁语本地报纸《纳

[1] 资料来源于南非历史在线官网。

[2] 资料来源于南非历史在线官网。

[3] 资料来源于南非历史在线官网。

塔尔太阳报》时得到了充分利用。该报于 1903 年 4 月正式创办，其宗旨是成为黑人的发言人并传播非洲统一的思想。[1]

三是推动教师事业的发展。1935 年，杜贝成立了专门为黑人教师服务的纳塔尔班图语教师协会，即后来的纳塔尔非洲教师联盟，以促进黑人教师之间的交流学习。从 1936 年起，他代表纳塔尔参加土著代表委员会，直到 1946 年去世。[2]

二、纳尔逊·曼德拉

纳尔逊·曼德拉（1918—2013）不仅在南非是一位受人尊敬的政治家，而且还是一位名扬国际的人物，他为自由斗争的勇气和远见令人钦佩。曼德拉为建立一个自由民主的南非进行了持久斗争，同时他在教育事业方面也做出了积极的贡献。

曼德拉追求终身教育，鼓励教育者接受开放教育和继续教育。例如，他通过函授在南非大学获得了文学学士学位，他还在狱中接受了各种教育。虽然关押他的罗本岛是一个残酷艰苦的监狱，但是他设法把它变成一个学习的地方。曼德拉对教育的热爱和信念得到了人们的广泛赞赏。[3]

曼德拉入狱时已 44 岁，他在狱中度过了长达 27 年的时间。在罗本岛他被监禁 18 年，带着坚定的信念和乐观的精神，他抓紧每一分钟进行学习。曼德拉不仅通过学习来充实自己的精神世界，还激励岛上的狱友和他一起学习，把这座"死亡岛"改造成为狱友心中的"曼德拉大学"，使之成为"民主和自由战胜压迫和种族主义"的见证者。

---

[1] 资料来源于南非历史在线官网。

[2] 资料来源于南非历史在线官网。

[3] NASONGO J, MUKONYI P, NYATUKA B. An analysis of Nelson Mandela's philosophy of education[C]// SOUDIEN C. Nelson Mandela: comparative perspectives of his significance for education. [s.l.]: Brill, 2017: 81-92.

曼德拉克服重重困难，博览群书，先后学习了政治、经济、法律、历史等课程，攻读了法学、商学和文学等学士学位，还自学阿非利卡人的语言与历史，通过了阿非利卡语六级考试。针对在"黑人觉醒运动"中被捕的大部分青年只有中学文化水平的现象，曼德拉实施了一个教育计划，组织高学历的政治犯为这些青年传授知识，让他们在狱中能够继续学习。"曼德拉大学"有自己的教授、自己的课程和自己的教材。曼德拉还亲自教授政治经济学，把面授变成交谈。后来，教学范围扩展到狱中被关押的所有人。在曼德拉的带领下，罗本岛上掀起了一股学习之风。其中不少人通过在罗本岛的学习取得了学位。"曼德拉大学"的很多校友后来成为新南非创建进程中的中流砥柱。[1]

曼德拉将教育置于战争的背景下，认为教育可以用作改造社会的重要抓手。事实上，任何国家要想摆脱困扰它的恶性发展问题，就必须进行深入的教育改革，强调解放个人以实现真正的转变。曼德拉认为教育是解决不平等和社会不公的好抓手。在曼德拉时代，人们相信教育作为一种工具，可以消除恶习，吸引人们进行认真思考。

曼德拉认为教育是实现真正的社会、经济和政治变革的一个关键步骤，教育对解放受压迫的人至关重要。此外，他反对争取政治自由是解放斗争的终点。相反，他认为政治自由只是一个起点，教育在实现最终自由的过程中扮演着重要的角色。他认为，非洲的重建和发展在很大程度上取决于非洲在公民教育方面取得的进展。因此，教育的力量超越了经济成功所需要培养的技能。除此以外，教育还能够促进国家建设和和解。他特别指出："我们需要教育我们的年轻人成为尊重所有人（包括妇女、男人和儿童）的成年人。"[2]

---

[1] 郑艳，罗大珍，邱培杨. 曼德拉教育思想及其实践 [J]. 吉林省教育学院学报，2015（1）：7-9.

[2] NASONGO J, MUKONYI P, NYATUKA B. An analysis of Nelson Mandela's philosophy of education[C]// SOUDIEN C. Nelson Mandela: comparative perspectives of his significance for education. [s.l.]: Brill, 2017: 81-92.

曼德拉发现，南非的大多数儿童，特别是农村地区的儿童，要么没有接受基础教育的机会，要么缺乏有效教学和学习所需的教学媒体和设备。基于这种情况，他号召人们携起手来共同改善教育质量，使大多数南非人都能接受教育。他赞赏社区和非政府组织在教育改革中所起的作用，鼓励家长和学生参与教育机构的管理工作，而教育部门则需要继续建立法定的架构，让所有利益相关者都能参与教育政策的制定和相关教育工作。

令曼德拉感到不安的是，南非农村的许多学校不能有效地帮助儿童学习。为了缓解这种状况，他在 2007 年成立了纳尔逊·曼德拉教育与农村发展研究所，以应对南非农村面临的教育危机。该研究所位于东开普的农村地区，隶属于曼德拉的母校福特哈尔大学，旨在与农村教师、儿童、家长和社区合作，为非洲农村地区的教育提供可持续的解决方案，努力寻求建立一个国际认可的教师培训机构，为整个非洲大陆的教师培训提供服务。在担任南非总统期间，曼德拉利用自己的影响力积极吸引资助者，努力建造新教室，将儿童从破旧的泥土建筑中转移出来。这一点在他的家乡库努村表现得尤为明显。他帮助家乡将几所破旧的学校改造成了现代化的教育场所。他还敦促学校确保学生从一年级开始就能使用电脑。[1]

由曼德拉担任总统的南非新政府将提高全民教育水平作为基本政策，在教育领域内加快整合教育机构，推动立法进程，有效地保障了公民接受教育的合法权利。1994 年，曼德拉领导的非洲人国民大会提出了消除种族隔离教育与培训改革计划——《重建和发展计划》。该计划将教育作为重建与发展的首要任务，主张逐年增加教育经费，明确提出"十年免费义务教育"的目标，由此掀开了南非教育与改革的新篇章。随后，一系列教育法规相继出台，如《国家资格计划》《南非资格认证法》《南非教育与培训白皮书》《国家教育政策法》《南非学校法》等，规定了教育部部长的职责、

---

[1] NASONGO J, MUKONYI P, NYATUKA B. An analysis of Nelson Mandela's philosophy of education[C]// SOUDIEN C. Nelson Mandela: comparative perspectives of his significance for education. [s.l.]: Brill, 2017: 81-92.

国家与省级教育部门的关系、学校教育体制、继续教育与培训体制、教育工作者的责任与能力等，为教育领域的变革与重建奠定了基础。[1] 在相关法律和政策的引导下，南非政府设立了国家教育部和教育辅助机构：教育部部长理事会、教育厅厅长委员会、基础和中等教育与培训质量保证委员会、南非资格认证署、高等教育理事会、南非教育工作者理事会、全国继续教育与培训董事会和教育劳动关系理事会等，确立了公平的教育资源分配机制。南非新政府逐渐建立起一个较为齐全的国家教育法律和教育机构体系，在各个领域全面而系统地规范南非的教育，体现了曼德拉教育思想的深度内涵。在曼德拉时代，所有国民都能够平等地享有宪法中《权利法案》规定的"接受教育和选择教育语言、创建独立的教育机构的权利"，种族主义教育成了历史，南非的教育进入了新的发展阶段。[2]

1990 年 10 月，南非民主教师联盟成立时，曼德拉在主旨发言中指出，南非民主教师联盟应是一个鼓励学生在教室里教学的专业教师机构。同样，他敦促把每一个家庭、每一个棚屋或摇摇欲坠的地方作为一个学习中心。在发出这一呼吁时，他唤起了全世界全民教育的目标。曼德拉的呼吁时至今日仍然紧迫。曼德拉主持了第一个后民主时代的内阁。在他的任期内，后种族隔离时代的教育格局在很大程度上得到了塑造。他在任期内指出了很多关键性的改革方向，比如，如何能把教师派到最需要他们提高质量、让学习变得有意义的学校。正是他的政府监督了后种族隔离时代的教师合理化和重新调配政策的实施，确保了那些最需要教师的地方得到了最好的教师。[3]

曼德拉的一生与教育事业紧密相连。仅 1994—1999 年，在农村地区以他的名义建造的乡村学校就超过 140 所。曼德拉晚年时积极奔走于世界

[1] 蔡宝来，袁利平. 南非教师教育的历史演进与改革发展 [J]. 外国教育研究，2005，32（3）：25-28.

[2] 郑艳，罗大珍，邱培杨. 曼德拉教育思想及其实践 [J]. 吉林省教育学院学报，2015（1）：7-9.

[3] 郑艳，罗大珍，邱培杨. 曼德拉教育思想及其实践 [J]. 吉林省教育学院学报，2015（1）：7-9.

各地，通过各种公益活动，从国内外募集资金，创设慈善机构，致力于促进农村发展，改善南非的社会环境。从 1995 年起，曼德拉先后创立了纳尔逊·曼德拉儿童基金会、纳尔逊·曼德拉基金会和曼德拉·罗兹基金会等。基金会的工作重点之一就是让农村地区的学校规划和建设工作得到增强，改善农村儿童受教育的条件。基金会和当地教育部门合作，在南非最贫困的东开普省改造和新建了 15 所"曼德拉学校"，并为非洲学生提供资助。学校里有了新教室、新办公室，孩子们有了新教材，图书馆里有了新书籍，孩子们第一次在学校里看到了计算机，接触到了网络。如今，像这样的"曼德拉学校"的范围已经扩大到整个南非，越来越多的乡村教师加入到了帮助非洲农村地区儿童实现教育梦想的行动当中。曼德拉通过促进南非教育事业的发展等方式，尽其所能地为人民做事，以实现其对自由、正义精神的不懈追求。他对教育事业的影响已经远远超越了国家、地域的局限，为教育界树立了榜样，为全世界留下了弥足珍贵的不朽财富。[1]

三、内维尔·爱德华·亚历山大

内维尔·爱德华·亚历山大（1936—2012）是南非著名的教育学家和反种族隔离主义者，为南非的民主和教育事业做出了重要贡献。1953 年，亚历山大就读于开普敦大学。在大学期间，亚历山大参加了关于国家和国际政治的教育奖学金答辩，帮助建立了开普半岛学生会，并获得了德语和历史专业的文学学士学位。之后，他在开普敦大学继续学习，并获得荣誉和硕士学位。后来，亚历山大获得了亚历山大·洪堡基金会奖学金，并去德国蒂宾根大学攻读博士。1961 年，他获得德国文学博士学位。自 1961 年以后，他一直担任开普敦利文斯通高中教师。他鼓励学生们运用批判性思维

---

[1] 郑艳，罗大珍，邱培杨. 曼德拉教育思想及其实践 [J]. 吉林省教育学院学报，2015（1）：7-9.

和独立的思想来表达观点。

亚历山大的教育贡献主要表现在以下四点。

一是他与曼德拉一起在"罗本岛大学"开展教学。亚历山大在监狱服刑的 10 年间，不但坚持学习，并且与纳尔逊·曼德拉和麦克·马哈拉杰一起教授囚犯历史、法律和经济学等课程。

二是他高度认可南非教育的重要性。1990 年，亚历山大写了一本名为《南非的教育与民族解放斗争》的书。他在书中指出，教育的发展将推动南非的解放，而不是南非的解放将推动教育的发展。他说："世界上没有一个政府能完全控制教育过程。在任何现代社会中，问题开始通常是先在学校里显现出来，然后才在其他机构中显现出来，这恰恰是因为在现代社会中，政府很难完全控制教育发展的过程。"[1]

三是他促进了南非语言多样性和多语言教育的发展。2004 年，亚历山大因长期致力于社会政治问题和教育问题而取得的突出成就被西开普省省长授予迪亚勋章。2008 年，亚历山大荣获国际语言奖，以表彰他在语言多样性和多语言教育方面的贡献。1986 年，亚历山大帮助协调南非的国家语言项目。1989 年，他与开普敦大学公共政策研究所合作发起了一项研究。该研究得出的结论是，尽管南非普及英语并用英语作为后种族隔离社会中的一种国家交流手段，但是南非仍将是一个多语言的国家。这项研究引起了更多人对他的关注。[2]

四是他参与南非高等教育工作。1979—1986 年，亚历山大参与南非高等教育委员会的工作，该委员会是反种族隔离教育的重要中心。1980 年，亚历山大被任命为南非高等教育委员会开普敦负责人。1986 年，亚历山大成为南非卫生、教育和福利协会秘书。该协会的宗旨是为整个社区项目提供资金，并维护被压迫者的权益。[3]

---

[1] 资料来源于南非历史在线官网。

[2] 资料来源于南非历史在线官网。

[3] 资料来源于南非历史在线官网。

第四章 学前教育

南非的学前教育由基础教育部负责。近年来，虽然在南非的教育领域中，学前教育的发展比其他教育阶段的发展成效更显著，但是南非学前教育入学率在不同省份、不同年龄阶段和不同种族间存在较大差异。南非面临学前教育机构教学能力和资金不足等诸多挑战。

第一节 学前教育的发展现状

一、学前教育的阶段划分和学制

（一）阶段划分

在南非的教育体系中，0—9 岁这一阶段被称为儿童早期发展阶段，因此学前教育属于儿童早期发展的一部分。根据《2030 年国家发展规划》，南非所有儿童必须接受至少两年的学前教育。

南非的学前教育主要分为两个阶段：0—4 岁教育阶段和 R 年级阶段。0—4 岁教育阶段指 0—4 岁儿童在进入 R 年级之前接受保育服务与教育课程的阶段。这一阶段的教育虽然是学前教育的重要组成部分，但在南非一直被视为社会公共服务事业，不属于正式教育体系的一部分。R 年级是指 5—6 岁儿童在正式上小学之前接受的预备教育，在南非属于基础教育的组成部分，被纳入学校正式的学制体系中，但不属于义务教育的范畴。

在南非，儿童早期发展阶段的保教任务需要家庭、社会和教育机构共同承担，在管理上涉及南非多个政府部门之间的合作。在 2019 年以前，R 年级以前的幼儿教育由社会发展部主管，R 年级则部分纳入正规的学校教育范畴，归属基础教育部门负责。[1] 2019 年，南非宣布儿童早期发展教育相关项目转由基础教育部负责。

（二）学前教育机构类型和数量

在南非，学前教育机构类型很多，日托中心、托儿所、幼儿游戏班、幼儿园、学前学校和家庭保育所均开设儿童早期发展课程。[2] 按照学前教育机构所有者的性质，南非学前教育机构可分为两类：一类是由中央或地方政府组建的公立性质的机构，另一类是由私人或第三方组建的私立性质的机构。在南非，除多数由地方政府在小学设立的 R 年级属于公立性质外，其余婴幼儿保教机构基本都属于私立性质。

托儿所和日托中心等主要为 0—3 岁的婴幼儿提供服务。在某些情况下，这些机构还可以开设 R 年级课程。日托中心主要是指由社区内的妇女（母亲或祖母）提供的日托服务，看护者在自己居住的地方照看不同年龄段的儿童，每位看护者照看的儿童最多不能超过 6 人（包括自己的孩子在内）。这种日托机构由母亲日托协会进行监督和管理，提供儿童保育和教育服务。[3]

[1] 王琳璞，毛锡龙，张屹. 南非教育战略研究 [M]. 杭州：浙江教育出版社，2014：107.

[2] 资料来源于南非政府官网。

[3] 李生兰. 比较学前教育 [M]. 2 版. 上海：华东师范大学出版社，2013：153.

虽然这些看护者可能不能进行有组织的教学，但她们可以帮助儿童形成对儿童早期发展至关重要的积极的社会关系。[1] 该类型的托幼机构根据服务对象不同可以分为以下两种。第一种主要面向 0—18 个月的婴儿，承担其教育、喂养和保育工作，提供游戏和日常语言活动，促进婴儿的动作技能发展。第二种则面向 18—36 个月的幼儿，除提供日常保育和教育外，还会鼓励幼儿进行基本的绘画和模仿活动，带领幼儿听音乐、读故事或看绘本等。

幼儿游戏班主要招收 3—4 岁的儿童。儿童每天由父母陪同来到游戏班，参加 4 个小时的游戏和活动，以获得所需的社会经验。[2] 幼儿园和学前学校主要为 3 岁及以上儿童开设正规课程，以促进幼儿全面发展为主要目标，为儿童提供各种参与活动的机会，如积木搭建、猜字，以及各种室内室外游戏、自由游戏和成人指导游戏等。这些学校通常是基础教育的一部分，能为儿童从学前阶段过渡到基础教育阶段提供支持。家庭保育所主要是指幼儿看护者在家中为幼儿提供看护服务。一般而言，一个看护者最多允许照看 10 个 3 岁以下儿童。同时，这种机构也为小学生提供课后保育服务。总体来讲，南非 0—4 岁儿童接受的早期教育服务基本是由私立部门或者家庭看护服务机构提供；5—6 岁儿童多数有机会进入小学或者幼儿园的 R 年级。[3]

表 4.1 是 2016 年《南非教育年鉴》中列出的 2015—2016 年南非各省和全国儿童早期发展机构 [4] 的学生人数、教师人数、机构数量、学生与教师比、学生与学校比和教师与学校比。从中可以看出，南非儿童早期发展机构从 2015 年的 4 174 所减少到 2016 年的 3 721 所。2015 年，北开普省的学生与教师比为 57.4 ：1，相当于一位教师要负责 50 多名学生，这一数据凸

---

[1] Statistics South Africa. Education series (Vol IV): early childhood development in South Africa[R]. Pretoria: Statistics South Africa, 2018.

[2] 李生兰. 比较学前教育 [M]. 2 版. 上海：华东师范大学出版社，2013：153.

[3] 王桂娟. 南非学前教育管理体系研究 [D]. 金华：浙江师范大学，2014：4-44.

[4] 此处仅指 R 年级以下的学生就读的早期儿童发展机构，不包括 R 年级所属的基础教育学校。

显了北开普省的教师资源严重缺乏。

表4.1 2015—2016 年南非各省和全国儿童早期发展机构情况 [1]

各省和全国	年份	儿童早期发展机构					
		学生人数	教师人数	学校数量（单位：所）	学生与教师比	学生与学校比	教师与学校比
东开普省	2015	3 539	193	156	18.3：1	23：1	1.2：1
	2016	3 205	126	146	25.4：1	22：1	0.9：1
自由州省	2015	26 400	1 093	350	24.2：1	75：1	3.1：1
	2016	25 325	1 415	352	17.9：1	72：1	4.0：1
豪登省	2015	75 222	3 891	905	19.3：1	83：1	4.3：1
	2016	65 511	3 292	769	19.9：1	85：1	4.3：1
夸祖鲁-纳塔尔省	2015	2 812	161	29	17.5：1	97：1	5.6：1
	2016	—	—	—	—	—	—
林波波省	2015	118 495	5 794	1 851	20.5：1	64：1	3.1：1
	2016	126 494	5 092	1911	24.8：1	66：1	2.7：1
普马兰加省	2015	17 012	801	160	21.2：1	106：1	5.0：1
	2016	17 450	663	161	26.3：1	108：1	4.1：1
北开普省	2015	4 478	78	49	57.4：1	91：1	1.6：1
	2016	—	—	—	—	—	—
西北省	2015	21 435	1 054	278	20.3：1	77：1	3.8：1
	2016	—	—	—	—	—	—

[1] 表中 2015 年的数据来源于南非 2015 年教育年鉴，2016 年的数据来源于南非 2016 年的年度调查。

续表

各省和全国	年份	儿童早期发展机构					
		学生人数	教师人数	学校数量（单位：所）	学生与教师比	学生与学校比	教师与学校比
西开普省	2015	21 738	928	396	23.4：1	55：1	2.3：1
	2016	17 877	891	382	20.1：1	47：1	2.3：1
全国	2015	291 131	13 993	4 174	21.0：1	70：1	3.3：1
	2016	255 862	11 479	3 721	22.3：1	69：1	3.1：1

（三）基本教学内容

1．每日活动

每日活动是南非学前教育的基本方式之一。教师非常重视安排好儿童每天的生活，使儿童能够得到各方面的锻炼。以下是某幼儿园儿童每日活动的时间安排。

7：30—8：00　儿童入园

8：00—8：15　户外活动

8：15—9：45　第一节课（如了解交通规则）

9：45—10：00　喝早茶、整理物品、盥洗、吃点心（自带）

10：00—10：45　户外体育活动或户外游戏

10：45—11：15　第二节课（如制作交通灯）

11：15—11：45　课外活动

11：45—12：45　用餐前准备、午饭（幼儿园提供）

12：45—13：10　教师给儿童讲故事

13：10—13：15　盥洗

13:15—14:00　午间休息

14:00—14:30　盥洗、自由活动

14:30　　　　家长接园；教师给尚未离园的儿童讲故事；儿童自由
活动

17:30　　　　全部儿童离园 [1]

2．主题活动

主题活动是教育儿童的有效方式。教师在丰富儿童知识经验的过程中，往往围绕某一主题开展综合教育。例如，围绕"交通"这一主题，首先教师为儿童选择关于飞机、轮船、火车、汽车等方面的内容，使儿童能够认识各种交通工具。然后，教师给儿童讲解交通规则，帮助儿童认识各种图标或标志，强调儿童须在父母的带领下横过马路。教师还和儿童一起制作红绿灯。最后，教师给儿童讲旅游故事，使儿童了解旅游的流程和注意事项。例如，人们乘坐飞机旅游时，要先买好机票，然后换上登机牌，再经过安全检查，最后才能乘坐飞机。[2]

3．学前教育机构以外的资源

开发学前教育机构以外的教育资源可以让儿童更多地接触社会，使机构内外教育相互结合，能够更好地促进儿童的成长。教师经常把社区工作者请到幼儿园内来给儿童上课。例如，请消防队员来幼儿园演示如何使用灭火器材；定期把儿童带到医院参观学习，回园后让儿童像医生一样戴上口罩，穿上白大褂，拿起听诊器学当小医生；组织儿童到农场去认识各种

---

[1] 李生兰. 比较学前教育 [M]. 2 版. 上海：华东师范大学出版社，2013：153-160.

[2] 李生兰. 比较学前教育 [M]. 2 版. 上海：华东师范大学出版社，2013：153-160.

农作物，学习如何饲养家禽家畜。[1]

（四）网络教育资源

南非基础教育部的官方网站是南非儿童早期发展的主要教育网站。家长和儿童早期发展从业人员可以在网站上查看有关政策和课程等相关教育资源。

另一个各年级通用的教育门户网站"学习园地"[2]也是由基础教育部创建。该网站的主要目的是创建强大的、充满活力的在线实践社区，以促进学习者在网络中讨论和分享信息与想法，并鼓励教育者通过分享国家共同的智力资源来发展和改进教育。"学习园地"拥有一个基于网络的可搜索的课程资源数据库，适用于不同的教育部门、不同的年级和不同的科目。它提供全面的免费教育资源、政策信息和与南非教育部门有关的各个方面的互动服务。同时，它还提供有关南非学校课程、教师发展、学校行政和管理方面的相关信息和服务。学习者学习"学习园地"中提供的课程资源，可以达到南非《国家课程声明》中规定的学习目标和评估要求。

（五）教育理念

南非学前教育的主要目的是为儿童提供适当的教育，把儿童培养成为具有创造力、能为社会做贡献的人。学前教育的内容因儿童年龄的不同而变化调整。对于1—3岁的儿童，学前教育主要是培养他们的基本生活能力、语言能力和行动能力。例如，在语言方面，学前教育要帮助儿童学习使用日常生活中的礼貌用语（如"你好""谢谢""再见""对不起""没关系"

---

[1] 李生兰. 比较学前教育 [M]. 2 版. 上海：华东师范大学出版社，2013：153-160.

[2] www.thutong.doe.gov.za（"thutong"为茨瓦纳语，意为"学习园地"）。

等）和常用的英文单词（如门、窗、桌椅、墙等），能进行简单的对话，能介绍自己和家庭主要成员，能向别人提出浅显的问题等；在行走方面，学前教育要帮助儿童从走好、走稳发展到快走、跑步，再到能玩皮球、握笔写字、剪贴等。对于4—6岁的儿童，学前教育主要是培养他们的动手操作能力和思维能力，培养儿童的兴趣爱好，增进儿童对社会的认识，做好小学入学准备。总之，学前教育要让儿童参加泥工活动和绘画活动，学会自己动手制作物品，发展记忆力和思考力；激发儿童对音乐、舞蹈、演讲、运动和计算机等课程的兴趣；加强社会教育，提供创造性活动，培养儿童的自信心和成就感。[1]

二、学前教育的普及和发展程度

学前教育发展的好坏对南非整体教育的发展具有重要影响。在南非，由于学前教育不是强制性教育，加上大多数学前教育机构都是私立性质，学费比较昂贵，所以有相当一部分儿童在接受基础教育之前没有接受过学前教育。

2016年，南非统计局的普通家庭调查数据显示，南非0—6岁儿童人数接近720万，约占南非总人口的15%，约占0—18岁儿童总数的41%。2018年，南非统计局的普通家庭调查数据（见表4.2）显示，夸祖鲁–纳塔尔省、西北省和北开普省有超过六成的0—4岁儿童的父母或其他监护人，选择让儿童呆在家里，而不是去正规的儿童早期发展机构接受教育。在南非全国范围内，有49.2%的0—4岁儿童与他们的父母或监护人一同呆在家里，5.9%的0—4岁儿童由其他成年人照看，只有38.4%的0—4岁儿童去正规的儿

---

[1] 李生兰. 比较学前教育 [M]. 2版. 上海：华东师范大学出版社，2013：153-160.

童早期发展机构上学。在豪登省（49.7%）、自由州省（48.3%）和西开普省（43.7%），早期儿童发展机构的入学率较高。截至 2018 年，46.8% 的父母或监护人从未和孩子一起阅读，43.1% 的父母或监护人从未和孩子一起画画或上色。[1]

表 4.2 2018 年南非 0—4 岁儿童早期学习情况（单位: %）[2]

育儿安排	西开普省	东开普省	北开普省	自由州省	夸祖鲁－纳塔尔省	西北省	豪登省	普马兰加省	林波波省	全国
儿童早期发展机构	43.7	37.5	22.4	48.3	24.9	32.3	49.7	38.4	38.6	38.4
日托中心	7.2	2.5	14.3	3.5	3.9	0.9	8.0	2.6	9.0	5.5
与父母或监护人呆在家里	38.8	53.8	57.7	45.1	60.2	63.1	36.8	53.9	46.5	49.2
与另一个成年人呆在家里	8.0	4.2	4.3	2.2	9.7	3.7	4.6	5.1	5.4	5.9
与 18 岁以下的人呆在家里	0.3	0.2	0.3	0.0	0.2	0.0	0.0	0.0	0.0	0.1
呆在他人的住所中	1.9	1.6	1.0	0.9	1.0	0.0	0.5	0.0	0.5	0.8
其他	0.1	0.2	0.0	0.0	0.1	0.0	0.4	0.0	0.0	0.1
总计	100	100	100	100	100	100	100	100	100	100

近年来，南非学前教育比其他教育阶段的发展成效更显著。2001 年，南非基础教育部、社会发展部和卫生部共同颁布《儿童早期发展教育白皮书 5：应对儿童早期发展的挑战》。该白皮书颁布以后，南非政府大力推进 R 年级计划。2001—2007 年，南非 R 年级学生由 241 525 人增加到

---

[1] 资料来源于南非政府官网。
[2] 表 4.2 由作者根据南非政府官网的调查数据整理自制而成。

839 515 人，学前教育发展速度很快。政府助力学前教育的另一个重要体现是南非 5—6 岁儿童的入学情况变化。如图 4.1 所示，2002 年，只有约 40% 的 5 岁儿童在教育机构上学，但到 2017 年，这一比例接近 90%；2002 年，在教育机构接受教育的 6 岁儿童比例约为 70%，但到 2017 年，95% 的 6 岁儿童都在教育机构接受过教育。[1]

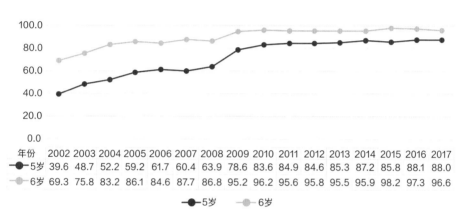

图4.1 2002—2017年南非5岁和6岁儿童就读教育机构情况（单位：%）[2]

南非学前教育阶段性别差异并不明显。2016 年，南非普通家庭调查结果（见图 4.2）显示，参加以家庭为基础的游戏小组的女孩比例略高于男孩（分别为 56.9% 和 43.1%）；在 R 年级，52.5% 为男生，47.5% 为女生；在教育中心或托儿所，男女的比例分别为 50.9% 和 49.1%。[3] 由此可见，在南非学前教育领域，总体而言性别差异很小。

---

[1] 资料来源于南非基础教育部官网。

[2] 数据来源于南非统计局官网。

[3] Statistics South Africa. Education series (Vol Ⅳ): early childhood development in South Africa[R]. Pretoria: Statistics South Africa, 2018.

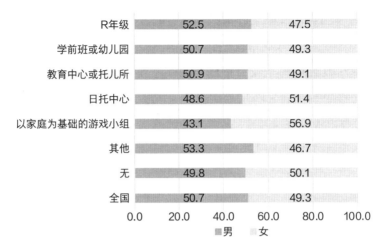

图4.2 2016年南非学前教育机构男女学生占比（单位：%）[1]

南非学前教育阶段的入学率在不同省份、不同年龄段和不同种族间存在较大差异。2016年，南非普通家庭调查数据显示：在0—6岁的儿童中，西北省和夸祖鲁-纳塔尔省的入学率最低，豪登省的入学率最高。造成以上差异的一个重要原因是学费问题。南非大多数儿童早期发展机构都是私立的，对那些贫困地区的家庭来说，很难负担得起机构的学费。[2]

在南非，不同年龄段的学前教育机构的入学率不尽相同。2016年，南非统计局的数据显示，在3岁的儿童中，每100名中就有49名没有在任何儿童早期发展机构就读；在4岁的儿童中，每100名中就有29名没有在早期儿童发展机构就读；在5岁的儿童中，有11.9%没有就读过任何儿童早期发展机构；在6岁儿童中，则仅有2.7%没有就读过任何儿童机构。[3]

除了区域、年龄等因素外，不同种族之间的入学率差距也较大。2016年，南非0—6岁入学儿童中黑人占比为35%，白人占比为9%，印第

[1] 数据来源于南非统计局官网。

[2] Statistics South Africa. Education series (Vol IV): early childhood development in South Africa[R]. Pretoria: Statistics South Africa, 2018.

[3] 资料来源于南非统计局官网。

安人和亚裔的占比是 6%。尽管黑人、有色人在南非总人口中的占比高达 90% 以上，但是由于南非之前实行种族隔离制度，优质教育资源大多向白人群体倾斜，所以黑人等弱势群体入学率非常低。由此可见，种族差异和贫富差距都在一定程度上造成了南非学前教育的不平等。

第二节　学前教育的特点

南非政府和社会各界高度重视学前教育的发展。虽然 R 年级教育不属于义务教育，但是南非政府并没有忽视其基础性的地位和价值，并把实现普及 R 年级教育列入了国家教育中期目标规划。同时，南非政府还计划将 R 年级教育纳入义务教育体系中，以保障儿童的受教育权，实现教育平等，促进社会和谐发展。

一、助力儿童早期发展

当前，南非政府一方面进一步推动 R 年级的普及，另一方面不断加大课程、师资等教育资源的公平，以支持学前教育，具体表现如下。第一，政府向 R 年级提供最新的教育资源，以加快学前教育的专业化步伐。第二，政府计划将若干所大学的教师教育机构改造成专门的幼师教育机构，而原先设有幼师专业的 7 所继续教育与培训学院将与大学合作，以提高其教育水平。第三，政府将更新幼师的专业资格证书，同时为学历不达标的现任幼师准备专门的学历提升项目。这些举措的最终目的是既要扩大幼师队伍的规模，又要提升其层次和质量。[1]

---

[1] 王琳璞，毛锡龙，张屹. 南非教育战略研究 [M]. 杭州：浙江教育出版社，2014：133.

同时，南非还启动了一系列儿童早期发展项目，提供涵盖教育、保育、健康、营养、安全等方面的综合服务。例如，针对0—9岁儿童的早期儿童发展计划，旨在关注儿童的生理、情感、智力和创新发展。2014年，政府承诺将学前教育年限扩大到两年，并正式将学前教育纳入正规的教育管理和薪酬体系。

二、整合管理机构

南非学前教育的管理部门十分复杂，由多个部门共同负责学前教育的发展是南非学前教育的特征之一。2009年，为了更好地贯彻实施优先发展基础教育的方针，南非决定将教育部拆分为基础教育部和高等教育和培训部，明确指出从R年级到12年级的普通学校教育由基础教育部负责。

就学前教育领域而言，政府在学前教育发展过程中发挥的主导作用日趋明显。除了中央政府对学前教育的统筹管理外，南非还按照不同职责功能、不同年龄阶段将学前教育责权划归不同的专门管理机构，如社会发展部、卫生部、儿童权利办公室、安保部、水利局、艾滋病防疫部等。其中，社会发展部是一个综合性的服务部门，主要负责保育机构和学前教育机构的注册、登记、审查、监督和评价工作，为贫困与患病儿童（包括特殊儿童和受艾滋病影响的儿童）和家庭提供必要的支持，制定相关政策来协助政府部门和非政府组织共同促进儿童的教育与发展。[1]卫生部启动初级卫生保健方案，为婴幼儿提供营养和健康服务，以降低本国母婴发病率和儿童死亡率。同时，为了保证儿童健康，针对艾滋病病毒带来的威胁，卫生部采取了孕妇产前咨询检查和预防等一整套保健服务措施。针对已感染群体，

---

[1] 资料来源于南非社会发展部官网。

卫生部调动社区医疗工作者帮助有关家庭和儿童解决存在的问题。儿童权利办公室是总统下设机构，负责制定协议和草案，为儿童发展提供高质量的专业技术支持，其任务是通过对儿童权利战略规划的领导和管理，让南非全体儿童获得更美好的生活，其核心功能是对儿童相关项目活动的进展和实施情况进行监督。[1]

上述管理机构共同协作，为学前儿童的发展提供全方位服务。尽管南非倡导各个机构之间要协调合作，但由于管理分离，难免存在衔接性差、职责重叠等现象。鉴于此，南非政府须进一步明确相关部门的职责，加强相关部门间的联系，这也是促进南非学前教育发展的必经之路。

三、推动教育公平

尽管自 1994 年新南非成立以来，南非政府为了解决历史遗留的种族教育资源极度不平衡的问题出台了一系列政策措施，但是实现教育公平是一个循序渐进的过程，不可能短期内就能改变以往历史上人们根深蒂固的思想观念和经济基础。南非政府一直将教育的公平公正作为其价值取向，致力于改善处境不利和贫困儿童的受教育状况，努力扩大早期教育的普及范围，为 0—6 岁儿童提供综合和高质量的教育与保育服务，将儿童早期教育置于政策优先发展的位置，关注处境不利儿童和弱势群体，努力推动教育公平与普及的实现。[2]

---

[1] 资料来源于南非社会发展部官网。

[2] 田腾飞. 社会变革背景下南非的教师教育研究 [D]. 重庆：西南大学，2012: 1-163.

第三节 学前教育的挑战和对策

一、学前教育面临的挑战

（一）学前儿童贫富差距大，教育不平等

截至目前，南非仍然是一个高度不平等的社会，儿童生存的环境和享有的各种机会从他们出生的那一刻起就存在着巨大的不平等，尤其在学费较高的学前教育阶段。来自低收入群体的儿童参与早期儿童发展的机会很少，这种不利因素很可能会延续到他们之后的正规教育阶段。南非的《2019年儿童早期发展回顾》指出，相关研究表明贫困儿童更有可能接受质量较差的课程。[1]

2015年，南非批准实施全国儿童早期发展综合政策。该政策虽然承认父母和家庭在照顾幼儿上应负主要责任，确保幼儿获得儿童早期发展服务；但同时也承认，父母在履行责任时可能会受到资源和能力的限制。在贫困家庭中长大的幼儿面临无法获得儿童早期发展服务的风险更高。近年来，南非的失业率居高不下，甚至还有所上升，原本贫困的家庭更是首当其冲。针对这种情况，南非政府须高度重视儿童的早期教育公平问题。[2]

（二）学前教师队伍质量不高，待遇低

优质的教学对儿童的早期发展至关重要。无论儿童所处的环境如何，

---

[1] The Children's Institute at the University of Cape Town. South African early childhood review 2019[R]. Cape Town: Children's Institute, 2019.

[2] The Children's Institute at the University of Cape Town. South African early childhood review 2019[R]. Cape Town: Children's Institute, 2019.

优秀教师更能让儿童得到全面健康的发展。为培养高素质的儿童早期发展教师，南非政府提供了各种培训和教育机会，建立全面的儿童早期发展从业人员资格框架，提供短期技能培训课程。

2006 年，南非社会发展部和联合国儿童基金会在《儿童早期发展服务指南》中规定了儿童早期发展教师的最低标准。该指南规定，任何儿童早期发展从业人员最起码要持有南非国家资格框架的基本资格（儿童早期发展 1 级资格）。此资格证书最后的注册日期为 2010 年 10 月 1 日。之后，继续教育和培训资格（儿童早期发展 4 级资格）成了儿童早期发展从业人员的初级资格。

2013 年，南非对儿童早期发展从业人员的学历分布情况做了一次调研。调研结果显示，全国约有一半的儿童早期发展从业人员没有读完 12 年级，约 1/3 的从业人员虽然读完了 12 年级但没有继续深造，约 2% 的从业人员虽有大学入学经历，但只有 1% 的人获得了大学学位。至于儿童早期护理和教育专业情况，调研结果更加不尽如人意。全国大约 70% 的从业人员没有接受过任何儿童早期护理和教育方面的专业培训。在西开普、北开普、东开普和夸祖鲁–纳塔尔等省，这一比例约为 50%。根据这些调研数据，我们可以发现南非儿童早期发展从业人员大多数不合格，缺乏在关键时期为儿童提供必需的知识和技能。[1]

由于南非儿童早期发展从业人员的学历水平较低，其工资水平和福利待遇也较低，这反过来又造成了一系列影响服务质量的问题，如教师离职率高。低水平的教师工资与福利会在一定程度上影响儿童早期发展教育的服务质量和稳定性。儿童早期发展从业人员的工作十分重要，因此要想使他们能够为儿童的早期发展做出宝贵的贡献，南非政府必须确保他们得到更多的培训、更多的资源和更高的工资待遇，使他们更好地承担教学任务。

---

[1] The Children's Institute at the University of Cape Town. South African early childhood review 2019[R]. Cape Town: Children's Institute, 2019.

（三）私立学前教育机构管理能力不足，资金缺乏

2010 年，南非普通家庭调查结果发现，社区早期儿童发展机构在财务管理和治理方面不如公立学校系统内的早期儿童发展机构。许多社区早期儿童发展机构财务管理落后，超过 50% 的机构缺乏必备的行政文件，只有70% 的社区早期儿童发展机构有年度财务报表。在领取社会发展部补贴的机构中，只有 77% 的机构能说明他们在 2008 年收到的补贴数额。此外，收取费用的机构中只有 61% 能够提供费用收据，接受调查的早期儿童发展机构有工资支付记录的只占 36%，大约 95% 的社区早期儿童发展机构只有一个银行账户。[1]

公立学校系统内的早期儿童发展机构，其管理能力比社区早期儿童发展机构要强，并且有更规范的管理和财务报告系统。它们已建立起较健全的学校管理机制，并有对家长负责的有效方法。

制约南非儿童早期发展机构能力提升的一个重要因素就是资金不足。南非各地儿童早期发展机构的资金大部分来自家长交的学费，还有一少部分来自政府部门的资助。政府的资助主要来自社会发展部和教育部省级单位提供的资金。各省社会发展部门向儿童早期发展机构提供资金的方式主要有两种。

第一种方式是对已注册的儿童早期发展机构的儿童进行补贴，补贴的对象主要是 0—4 岁的儿童，比如，每人每天补贴 12 兰特。事实上，这一补贴额度在各个省有所不同，有的省份已经将这一补贴额度提高到了每名儿童每天 15 兰特。当然，并不是每一名儿童都能够获得这一项资助，只有那些经过收入和财产审查后，证实其父母或者其他监护人的收入低于某一特定水平的儿童才有资格获得资助。这意味着只有那些为最贫困家庭服务的

---

[1] 资料来源于南非统计局官网。

早期儿童发展机构才能从这项补贴中受益，因此有许多早期儿童发展机构从未收到过此类补贴。

第二种方式是社会发展部门通过非营利组织的儿童早期发展项目发放资金。可获得资金的项目主要有玩具图书馆、家访项目或非正式游戏小组。南非公立儿童早期发展机构可获得资金的项目明显多于私立儿童早期发展机构。

总之，在南非的儿童早期发展机构中，大部分机构的资金来源不够充足，尤其是私立的儿童早期发展机构。另外，南非各省在学前教育的资金、资源分配上也很不均衡。

（四）学前教育基础设施不完善，学习环境差

南非政府要求儿童早期发展机构的基础设施必须达到一定的标准，符合国家的规范和要求。例如，园内厕所必须配备幼儿专用的自来水抽水马桶或有盖马桶，建议为男孩和女孩配备单独的厕所设施，设施比例为每 20 个儿童 1 个厕所，每 1 个儿童应该有 1 个单独的便池。为了保证儿童的健康，洗手盆必须配备肥皂和毛巾，建议洗手盆配备比例是每 20 个儿童 1 个洗手盆。此外，早期儿童发展机构应该提供方便儿童活动的室内空间，提供儿童玩耍和活动的室外庭院，并为儿童配备有趣的图画、展品或益智玩具。[1]

2016 年，南非统计局调查了全国儿童早期发展机构的基础设施配备情况。调查结果（见图 4.3）显示，虽然大多数儿童早期发展机构配有必要的基础设施，但缺乏给予儿童感官体验且对儿童运动技能的发展来说至关重要的设施。大约 11% 的早期儿童发展机构没有户外游乐区，大约 20% 的机

---

[1] Statistics South Africa. Education series (Vol IV): early childhood development in South Africa[R]. Pretoria: Statistics South Africa, 2018.

构没有游戏设备，如攀爬架。此外，大约 50% 的机构缺乏益智玩具。[1] 儿童早期发展机构的基础设施不足、学习环境差，这不仅会影响教育质量，也会限制教学活动的安排，无法给儿童创造一个良好的学习环境。

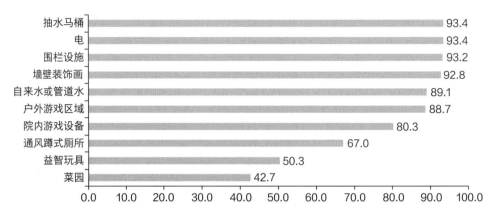

图4.3 2016年南非儿童早期发展机构基础设施配备情况（单位：%）[2]

二、学前教育的应对策略

（一）加大学前教育的财政支出，改善教学环境

充足的财政投入是一个国家学前教育事业健康发展的物质保障，也是衡量一个国家对学前教育重视程度的重要指标。南非学前教育的资金来源除了学费收入以外，主要是靠政府的财政支持。政府主要对公立学前教育机构进行经费支持，对私立机构的投入很小，而南非学前教育机构以私立机构为主。因此，南非基础教育部和社会发展部等相关机构要加大对学前

---

[1] Statistics South Africa. Education series (Vol IV): early childhood development in South Africa[R]. Pretoria: Statistics South Africa, 2018.

[2] 资料来源于南非统计局官网。

教育的财政投入，尤其要加大对私立儿童早期发展机构的财政投入，建立覆盖面更广的资助体系，以提高入学率，改善学前教育机构的教学环境和配套设施。

（二）加强学前教育的教师培训，提高教师待遇

教师数量不足且素质不高一直是困扰南非教育均衡发展与质量提高的瓶颈问题。2006 年，南非教育工作者委员会规定，所有通过国家资格框架 4 级水平培训的学前教育与保育从业者，须在教育工作者委员会注册后方可被认定为正式教师。但目前来看，南非很多学校不仅招聘正式教师，同时还聘任了大量没有资质的教师。2008 年，南非出台《国家资格框架法：教师教育资格最低要求政策》，对各级各类教育者的资格做了详细规定，其中涉及学前教育者（即 R 年级教师）资格的规定如下。

R 年级教师必须持有：（1）R 年级教学文凭（此为 R 年级教师的最低从业资格）；（2）基础教育阶段教育学士学位。R 年级教师必须掌握系统的专业知识和专业技能，满足不同儿童的学习需求和不同的课程需求。此外，所有 R 年级教师必须能够熟练使用一门官方语言，并将其作为教学语言。

南非除制定学前教育教师从业资格要求外，还建立了比较完善的教师职业资格认证体系，设立专门的管理机构来规范学前教育教师的教育与培训，鼓励教师参加培训以提高教学能力。为监督学前教育行业的教育与培训，南非成立了教育培训署教育培训发展实践中心，支持教师的技能提升和继续发展，完善儿童早期发展教师资格和认证标准，鼓励培训机构间进行沟通交流，提高教育与培训质量。[1]

南非须推出多种专业项目，以鼓励投身于学前教育事业的教师参加并

---

[1] 王桂娟. 南非学前教育管理体系研究 [D]. 金华：浙江师范大学，2014：47.

提高自身业务水平。政府须适当提高教师的工资水平，增加教师从教的积极性，并不断改善教师的工作环境，提高教师的自我认同感和成就感，不断提高学前教育教师对自身职业的满意度，努力打造一支高学历的学前教育教师队伍。政府可设立专项拨款为全国学前教育教师培训和专业发展提供充足的财政支持，并立足本国实际情况寻求多样化的学前教育教师培养途径。

（三）建立学前教育监测系统，加强监督管理

南非学前教育教师匮乏、教师专业素质不够强、教学基础设施不完善、财政投入不足等种种问题不仅限制了南非学前教育的健康发展，也对南非政府的监督管理体系提出了挑战。

从师资层面上看，南非须针对教师资质、教师培训效果等建立专门的监测系统，促进教师专业发展。从经费层面上看，由于管理机构冗杂，出现了很多资金、资源利用率低等问题，使得本就珍贵的资金和资源无法得到充分利用。针对这一系列情况，南非须对资金的流向进行自始至终的监督和跟踪，防止在使用过程中产生浪费和低效。从法律层面上看，立法先行一直是南非教育事业的重要特点之一。但是对于学前教育而言，学前教育的各种政策和法规都融合在基础教育之中，而全面系统、针对性强的学前教育法律法规相对薄弱。法律具有强制性，只有法律才能够保证各种举措的实施有法可依，避免在实践中出现偏离的情况。制定学前教育领域的专门法律法规，是保障学前教育事业健康发展的有效途径。

南非目前已经在学前教育政策方面和儿童发展成果方面取得了一些进展。例如，2015年，南非通过了《国家幼儿综合发展政策》。这一政策成效显著，全国孕产妇和儿童死亡率继续呈下降趋势，幼儿早期发展的一揽子

基本要素有许多已经具备。[1] R 年级教育基本普及、种族之间教育不平等和幼儿教师师资等问题也逐渐在改善。教育公平应该从源头抓起，只有在学前教育这个起点阶段逐步实现教育的公平，南非的教育才能更加健康长远地发展下去。

---

[1] The Children's Institute at the University of Cape Town. South African early childhood review 2019[R]. Cape Town: Children's Institute, 2019.

第五章 基础教育

基础教育，一般而言指的是国家对国民实施的关于基本文化知识的教育，旨在培养公民的基本素质，也为公民继续升学或进行职业培训打好基础。南非的基础教育实际上涵盖两个范围。其一，普通教育与培训阶段，包括普通学校的 R 年级、1—9 年级，以及成人基础教育 4 级（相当于国家资格框架 1 级）水平及以下层次的各类成人扫盲教育。其二，继续教育与培训阶段，包括国家资格框架 2—4 级水平教育阶段中以升入高等教育阶段为直接目的的普通学校教育（即 10—12 年级）和职业技术教育。简而言之，南非的基础教育包括普通教育与培训和继续教育与培训。[1] 本章主要讨论南非 1—12 年级的普通学校教育。

第一节 基础教育的发展现状

一、基础教育的阶段划分和学制

（一）阶段划分

南非基础教育包括小学教育、中学教育两个学段（见表 5.1）。1—3 年

---

[1] 王琳璞，毛锡龙，张屹. 南非教育战略研究 [M]. 杭州：浙江教育出版社，2014：117.

级学校使用英语、阿非利卡语或本土语言进行教学；4—6 年级学校使用英语、阿非利卡语进行教学，并开设第二语言课程；7—9 年级的学习完成后，学生可获得普通教育和培训证书；10—12 年级学习完成后并通过考试，学生可获得继续教育和培训证书。[1]

表 5.1 南非基础教育阶段划分表

	学段	阶级	年级
基础教育	小学教育	初级教育	1—3
		中级教育	4—6
	中学教育	高级教育	7—9
		继续教育	10—12

南非的义务教育阶段为 1—9 年级。《南非学校法》规定：7—15 岁的儿童必须接受义务教育；年龄达到 15 岁或是完成了 9 年级的学校教育（以先达到的一项为准），即宣告义务教育阶段结束。在南非，正常入学且无复读的情况下，15 岁的青少年正好能完成 9 年义务教育。事实上，较为常见的复读现象和儿童超龄入学问题，使得相当一部分 15 岁青少年无法完成九年义务教育。若正常入学且无辍学和复读的情况，南非学生应在年满 18 岁时完成中学教育。南非基础教育阶段学生年龄情况见表 5.2。

表 5.2 南非基础教育阶段学生年龄情况 [2]

年级	基础教育				国家资格框架级别
12	高中教育	16—18 岁	职业技术教育	继续教育与培训阶段	2—4 级
11					
10					

[1] 李宝贵，柳睿杰. 中文纳入南非国民教育体系的现状、动因、挑战与对策 [J]. 语言教育，2022（3）：98-111.

[2] 陈建录. 南非职业教育研究 [M]. 北京：外语教学与研究出版社，2023：22.

续表

年级	基础教育					国家资格框架级别
9	初中教育	高级阶段	13—15 岁			
8						
7						
6	小学教育	中级阶段	7—12 岁	义务教育阶段	普通教育与培训阶段	1 级
5						
4						
3		初级阶段				
2						
1						

（二）课程设置与教学活动

南非 1—3 年级的课程比较基础，学生必须学习四门科目，具体如下。（1）学习一门官方语言，该语言须达到母语水平。（2）学习一门附加语言——不同于（1）的另一门官方语言。在符合条件的情况下，有听力障碍的学生可选择南非手语代替附加语言。（3）学习数学。（4）学习生活技能，包括基础技能知识、艺术创意、体育以及个人和社会实践等。[1]

4—6 年级的学生必须按照规定选择并完成六门科目的学习，具体如下。（1）学习两门官方语言。这两门语言须分别达到母语水平和第一附加语言水平，其中一门语言须为教学语言。对于有听力障碍的学生，其中一门语言须为读写能力语言。在符合规定的情况下，聋哑学生可选择母语手语代替（1）所述的第一附加语言。（2）学习数学。（3）学习自然科学与技术。（4）学习生活技能。（5）学习社会科学。（6）学习第二附加语言——一种官方语言或得到官方许可的非官方语言。若第二附加语言为官方语言，则不得与（1）所选语言相同。非聋哑学生也可以选择教育部选课列表中的母语

---

[1] National policy pertaining to the programme and promotion requirements of The National Curriculum Statement Grades R-12[S]. Pretoria: Department of Basic Education SA, 2021.

手语作为选修科目。[1]

7—9 年级的学生必须按照规定选择并完成九门科目的学习，具体如下。（1）学习两门官方语言。这两门官方语言须分别达到母语水平和第一附加语言水平，其中一门语言须为教学语言。对于有听力障碍的学生，其中一门语言须为读写能力语言。在符合规定的情况下，聋哑学生可选择母语手语代替（1）所述的第一附加语言。（2）学习数学。（3）学习自然科学与技术。（4）学习生活技能。（5）学习社会科学。（6）学习基本技巧。（7）学习艺术及文化。（8）学习经济与管理科学。（9）学习第二附加语言———一种官方语言或得到官方许可的非官方语言。若第二附加语言为官方语言，不得与（1）所选语言相同。非聋哑学生也可以选择教育部选课列表中的母语手语作为选修科目。[2]

10—12 年级的学生主要选择国家高级证书[3] 考试科目进行学习。考试科目分为 A 组和 B 组。A 组主要包括三部分：南非官方语言和第一附加语言（阿非利卡语等语种），数理科学（数学素养、数学、技术数学），人类与社会研究（人生取向）。B 组主要包括农学（农业管理实践、农业科学、农业技术），文化与艺术（舞蹈研究、设计、戏剧艺术、音乐、视觉艺术），商业、贸易和管理学（会计、商业研究、经济学），第二附加语言（官方语言或得到许可的非官方语言），工程与技术（土木技术、电气技术、机械技术及其专业化，工程制图与设计），人类与社会研究（地理、历史、宗教研究），物理、数学、计算机和生命科学（计算机应用技术、信息技术、生命科学、物理科学、技术科学），服务（消费者研究、酒店管理、旅游管理）。

10—12 年级的学生，无论选择学术方向还是专业技术方向，都必须学

---

[1] National policy pertaining to the programme and promotion requirements of The National Curriculum Statement Grades R-12[S]. Pretoria: Department of Basic Education SA, 2021.

[2] National policy pertaining to the programme and promotion requirements of The National Curriculum Statement Grades R-12[S]. Pretoria: Department of Basic Education SA, 2021.

[3] 国家高级证书（National Senior Certificate，NSC）是一种高中文凭，是南非的高中毕业证书。这个证书也通常被称为大学入学考试证书，实施时间是 2008 年，之前是高级证书。

习四门 A 组科目。（1）所有学生都必须学习两门官方语言。这两门语言须分别达到母语水平和第一附加语言水平，其中一门语言须为教学语言。对于有听力障碍的学生，其中一门语言须为读写能力语言。（2）学术方向的学生必须学习数学及数学素养课程；专业技术方向的学生必须学习数学或技术数学课程。（3）所有学生都必须学习人生导向课程。（4）无论是学术方向还是专业技术方向的学生，都必须从 B 组几个科目大类中选择至少三个科目进行学习。此外，学术方向的学生除了必须学习（1）所述两种官方语言外，最多还可选修两门附加语言。学术方向的学生最多可选择一门由基础教育部以外的评估机构开发的课程。该课程在得到基础教育部部长批准后方可取代 B 组的一门课程。专业技术方向的学生须在土木技术（专业化）、电气技术（专业化）和机械技术（专业化）这三门技术课程中任选其一进行学习，除此之外还要学习工程制图与设计、物理科学或技术科学。[1]

（三）教学资源

2015 年，南非基础教育部发布的《2019 年行动计划：面向 2030 年学校教育》提出，要努力为学生提供国家规定的基本教科书与作业本，提高图书馆和多媒体中心的使用率，实现最低教学标准的要求。在南非，学习与教学支持材料属于教学服务内容，具体包括：教师和学生资源，如挂图、练习册、教科书、电子书、阅读器、文具、科学用具、词典等；电子化的学习与教学支持材料，如电子书等；核心的学习与教学支持材料，即用于教授某一年级科目全部课程的材料，如教科书、学生练习册和教师指南等；学习与教学支持辅助材料，即用于加强课程特定部分内容的学习材料。[2]

---

[1] National policy pertaining to the programme and promotion requirements of The National Curriculum Statement Grades R-12[S]. Pretoria: Department of Basic Education SA, 2021.

[2] 资料来源于南非基础教育部官网。

（四）与高等教育的衔接方式

在南非，学生可以在进入高中后选择普通中学教育或者职业教育。如果学生选择普通中学教育，则要在 12 年级结束时参加国家高级证书考试。

国家高级证书考试主要考查如下 7 个方面的知识和技能（包括价值观）：（1）具有识别和解决问题的能力，并能够用批判性和创造性的思维做出决定；（2）无论作为个体还是团队成员都具备有效开展工作的能力；（3）能够负责高效地管理团队并组织团队活动；（4）能够搜集、分析、整理并批判性地评估信息；（5）能够在不同场景中使用视觉技术、符号技术或语言技术进行有效沟通；（6）能够有效地、批判性地使用科学技术，并能够对环境和他人的健康负责；（7）能够理解整个世界是一个互相联系的整体，任何事物都不是孤立存在的。

报考国家高级证书考试的学生至少须学习 7 门课程。两门语言课程、数学或数学修养课程，以及人生导向课程为必修学科。除此以外，考生还必须选择 3 门选修课程进行考试。考生要想获得考试资格，根据最低要求，必须在母语课程和其他两门课程中拿到至少 40% 的分数，并在其他 3 门课程中获得至少 30% 的分数。考生可通过国家高级证书考试获得三种证明：一是国家高级证书，其最低要求为高等教育机构使用的教学语言课程分数不得低于 30%；二是文凭，其最低要求为高等教育机构使用的教学语言课程分数不得低于 30%，且 4 门必修科目分数须达到 3 级水平（分数区间为 40%—49%）及以上；三是学士学位，其最低要求为高等教育机构使用的教学语言课程分数不得低于 30%，且 4 门必修科目分数须达到 4 级水平（分数区间为 50%—59%）及以上。[1]

---

[1] 资料来源于非洲高等教育国际交流协会官网。

二、基础教育的普及和发展程度

在南非，基础教育阶段的入学率相对于大多需要自费的学前教育阶段而言有显著提高。2017 年，南非 7—15 岁青少年入学率为 99%，相较于 2002 年 96% 的入学率有所上升。同时，尽管 16—18 岁青少年的入学率多年来一直稳步上升，但截至 2017 年，16—18 岁青少年入学率仅为 86%。由此表明，在 16—18 岁这个年龄阶段辍学现象开始大量出现。[1] 图 5.1 显示，2002—2017 年，南非小学和中学的毕业率呈现出相似的上升趋势。小学毕业率由约 2002 年的 84.9% 上升至 2017 年的 95.2%，中学毕业率由 2002 年的 40.3% 上升至 2017 年的 50.7%。

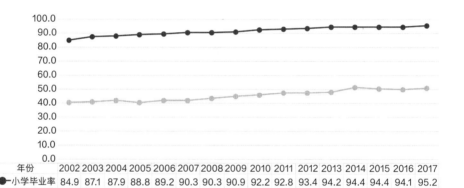

年份	2002	2003	2004	2005	2006	2007	2008	2009	2010	2011	2012	2013	2014	2015	2016	2017
小学毕业率	84.9	87.1	87.9	88.8	89.2	90.3	90.3	90.9	92.2	92.8	93.4	94.2	94.4	94.4	94.1	95.2
中学毕业率	40.3	40.6	41.6	40.1	41.8	41.7	43.4	44.9	45.6	47.1	47.4	47.9	51.4	50.1	50.0	50.7

图5.1 2002—2017年南非中小学生毕业率[2]

尽管整体来看，南非基础教育进步显著，但距离实现政府关于中学教育毕业率的愿景还有许多工作要做，与亚洲、东欧和南美的许多国家相比，南非的基础教育依然较为落后。

---

[1] 资料来源于南非基础教育部官网。

[2] 数据来源于南非统计局的普通家庭调查。在南非，由于留级率高，7 年级毕业时学生年龄通常为 16—18 岁，12 年级毕业时学生年龄通常为 22—25 岁。

第二节　基础教育的特点

一、基础教育信息化

自 1994 年开始，南非采取了一系列教育改革措施，主要包括建立国家资格框架和进行"结果本位"的教育改革。国家资格框架是一种以官方标准评判全国学生学习水平的分类机制，"结果本位"教育是一种以结果为中心的教育机制，二者均被纳入南非 2005 年课程改革。2005 年课程改革是南非雄心勃勃、影响深远的改革之一。它通过促进公平、倡导民主、保护人权和繁荣经济等，使南非在教育领域发生了根本性的转变。在实际实施过程中，2005 年课程改革充满了挑战，国家教育部门为了保证课程改革的顺利实施，采取了许多措施，基础教育信息化就是其中一项。

南非基础教育领域的信息化主要分为三个发展阶段。

第一阶段从 2004 年 7 月开始。该阶段主要是为提高信息通信技术在教学、学习和管理方面的使用建立制度准备。南非教育部须建立一个将信息通信技术整合到教学过程中的教育和培训体系，以帮助教师和管理人员建立使用信息通信技术的信心，让教育从业者能够拥有可供个人以及行政管理使用的电脑，制定一个促进教师使用信息通信技术并与课程资源进行整合的能力发展框架，完善信息通信技术使用与课程资源整合能力规范标准。学校须建立专门的信息通信技术机构，使用高质量的资源数据库，并可访问教育门户网站"学习园地"。政府须保障至少 50% 的学校能够连接到教育网，且所有学校都能享受教育信息服务折扣优惠政策。南非政府规定，向所有公立学校和公立继续教育和培训机构提供的互联网服务，必须以 50% 的折扣率提供优惠。这些折扣包括但不限于接入互联网的连接费用，以及与互联网连接的相关设备费用等。[1]

第二阶段从 2007 年 10 月开始。这一阶段旨在将信息通信技术系统化整合到教学和学习中，其目标是使 50% 的教师能够掌握信息通信技术与教学整合基本技能，使 80% 的教育机构管理者能将信息通信技术整合到行政管理中。为此，政府要求所有教育机构的信息通信技术装备都由专人管理；教育机构能够通过教育门户网站"学习园地"进行交流协作，查阅相关内容与资源；学校可访问数字化图书馆，教师能够开发高品质数字内容并与他人分享；教育机构可以访问安全可靠的互联网，并能通过电子化手段进行交流；教育机构可以采用电子方式与各省教育官员进行沟通等。[2]

第三阶段是 2010 年至 2013 年。这一阶段南非要求将信息通信技术整合到教育系统内的教学和行政管理的方方面面。所有教育部门都须利用信息通信技术进行无缝规划管理、交流以及监测和评价；所有学生和教师都具备基本的信息通信技术能力；所有教师均能将信息通信技术整合到教学中去；所有教育机构都有教学专用互联网和计算机装备，且安全有效；所有教育机构都能使用高品质的教育软件，并能进入教育门户网站，采用"结果本位"的教育方式进行教学。[3]

近年来，南非通过信息化策略大大促进了基础教育领域工作的开展，建立起相对系统化的教育网络。同时，信息化在教师的专业培训与教学中发挥了很大的作用。南非还为中小学生引进了相关的信息技术课程。课程主要有三种，分别为计算机素养、计算机研究和计算机文字处理。有条件的学校在 1—7 年级开设计算机素养课程，也有学校将其作为生活技术课程的一部分。8—12 年级开设的计算机素养课程是正式的教学科目。计算机研究和计算机文字处理课程主要在 10—12 年级开设，计算机文字处理课程还

[1] 肖飞生，章苏静. 南非基础教育信息化最新进展 [J]. 现代教育技术，2008, 18（8）: 58-62.

[2] 肖飞生，章苏静. 南非基础教育信息化最新进展 [J]. 现代教育技术，2008, 18（8）: 58-62.

[3] 肖飞生，章苏静. 南非基础教育信息化最新进展 [J]. 现代教育技术，2008, 18（8）: 58-62.

被选作大学入学认证的选修科目。

南非教育部公布的调查显示，南非中小学信息技术课程的教学内容在不同省份、不同学校不尽相同，且差距较大。总体来看，南非中小学在1—3年级主要教授计算机基本技能，4—7年级主要教授文字处理技术，8—12年级主要教授计算机基本知识、基础程序设计、程序语言、数据库、多媒体制作、系统分析等。[1]

二、"结果本位"的教育管理哲学

如前所述，南非2005年课程改革的一项重要措施就是引进了以结果为本位的教育，尝试实施以结果为本位的课程，从而努力实现由"以内容为本位的课程"向"以结果为本位的课程"的转变。[2]

1994年，美国学者威廉·斯巴迪提出了"结果本位教育"的理念。其中，"结果"指的是学习结束后，学习者在知识、技能、情感、态度与价值观等方面所得到的发展；"结果本位教育"指的是，围绕事先确立的目标，认真地组织学习者学习，让所有学习者在学习结束时都能够收获成果。南非引入"结果本位教育"这一理念，认为教育应以学习者为中心，且是一个历时的过程；教育应强调对所有学习者能够实现的成长（结果）给予高度信任。教育应该是发展的，应围绕着学习者学到了什么，以及在学习结束时能够发展出什么而展开；教育应以活动为基础，促进学习者解决问题的能力和批判性思考的能力得到发展；学习者在学习过程的最后，通过结果反过来形塑学习过程本身，所以学习者的学习过程本身与其学到的知识一样重要。

[1] 肖飞生，章苏静. 南非基础教育信息化最新进展 [J]. 现代教育技术，2008, 18（8）: 58-62.

[2] 张军. 以结果为本位：转型期的南非基础教育课程政策变革研究 [D]. 宁波：宁波大学，2008: 15.

南非政府提升基础教育质量的管理努力也正是基于"结果本位"的管理哲学，即先通过多方充分的协商，制定 2025 年需要达成的远景目标，以及到 2014 年前应实现的细分目标，然后再用这些目标来反向推导出以政府和学校为主体的各利益相关者为实现这些目标应该付诸的行动。"结果本位"管理哲学给南非基础教育质量的提升带来了新思路，使其发展目标和措施更具合理性与可行性。[1]

南非著名教育家赫斯特和麦克唐纳把"以结果为本位"的教育的特点概括为以下 4 点。（1）供学习者学习的课程材料必须清晰明了，保证学习结果以未来为导向、以学习者为中心，且关注知识、技能和价值观，同时能给所有学生以高期望。学生在教师的指导下可以通过努力达成既定目标。（2）学习者的进步与否应该通过学习者取得的结果好坏来评定。（3）一些复杂的教学方法和评价方法应得到有效利用。（4）为了达到最佳学习结果，学习者应该拥有充足的时间并得到足够的指导；为了帮助学习者释放最佳潜能，教师应时刻牢记并帮助学习者成为勤奋刻苦、能为自身的学习和行为独立负责的公民。[2]

南非基础教育阶段"以结果为本位"的课程改革几经调整后最终稳定下来，并在课程资源开发、教师培训和课程建设等方面得到进一步的完善。学生经过学习后，学业水平和参与社会工作的能力得到了有效的提升，从而有力地支援了新南非的经济建设和消除种族隔离影响的目标。"结果本位"教育是南非基础教育阶段一次颇具胆量的、创新性的尝试。对于这种"以结果为本位"的课程设计，世界上大多数国家主要集中在职业教育领域开展，而南非是唯一一个尝试把"以结果为本位"的教育作为普通教育核心投入实施的国家。南非在这一改革过程中的经验值得我们学习和借鉴。[3]

[1] 蔡连玉，苏鑫. 南非基础教育质量提升的路径 [J]. 比较教育研究，2014（12）：92-97.

[2] 张军. 以结果为本位：转型期的南非基础教育课程政策变革研究 [D]. 宁波：宁波大学，2008：28-56.

[3] 张军. 以结果为本位：转型期的南非基础教育课程政策变革研究 [D]. 宁波：宁波大学，2008：28-56.

第三节 基础教育的挑战和对策

一、基础教育面临的挑战

（一）基础教育质量不高，学习效率低

在南非，基础教育质量在受到公众关注的同时也受到了许多质疑。一度有一种看法是：南非的基础教育质量停滞不前，甚至出现恶化。南非参加了三项衡量国家学习趋势的国际评估，它们分别是国际数学与科学教育成就趋势调查（1995、1999、2002、2011 和 2015），促进国际阅读素养研究（2006、2011 和 2016）和南部与东部非洲教育质量监测联盟（2000、2007 和 2013）。三项评估显示，南非小学生的数学、阅读和识字，以及初中生的数学和科学的学习水平低得令人担忧。[1]

近年来，这种情况稍有所好转。在最近几轮的国际数学与科学教育成就趋势调查、促进国际阅读素养研究和南部与东部非洲教育质量监测联盟的实践研究中，南非的基础教育水平有逐步提高的趋势。

学生到达学龄却不上学或在尚未发挥出学习潜能之前就选择辍学是一个国家人力资源利用极其低效的表现。近年来，南非的教育系统一直在与基础教育的低效率作斗争，这种低效率主要是指留级率高、在校学生学习水平低以及 10—12 年级的高辍学率。延迟入学也会造成低效，因为延迟入学将使学生错过关键的学习阶段。在南非，有些孩子，尤其是中学阶段的孩子，由于家庭、怀孕或找工作等原因，随时都可能辍学。[2]

---

[1] 资料来源于南非基础教育部官网。

[2] 资料来源于南非基础教育部官网。

图 5.2 显示了 2009—2017 年南非基础教育阶段 1—12 年级学生（所有年级的总和）的留级率。从中可以看出，在经历了 2009—2013 年留级率的上升之后，2014 年留级率开始逐年降低；到 2017 年，南非学生的留级率降回到略低于 10% 的水平。[1] 从性别来看，留级问题在男孩中比在女孩中更为普遍。图 5.3 显示，2017 年，除 12 年级外，其他各个年级中男孩都比女孩留级率高。

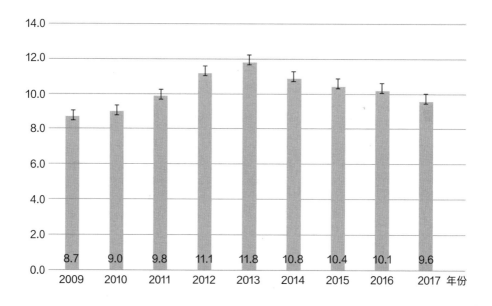

图5.2 2009—2017年南非1—12年级学生留级率（单位：%）[2]

---

[1] 资料来源于南非基础教育部官网。

[2] 资料来源于南非基础教育部官网。

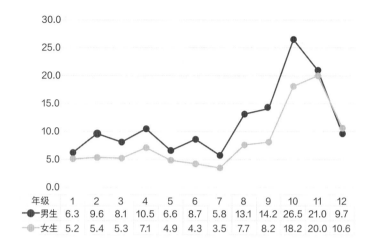

年级	1	2	3	4	5	6	7	8	9	10	11	12
男生	6.3	9.6	8.1	10.5	6.6	8.7	5.8	13.1	14.2	26.5	21.0	9.7
女生	5.2	5.4	5.3	7.1	4.9	4.3	3.5	7.7	8.2	18.2	20.0	10.6

图5.3 2017年南非1—12年级男女生留级率（单位：%）[1]

（二）教师发展缓慢

教师是南非教育制度的基石。学校能否成功运作与教师的培训、聘用和安置密切相关。因此，有关教师发展、教师供给和教师有效利用的政策是确保南非教学质量的核心。

自1994年以来，南非的教师发展经历了重大变化。在1994年以前，公立学校的教师培训一般由政府提供全部经费。然而，1995—2005年，教师培训的资助被取消，这给许多考虑以教师作为未来职业的人士增加了经济压力。2002年，为了减轻财政负担，南非将110所师范院校并入22所高等教育机构中。这导致教师培训费进一步上涨，人们更不愿意将教师作为职业选择。此外，政府将师范学院纳入高校的另一个后果是师范类学生在完成大学学业后更不可能返回农村任教。

---

[1] 资料来源于南非基础教育部官网。

近年来，南非基础教育领域出现了严重的师资供应不足问题。在中小学生人数不断增加的情况下，能够进入基础教育系统的年轻师范毕业生人数持续走低。此外，教师的老龄化和教师单位工资成本的上升对各省的财政支出构成了巨大压力。潜在的教师供应严重不足问题促使政府加强对年轻教师的监督和干预，鼓励年轻教师加入基础教育领域。南非基础教育部门的数据显示，南非基础教育领域教师的平均年龄从 2004 年的 41 岁左右增加到 2014 年的近 45.5 岁。2014 年和 2015 年是南非教育领域中至关重要的年份，此后教师的平均年龄在一段长时间的增长后有所下降。[1]

（三）基础设施资源匮乏

学校的基础设施对于促进教学和创造有利于学习的氛围十分重要。在南非的教育体系中，基础设施可分为《2014—2019 年中期战略框架》中所指的"硬件设施"（如校舍、课桌和卫生设施等）和"软件设施"（如书籍和计算机等）。[2]

1．硬件设施不足

1996 年，南非教育部发起了第一次学校需求登记调查。这是史无前例的一次调查，它覆盖了南非的每一所学校，调查了学校的建筑和可用设施状况。这项调查提供了一个关于学校基础设施和基本服务情况的珍贵的基础数据库。这个基础数据库表明，在当时大多数学生是在破旧和不安全的校舍中学习的；他们的学校没有电，没有安全用水，没有卫生设施，没有

---

[1] 资料来源于南非基础教育部官网。

[2] 资料来源于南非基础教育部官网。

电话，也没有课外设施和设备。[1] 这个调查结果为南非教育部门敲响了警钟，教育部门终于意识到当时学习环境的恶劣。因此，在之后的 20 多年里，南非教育部门开始与其他政府部门协力改善学生的学习环境，但是进程较为缓慢。至今，南非基础教育领域的硬件设施状况还无法满足学生的全部需求。

2011 年，南非制定了教育部门的第一个部门计划《2014 年行动计划：面向 2025 年学校教育》。计划中提到，南非全国范围内的教室缺口估计约为 63 000 间，在全国近 25 000 所公立学校中约有 10 000 所学校只拨出一个单独的房间作为图书馆。2011 年，南非基础教育部引用了一项比较具有代表性的学校监测调查，来衡量教育领域硬件设施的配备情况。这项调查结果显示，只有 55% 的学校达到了国家规定的最低硬件设施要求。其中，豪登省的合格率最高，为 90%；东开普省最低，为 33%。在没有达到规定标准的 10 260 所学校里，有 345 万名学生受到了影响，这些学校主要分布在东开普省、夸祖鲁–纳塔尔省和林波波省。[2]

2017 年进行的学校监测调查结果显示，只有 59% 的学校达到规定的最低硬件设施标准，仍有一些重要的硬件设施没有得到普及。例如，约 24% 的学校没有自来水，约 20% 的学校没有充分运行的卫生设施，具体见表 5.3。2017 年的调查结果仅比 2011 年略有提高。[3]

---

[1] 资料来源于南非基础教育部官网。

[2] 资料来源于南非基础教育部官网。

[3] 资料来源于南非基础教育部官网。

表5.3 2017年南非各省和全国硬件设施符合规定的中小学占比（单位：%）[1]

各省和全国	自来水	围篱	电	网络	厕所
东开普省	74.2	81.8	79.6	43.9	69.9
自由州省	78.4	78.4	96.3	77.4	71.9
豪登省	95.9	97.6	95.0	88.7	97.8
夸祖鲁-纳塔尔省	54.6	89.9	86.9	28.8	77.2
林波波省	87.4	86.2	98.2	55.5	76.8
普马兰加省	80.2	78.5	94.2	66.0	91.7
北开普省	91.0	92.7	99.4	76.5	89.1
西北省	77.0	93.5	87.3	71.7	81.5
西开普省	94.3	92.7	98.8	98.4	96.3
全国	75.9	87.2	89.9	55.3	79.9

2．软件设施匮乏

1996年，南非教育当局相关调查显示，全国只有50%的学校能为学生提供充足的教科书，具体见表5.4。各省的教科书供应情况不同，自由州省的供应量最高，达到了62.9%，东开普省最低，仅为38%。夸祖鲁-纳塔尔省、西北省、东开普省、林波波省、普马兰加省和自由州省6个省有60%以上的学校没有任何教学和学习材料，甚至不清楚教学材料与学习材料的具体范围是什么。[2]

---

[1] 资料来源于南非基础教育部官网。

[2] 资料来源于南非基础教育部官网。

表 5.4 1996 年南非各省和全国学校软件设施配备情况（单位：%）[1]

各省和全国	媒体设备			教学 / 学习材料			固定设备			教科书		
	充足	不足	无	充足	不足	无	充足	不足	无	充足	不足	无
东开普省	3	6	91	6	21	73	62	36	2	38	60	2
自由州省	8.1	10	81.9	14.6	17	68.4	78.6	18.4	3	62.9	35.1	2
豪登省	22.9	21	56.1	26	27.5	46.5	64.3	31.3	4.4	45.2	51.4	3.4
夸祖鲁–纳塔尔省	6	5	89	8	14	78	62	35	3	55	43	2
林波波省	2	3	95	6	21	73	46	47	7	47	50	3
普马兰加省	5	15	80	6	24	70	63	36	2	53	45	1
北开普省	15	20	65	29	35	36	64	34	2	55	43	1
西北省	5	9	86	6	19	75	60	36	4	39	58	3
西开普省	34	27	39	41	39	20	76	23	1	53	45	2
全国	11	13	76	16	24	60	64	33	3	50	48	2

二、基础教育的应对策略

（一）促进教师发展，提高教师待遇

《2030 年国家发展规划》在南非中期战略框架中的体现就是通过促进教师的发展、供应和有效利用来提高教学质量。为了解决教师供应的问题，南非四管齐下，提供了一个确保教育系统中有足够教师的方案，具体如下：（1）通过大学和其他系统培养更多更好的合格教师；（2）制定和建立能够

---

[1] 资料来源于南非基础教育部官网。

持续培养教师的在职策略和支持系统;(3)与专业机构、教师工会等合作,提高教师的专业知识;(4)调整教师薪酬,使之公平合理,同时奖励优秀教师。[1]

1. 公平分配资源,提高教师薪资待遇

1994 年以前,南非在教师薪酬、教师资格和师生比方面分配严重不平衡。1994 年以后,南非教育系统重新分配资源,特别是在师生比和教师报酬方面取得了巨大进展。从南非教育当局公布的官方数据可以发现,1987—2007 年,南非教师人数稳步增长。这一时期,为了应对同期学生人数的增加,教师人数增加了 10 万,从而使教育系统能够保持稳定的师生比。[2] 南非教师的重新分配主要是通过教师的合理化改革来实现的。国家要求教育工作者从供过于求的地区转移到供不应求的地区,不愿意参与合理化改革的教师,可以选择自愿离职。[3]

1998 年,南非《教师岗位配置管理办法》规定了省级部门学校教育岗位总数的计算方法。计算方法虽然随着时间的推移而不断演变,但主要是以学生的数量作为权重,来确定教师岗位的数量。2018 年,基础教育部公布的学校监察调查结果显示,各省教学岗位满员的中小学学校比例由 2011 年的约 69% 提高到 2017 年的约 78%。表 5.5 显示了 2017—2018 年南非各省和全国中小学教师岗位需求满足情况。其中,东开普省中小学教师岗位满员的学校比例最低;豪登省、普马兰加省、北开普省和西开普省中小学教师岗位满员的比例远高于全国平均水平。

---

[1] 资料来源于南非基础教育部官网。

[2] 资料来源于南非基础教育部官网。

[3] 资料来源于南非基础教育部官网。

表 5.5 2017—2018 年南非各省和全国中小学教师岗位需求满足比例 [1]

各省和全国	50.0%—74.0%	75.0%—99.0%	100.0%	50.0% 以下	总计
东开普省	5.4%	30.9%	63.4%	0.3%	100.0%
自由州省	0.0%	22.4%	77.2%	0.4%	100.0%
豪登省	0.0%	15.6%	83.7%	0.7%	100.0%
夸祖鲁-纳塔尔省	0.5%	10.8%	88.3%	0.4%	100.0%
林波波省	0.5%	22.9%	76.6%	0.0%	100.0%
普马兰加省	0.2%	20.1%	79.7%	0.0%	100.0%
北开普省	0.0%	16.9%	81.1%	2.0%	100.0%
西北省	0.0%	26.2%	72.7%	1.1%	100.0%
西开普省	0.0%	13.5%	86.5%	0.0%	100.0%
全国	1.5%	20.3%	77.9%	0.3%	100.0%

南非还通过设立教育劳资关系委员会来促进教师资源的重新分配。教师们通过签订集体协议直接受益。20 世纪 90 年代中期，南非大多数教师的工资大幅上涨，受过四年高等教育的黑人教师最低工资的实际涨幅约为 25%。这种转变得益于后种族隔离时代的工资平等政策，该政策使得所有的教师都达到了过去少数白人教师才能享有的工资待遇水平。2015 年，基础教育部指出，过去几年南非教师的工资又有了进一步的大幅增长。比如，2007—2012 年，教师平均工资实际增长了约 28%。这些增长通常是因为教师与工会达成了有关职业豁免的协议促成的。职业豁免的协议来自教育劳资关系委员会 2008 年第 1 号决议和 2009 年第 4 号决议。[2]

2. 吸引年轻教师加入教育系统，减缓教师老龄化

为了应对教师老龄化这一危机，南非政府采取了一系列措施来吸引年

---

[1] 资料来源于南非基础教育部官网。

[2] 资料来源于南非基础教育部官网。

轻人加入教师队伍。比如，2007 年，南非启动了国家教育奖学金项目。该项目为提高教师职业对南非学生的吸引力做出了相当大的贡献。2007—2017年，该项目向将来投身教育事业的学生发放了 1 205 112 个国家教育奖学金，投入了 72.1 亿兰特。[1] 2016 年，南非针对初级教师教育进行的一项评估表明，国家教育奖学会项目自实施以来对初级教师人数的大幅增长做出了重要贡献，获得国家教育奖学金的学生占初级教师教育学生总数的 15%，成功地吸引了大量优秀毕业生成为教师。[2]

图 5.4 显示，2005—2017 年，除偶有回落外，南非新增年轻教师人数基本上保持稳步增长，从 2005 年的 6 000 多人增长到 2017 年的近 14 000 人。这其中，国家教育奖学金项目被认为功不可没。

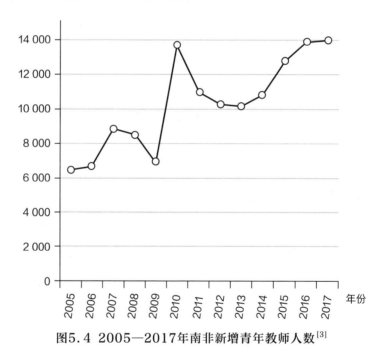

图5.4 2005—2017年南非新增青年教师人数[3]

---

[1] 颁发的国家教育奖学金的数目包括颁发给新申请者和老生的奖学金。因此，一个学生在毕业前可能会获得多次奖学金。政策规定每人最多可获 5 次奖学金。

[2] 资料来源于南非基础教育部官网。

[3] 资料来源于南非基础教育部官网。

3．促进教师发展，提升教师教学水平

在南非公立学校工作的教师，大约有三分之二是在 21 世纪初的教育改革之前接受的职前教师教育。因此，政府提供持续性教师专业发展项目非常必要。随着时代的发展和新技术的出现，教师也需要不断提高他们的教学技能，改进教学方法，尤其是那些职前教育基础本就薄弱的教师更需要加强培训。在此情况下，南非政府部门高度重视对现有教师专业发展项目的评估，推动教师使用专业学习社群，激发教师内驱力，促进教师协作学习，提升教师教学水平。

3．制定政策倡议，解决优先发展问题

在过去的 20 多年里，南非政府通过各种政策和倡议，解决了很多基础教育领域的关键优先发展问题，具体如下。（1）1998 年，南非颁布《教育工作者就业法》（第 76 号），规定国家有义务对教育工作者的就业、服务、纪律、退休和解雇问题进行管理。这项法律以及由此诞生的南非教育工作者委员会，在制定教师专业标准和推动教学专业化方面发挥了重要作用。（2）2011 年，南非制定《2011—2025 年南非教师教育和发展综合战略规划框架》，提出通过改进和增加教师教育和发展机会以提高学校的教学质量。[1]

（二）提高基础设施资源

为了缓解基础教育软硬件设施匮乏的问题，南非采取了一系列措施。

---

[1] 资料来源于南非基础教育部官网。

《2014—2019 年中期战略框架》提出，南非要通过提高基础设施和学习材料的配备来提高教学质量，同时制定基础教育部门行动指南和目标。《2019 年行动计划：面向 2030 年学校教育》提出，南非要致力于为学生提供国家规定的最低限度的教科书和练习册，增加图书馆和多媒体中心的使用率以达到规定的最低标准。[1]

1. 改善硬件设施

南非教育部门通过多项举措来改善学校的硬件设施，最新的两个方案是 2011 年提出的省级学校建设方案和加速提供学校基础设施倡议。

省级学校建设方案由省级教育部门负责实施，其资金来源是教育基础设施补助金和国家财政资助机制下的省级拨款。加速提供学校基础设施倡议项目由基础教育部推动，旨在解决教育基础设施和基本服务中存在的问题，其资金来自学校基础设施积压补助金。该项目主要关注以下内容：建设、维护、升级和改造新的和已有的教育基础设施；提供符合要求的基础设施；重建不合格的学校；提供基本服务；解决自然灾害对基础设施造成的破坏；扩建现有学校，增加教室和设施等。[2]

根据南非基础教育部 2018 年公布的调查数据，南非通电的学校已经占 2018 年全国学校总数的 99%，有自来水供应的学校和有卫生设施的学校数量也有很大增加。二十多年来，南非在改善基础教育领域的硬件设施方面取得了重大进展。

---

[1] 资料来源于南非基础教育部官网。

[2] 资料来源于南非基础教育部官网。

2．提高教学材料与学习材料的供应

自新南非诞生以来，南非政府为提高教学与学习材料的供应做出了许多努力。例如，1997 年引入 2005 年课程改革，2002 年修订《国家课程声明》，2006 年更新《国家课程声明》，2012 年发布《课程与评估政策声明》。

2010 年，南非成立了一个部长委员会，专门负责教学支持材料的管理。在教科书方面，基础教育部的任务是制定国家教科书目录，各省级教育部门负责为该省的学校采购教材，并确保采购的教材能够送达每一所学校。各省级教育部门和基础教育部还共同承担教科书的监测任务。南非依然依靠传统出版业来出版教科书，政府发挥开发课程的作用。[1]

在学习资料方面，2008 年南非教育部发起"学习基础运动"。该运动指出，每位教师必须拥有足够的教学资源，以确保进行有效教学。教学资源包括教学挂图、磁带、书写材料、教具设备、教科书、阅读书刊和练习册等。该运动还建议为 1—6 年级（后来扩展到更多年级）的教师 / 学生提供读写 / 语言和数字 / 数学等方面所需的最低标准教学 / 学习资源，如教科书、练习册、学习手册和教师指南等。[2]

（三）加强学习成效的评估

评估学习效果对于监测国家教育发展质量至关重要。1994 年以前，南非有 19 个不同的教育部门，实行种族分化的教育制度，每个部门有不同的评估标准并负责各自的考试。1994 年，随着新南非的诞生，政府将 19 个教育部门合并为一个部门——国家教育部。国家教育部的首要任务就是要建立一个国家级的考试制度，即由国家来统一考试内容，统一考试标准，统

---

[1] 资料来源于南非基础教育部官网。

[2] 资料来源于南非基础教育部官网。

—管理、审核、分析和认证机制。[1]

1994 年，由省级教育部门管理的 12 年级高级证书考试作为南非的一个特色考试制度开始实行。2000—2007 年，南非一直实行省级高级证书考试。2008 年，国家高级证书考试取代高级证书考试，同时，基础教育部开始负责制定 1—12 年级的试卷，并建立起完善的、标准化的考试程序和机制来提高试卷的信度和效度，使评估误差最小化。[2]

---

[1] 资料来源于南非基础教育部官网。

[2] 资料来源于南非基础教育部官网。

第六章 高等教育

南非高等教育起源于荷兰和英国的殖民统治时期，并从提供中等教育的学院逐步发展起来。长期的种族隔离制度造成了南非高等教育的分割和不平等。自新南非成立以来，南非在高等教育领域进行了一系列的改革，逐步建立起一个全新的高等教育体系，为今后高等教育的中长期发展奠定了基础。

第一节 高等教育的发展现状

一、高等教育的阶段划分和学制

（一）阶段划分与院校

南非的高等教育发展迅速，形成了普通高等教育与职业教育相结合的公立高等教育体系。本章主要讨论普通高等教育的相关内容，关于职业教育将在第七章讨论。此外，南非还有与公立高等教育体构成竞争关系的私立高等教育体系。南非的高等教育阶段包括本科教育、研究生教育两个学段（见表6.1）。

表 6.1　南非高等教育阶段划分 [1]

	学段	阶段	年级
高等教育	本科教育	学士学位	3—4 年
		荣誉学士学位	≥ 4 年
	研究生教育	硕士学位	1—2 年
		博士学位	≥ 2 年

　　南非的高等教育机构具有办学自主权。自 2005 年以来，南非主要有三种类型的公立高等教育和培训机构，它们分别是普通大学、综合大学和技术大学。其中，普通大学是传统的学术型大学，提供学术性学位课程，包括学士学位、荣誉学士学位、硕士学位和博士学位课程，并偏向以研究为导向。综合性大学是传统的学术型大学和技术型大学的结合，提供的课程范围非常广泛，其中包括以专业为导向的课程。技术型大学是传统意义上的技术学院，以专业实践为导向，并注重开设广泛的实践类课程。[2] 南非的高等院校如下：开普半岛科技大学、自由州中央理工大学、德班理工大学、马古苏托理工学院、北开普国家高等教育学院、普马兰加国家高等教育学院、纳尔逊·曼德拉都市大学、西北大学、罗德斯大学、北开普索尔普拉杰大学、茨瓦内技术大学、开普敦大学、福特海哈大学、自由州大学、约翰内斯堡大学、夸祖鲁–纳塔尔大学、林波波大学、普马兰加大学、比勒陀利亚大学、南非大学、斯泰伦博斯大学、文达大学、西开普大学、威特沃特斯兰德大学、祖鲁兰大学、瓦尔理工大学、沃尔特·西苏鲁大学、塞法科·马克加索健康科学大学等。[3]

　　南非大学生入学后有资格进行高等证书或文凭高级证书课程的学习。

---

[1] 李宝贵，柳睿杰. 中文纳入南非国民教育体系的现状、动因、挑战与对策 [J]. 语言教育，2022（3）：98-111.

[2] 资料来源于荷兰高等教育国际交流协会官网。

[3] 资料来源于南非政府官网。

本科学生或研究生教育阶段可以获得以下学位：学士、荣誉学士、硕士、博士。高等证书学制为 1 年，教学内容主要是以专业为导向的通识课程，入学要求学生有高级证书或国家高级证书。文凭高级证书学制为 3 年，教学内容主要是以专业为导向的课程，入学也是要求学生有高级证书或国家高级证书。本科入学要求学生须获得国家高级证书并满足其他附加要求。本科阶段根据专业的不同学习年限也不同，通常是 3—6 年，具体如下。人文、商科和科学课程是 3 年，护理科学和法律是 4 年，建筑学和牙科是 5 年，兽医科学则是 6 年。本科的教学内容因专业不同而不同，通常没有论文要求。荣誉学士的学习时间至少为 1 年，入学要求是学生必须持有普通学士学位，教学内容主要是加深学生在本科阶段所学的知识。原则上，荣誉学士准许学生申请修读南非的硕士课程。硕士的学制为 1—2 年，荣誉学士学位或学士学位持有者才能获得入学资格。原则上学生拥有硕士学位则可修读博士学位课程。博士的学制至少 2 年，学习内容主要是研究与论文，入学要求是申请人须具有硕士学位并满足其他附加要求。[1]

（二）录取与考核情况

2000 年，南非实行高级证书考试。2008 年，南非政府对考试制度进行改革，又引入国家高级证书考试，实现考试标准化，并规定基础教育部负责设计试卷，部门"牧羊人"（Umalusi）[2] 负责审核试卷，省级教育部门负责试卷的管理和批改。2008 年，南非《高等教育修正法》（第 39 号）规定高等教育的最低入学要求是获得国家高级证书。国家高级证书是进入高等院校接受高等教育的入门券，只有通过国家高级证书考试并取得好成绩的

---

[1] 资料来源于荷兰高等教育国际交流协会官网。

[2] Umalusi 意思为牧羊人，因其负责维护国家最宝贵的资产之———普通教育和继续教育与培训的标准得名。在恩古尼文化中，"umalusi"也意味着家庭财富的守护者。

学生才能进入大学学习。这一系列改革不可避免地引起学生的成绩波动。

尽管南非在扩大中学教育方面取得显著进展，但因经济和地理位置等因素造成的教育不平等现象仍然存在，很多学生无法读到 12 年级。还有很多学生虽然读到 12 年级，但是因成绩不佳等原因，依然未能参加国家高级证书考试。图 6.1 显示了 2010—2017 年读到 12 年级和参加国家高级证书考试的学生占比。

表 6.2 呈现了 1994—2017 年南非各省高级证书 / 国家高级证书考试通过率。图 6.2 呈现了 1994—2017 年南非全国高级证书 / 国家高级证书考试通过率及其变化情况。从中可以看出，2000 年实施的高级证书考试提高了南非全国和各省的学习成绩。2008 年，国家高级证书的引入进一步提高了学生的学习成绩。

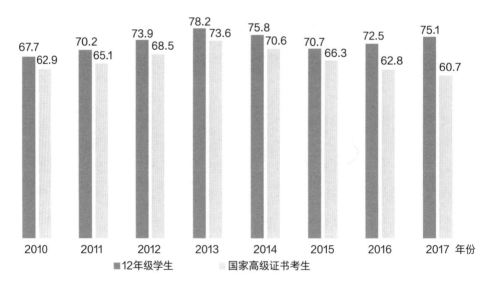

图6.1 2010—2017年南非12年级学生和国家高级证书考生占比（单位：%）[1]

[1] Statistics South Africa. Education series (Vol. V): higher education and skills in South Africa[R]. Pretoria: Statistics South Africa, 2019.

表6.2 1994—2017年南非各省高级证书／国家高级证书考试通过率（单位：%）[1]

省份	1994	1995	1996	1997	1998	1999	2000	2001	2002	2003	2004	2005	2006	2007	2008	2009	2010	2011	2012	2013	2014	2015	2016	2017
西开普省	85.6	82.7	80.2	76.2	79.0	78.8	80.6	82.7	86.5	87.1	84.3	84.4	83.7	80.6	78.4	75.7	76.1	82.8	82.8	85.1	82.2	84.7	85.9	82.7
东开普省	56.8	47.8	49.0	46.2	45.1	40.2	49.8	45.6	51.8	60.0	53.5	56.7	59.3	57.1	50.6	51.0	58.3	58.1	61.6	64.9	65.4	56.8	59.3	65.0
北开普省	77.7	74.5	74.1	63.8	65.4	64.3	71.2	84.2	89.9	90.7	83.4	78.9	76.8	70.3	72.7	61.3	72.3	68.8	74.6	74.5	76.4	69.4	78.7	75.6
自由州省	55.8	49.7	51.1	42.5	43.4	42.1	52.7	59.0	70.7	80.0	78.7	77.8	72.2	70.5	71.8	69.4	70.7	75.7	81.1	87.4	82.8	81.6	88.2	86.0
夸祖鲁—纳塔尔省	67.6	69.3	61.8	53.7	50.3	50.7	57.2	62.8	70.8	77.2	74.0	70.5	65.7	63.8	57.6	61.1	70.7	68.1	73.1	77.4	69.7	60.7	66.4	72.9
豪登省	61.3	58.0	58.3	51.7	55.6	57.0	67.5	73.6	78.1	81.5	76.8	74.9	78.3	74.6	76.4	71.8	78.6	81.1	83.9	87.0	84.7	84.2	85.1	85.1
西北省	70.2	66.3	69.6	50.0	54.6	52.1	58.3	62.5	67.8	70.5	64.9	63.0	67.0	67.2	68.0	67.5	75.7	77.8	79.5	87.2	84.6	81.5	82.5	79.4
普马兰加省	47.5	38.2	47.4	46.0	52.7	48.3	53.2	46.9	55.8	58.2	61.8	58.6	65.3	60.7	51.8	47.9	56.8	64.8	70.0	77.6	79.0	78.6	77.1	74.8
林波波省	44.4	37.8	38.8	31.9	35.2	37.5	51.4	59.5	69.5	70.0	70.6	64.9	55.7	58.0	54.3	48.9	57.9	63.9	66.9	71.8	72.9	65.9	62.5	65.6

[1] Statistics South Africa. Education series (Vol. V): higher education and skills in South Africa[R]. Pretoria: Statistics South Africa, 2019.

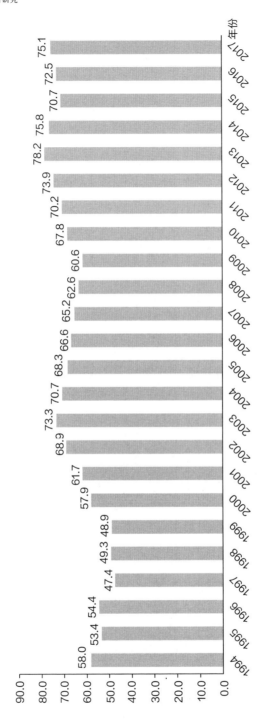

图6.2 1994—2017年南非全国高级证书/国家高级证书考试通过率（单位：%）[1]

[1] Statistics South Africa. Education series (Vol. V): higher education and skills in South Africa[R]. Pretoria: Statistics South Africa, 2019.

事实上，尽管南非实行了一系列改革，但仍无法满足南非青年对高等教育日益增长的需求。大学录取的学生人数远远低于参加国家高级证书考试的人数或获得攻读学士学位或文凭高级证书课程资格的人数。2008 年，参加国家高级证书考试的学生中只有不到 1/4 能够进入大学学习。2016 年，参加考试的学生中依然只有 26% 能够进入本科阶段。[1]

（三）高等教育首次入学情况

高等教育首次入学的学生，是指那些在 24 岁前没有在任何高等教育机构注册学习过本科或预科课程的人。南非统计局考察了 2000—2016 年满足国家本科入学条件的学生和实际入学的学生，发现首次入学普通高等教育的学生数量有很大的波动，在获得攻读学士学位或文凭高级证书课程资格的人中所占的比例不断下降。2016 年，获得攻读学士学位或文凭高级证书课程资格的学生中只有不到一半（46.5 %）的人是首次入学的学生。[2]

（四）高等教育毕业生情况

2010 年，40% 的高校毕业生获得本科学士学位，33.8% 获得本科证书和文凭。相比之下，2016 年，获得本科证书和文凭的毕业生下降至 26.2%，获得本科学士学位的比例上升至 46.2%，获得硕士以下研究生学位（相当于荣誉学士学位）和硕士学位的毕业生则基本保持稳定。[3]

---

[1] Statistics South Africa. Education series (Vol. V): higher education and skills in South Africa[R]. Pretoria: Statistics South Africa, 2019.

[2] Statistics South Africa. Education series (Vol. V): higher education and skills in South Africa[R]. Pretoria: Statistics South Africa, 2019.

[3] Statistics South Africa. Education series (Vol. V): higher education and skills in South Africa[R]. Pretoria: Statistics South Africa, 2019.

二、高等教育的普及和发展程度

在南非民主化进程中，南非高等教育仍存在本科入学率和毕业率低、公平度有待提升等问题。由于各种原因，南非有很大比例的本科学生要么没有完成学业就中途退学，要么花费更多的时间延长毕业。2016年，南非有72.4%的大学毕业生获得毕业资格，其中只有46.2%的毕业生获得本科学位。这些学位主要是商科、经济学和管理学、教育学和工程学。关键领域（如科学、技术、工程与数学）的毕业生只占所有毕业生的29%。在20—24岁的南非青年中，获得国家资格框架6级及以下资格的人占97%，获得学士学位或国家资格框架7级资格的仅有2%，而获得荣誉学士学位的人更少，只有1%。[1]

在过去20多年里，南非女性接受高等教育的人数显著提高。南非统计局多年来的调查数据显示，大学毕业生中女性占比高于男性，而且这一比例自2000年以来一直在上升。图6.3显示了2000年南非高校中不同学历层次男女生的占比情况。

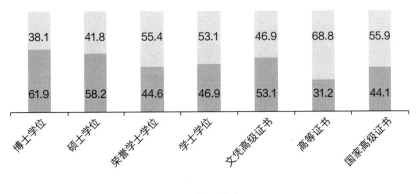

图6.3 2000年南非高等教育不同学历男女生占比（单位：%）[2]

---

[1] Statistics South Africa. Education series (Vol. V): higher education and skills in South Africa[R]. Pretoria: Statistics South Africa, 2019.

[2] Statistics South Africa. Education series (Vol. V): higher education and skills in South Africa[R]. Pretoria: Statistics South Africa, 2019。

图 6.4 显示了 2016 年南非高校不同学历层次男女生的占比情况。与 2000 年相比，2016 年的数据显示在博士阶段女性占比已超过男性。

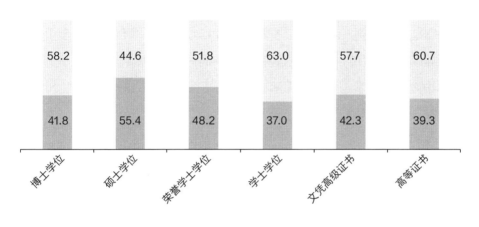

■男生　女生

图6.4　2016年南非高等教育不同学历男女生占比（单位：%）[1]

南非高等教育领域差异化明显，首先体现在贫富差距上。来自中高收入家庭的青年比来自低收入家庭的青年更有可能接受高等教育。根据《教育系列之卷 5：南非高等教育和技能培训报告》的统计数据，在拥有本科学位的 20—24 岁青年中，有近 47% 来自高收入水平的家庭，只有 7.4% 来自低收入水平的家庭。此外，拥有硕士学位的青年中，接近 36% 来自富裕家庭。[2]

南非高等教育领域的另一个很重要差异体现在种族群体之间的差异上。南非教育当局分别于 2000 年和 2016 年对南非各种族群体的高等教育受教育情况进行了调查。调查结果显示，2000 年南非高校不同学历层次的学生种

[1] Statistics South Africa. Education series (Vol. V): higher education and skills in South Africa[R]. Pretoria: Statistics South Africa, 2019.

[2] Statistics South Africa. Education series (Vol. V): higher education and skills in South Africa[R]. Pretoria: Statistics South Africa, 2019.

族差异显著。白人在硕士和博士层次的入学率最高。在获得文凭高级证书的学生中，非裔黑人和有色人种的比例最高，其占比分别为 11.5% 和 3.2%。在获得学士学位的学生中，非裔黑人的比例达到了 31.5%，有色人种更是有着 33.8% 的高比例。2016 年，非裔黑人获得攻读学士学位课程的学生比例比 2000 年增长超过一倍，增长速度最快。同时，与 2000 年相比，所有人口群体中攻读荣誉学士学位的入学率都有所下降。然而，非裔黑人在 2016 年攻读硕士和博士学位的人数已经超过白人群体。非裔黑人攻读硕士学位的入学比例从 2000 年的 3.4% 增长到 2016 年的 4.7%。[1] 这也暗示着南非高等教育领域的差异化在逐步变小。

第二节　高等教育的特点

一、努力解决历史遗留问题

由于南非历史上长期实行种族隔离制度，南非整个教育体系历史遗留问题严重。在新南非成立之初，高等教育领域亟须进行改革以解决历史上遗留的一系列问题。

长期的种族隔离政策造成南非高等教育的分割状态：同一个国家拥有多个分离的、平行的高等教育主管机构，高等教育体系按照种族、院校类型呈现复杂的割裂结构与布局。南非政府重视学术型教育的大学，轻视职业技术教育型理工学院；限制、轻视占人口大多数的非白人接受高等教育的机会和高等教育的质量，重视只为占人口少数的白人服务的白人高等教

---

[1] Statistics South Africa. Education series (Vol. V): higher education and skills in South Africa[R]. Pretoria: Statistics South Africa, 2019.

育（尤其是白人大学），造成高等教育体系内的不平等、资源浪费和低效率。[1] 南非基于种族歧视和意识形态不同构建起来的教育体系低效且不合理，从根本上削弱了南非高等教育本应该对经济和社会发挥的促进作用。非白人教育的落后，对理工学院的歧视，这些不仅加剧了非白人群体的贫困，还浪费了大量人力资源，制约了经济的发展。

历史上，南非由于受英国、荷兰等国家的殖民统治，其高等教育体制脱胎于欧洲的高等教育体制，其大学在学科设置、教学模式、管理方式以及校园建设等方面基本上沿袭欧洲大学的形式，高等教育精神里始终带有西方色彩。南非强调高等教育机构自治、学术自由、公众问责、言论自由和结社自由等。1994 年以后，南非政府并没有对过去的高等教育政策进行全盘否定，一些好的政策仍然得以保留，这显示了南非政府包容和智慧的一面。南非根据本国的国情，发展适合本国实际的高等教育，强调高等教育的公平性，致力于解决高等教育机构布局不合理的问题，努力推动南非高校合并。[2]

二、明确高等教育定位

种族隔离制度下南非的高等教育相互区隔，分而治之。大学和理工学院的双轨制、白人和非白人的分层式教育、教育管理机构的分割混乱等都是新南非成立后促进高等教育发展的障碍。南非亟须建立一个统一基础上的多样化的高等教育体系，明确高等教育定位。统一就是要摆脱过去的彼此隔离，实现合作，建立统一的服务于新时代、新的民主社会价值体系的

[1] 王琳璞，毛锡龙，张屹. 南非教育战略研究 [M]. 杭州：浙江教育出版社，2014：157-158.

[2] 王文礼. 解读《通向多样化、有效性的南非高等教育系统的道路：2010 年—2020 年战略框架》[J]. 比较教育研究，2013，35（3）：64-69.

大学系统。1994 年以后，通过院校结构调整和优化，原来以种族隔离为指导原则构建起来的高等教育体系被彻底打破，传统白人高校与非白人高校走向融合，所有的教育学院、部分农学院和护理学院被并入大学，理工学院升格为理工大学，新型综合性大学诞生，南非形成了一个由发展目标分层定位的大学和各种学院组成的高等教育系统。[1] 截至 2005 年，旧南非留下来的全部 36 所高校（包括大学和理工学院），通过合并、重组，整合为 11 所大学、6 所理工大学（含当时仍待升格的德班理工学院）和 6 所综合性大学，并在原本没有高校的北开普省和普马兰加省各建了 1 个高等教育中心。这两个高等教育中心现在均已发展成为正式的大学。

在尊重自治传统的同时，新南非政府实际上加强了对大学的规范和引导。新南非高等教育体系所追求的多样化，一方面，指的是要避免高校的同质化趋势，要求大学在功能定位、专业设置等方面减少不必要的重复，并结合自身的长处和国家与地方发展的需要，找到自身独特的定位；另一方面，则要求高校把所设专业的类型与层次，以及教与学的模式丰富起来，以便满足不同学习者的不同学习需求。

通过 2005 年的高校合并，南非高等教育体系的统一化在很大程度上已经实现，然而多样化的发展还需要长期不懈的努力。2014 年，南非发布的《学后教育与培训白皮书》指出，南非高校的差异化发展仍然是讨论的重点内容之一。高等教育和培训部认为差异化发展不仅是大学发展的基本原则，也将会是包括高等教育、各级各类职业技能教育和成人教育在内的整个学后教育体系发展的指导原则。除此之外，大学的重新定位与合理化规划还包括要对 20 世纪 90 年代以来泛滥的远程高等教育进行梳理，将主要的远程教育任务整合到南非唯一专门提供远程高等教育的南非大学。

---

[1] 顾建新，王琳璞. 南非高校合并：成效与经验 [J]. 高等教育研究. 2007（8）：105-109.

三、关注高等教育入学公平

为破除种族隔离时期的不公平现象，南非政府除积极缩小不同院校之间的差距和不同区域之间的高教资源分配不均外，还制定促进公平入学的政策，并为此给予大量的资金支持。南非高等教育的不平等尤其体现在精英高校的入学机会不平等上。国家教育政策制定的本意在于促进教育机会的平等化，向黑人等传统弱势种族提供更多的受教育机会，但结果并不理想。例如，南非实行国家对学生的财政资助计划，虽然在一定程度上提高了贫穷学生的入学率，却并没有真正扭转高等教育的不公平问题。以南非的两所传统白人精英高校为例，2000 年，斯泰伦博斯大学黑人学生比例为4%，2008 年为 7%，到 2012 年，其比例也不过 8%，而白人学生的比例则始终在 68% 以上。开普敦大学的状况也不容乐观，2000 年黑人学生的比例为 21%，2008 年为 19%，到 2012 年，其比例也仅上升到 23%，近十多年变化并不大。在南非，每 1 万黑人中大概有 1.5 人就读开普敦大学，而白人则为 18 人，白人是黑人的 12 倍。[1] 这意味着，南非高等教育的公平之路任重道远。

四、有限扩大高等教育入学规模

南非国民经济的发展需要高等教育提供更多的合格劳动力，但是受限于初等、中等教育的质量水平以及高等教育经费的有限，大量的适龄黑人青年还是无法接受高等教育。全国高等教育委员会没有实现完成高等教育大众化的预期。黑人学生的学业完成率和毕业率不高，中途淘汰率、辍学

---

[1] 石腾飞，任国英. 种族、阶层与南非高等教育机会不平等——开普敦大学招生政策变迁的社会学研究 [J]. 世界民族，2017（4）：93-102.

率亦偏高。不少黑人学生即便获得了入学资格，大多也倾向于选择门槛较低的人文专业，很少能够进入社会急需且就业前景广阔的科学、技术与工程类专业。

2001 年，南非《高等教育国家规划》提出，高校应培养具备必要的技术和能力、满足社会和经济发展需要的毕业生；要求高校提高效率，提高学生的毕业率。《高等教育国家规划》并不主张大规模扩招，也不要求立即实现高等教育的大众化，而是把实现 20% 的毛入学率的目标定在 10—15 年后，规定 5—10 年内将人文、商科、科技这三类专业的入学人数之比从 49∶26∶25 变为 40∶30∶30，还在人才培养的出口端设置了毕业率目标。[1] 据此，南非教育部自 2005 年开始每年执行"公立高等学校规模计划"，控制高等教育规模。

随着高等教育改革实践的逐步推进，南非高等教育关注的焦点已经从公平转移到效率和适应性。高校在招生方面基本采取了理性的态度，放慢招生速度，更关注自身的教学设施、教学能力和教学服务质量，致力于提高学生的毕业率。公平虽然重要，但是公平的进一步推进需要效率的提高去打破瓶颈。只有当改革后的高等教育能够满足社会发展的需要，培养的人才能够被劳动力市场接纳，高等教育的公平才具有实际的意义。

五、创建激励高等教育发展的制度

由于南非高等教育水平亟须提高，国家需要对其发展进行宏观调控，引导和促进高等教育机构进行改革。新南非逐步建立起来的用来激励和引导高等教育改革与发展的制度性工具主要包括以下三个方面。

---

[1] 资料来源于南非政府官网。

第一，建立质量保障制度。南非的高等教育质量保障制度采用两条线。第一条线依托国家资格认证局维护的国家资格框架。该框架衔接学校和就业市场两端，从小学一直到博士，为各个阶段、各种类型的学业成绩制定最低的资格标准，从学生的学习成果这一端来控制毕业生的质量。第二条线则依托高等教育委员会下设的高等教育质量委员会。该委员会主要通过对新办教育项目进行认证、对现有的教育项目进行国家评审（再认证）、对教育机构进行评审、组织高校开展自我评估、引导高校提高自身的质量保障能力等途径，来保证高等教育的提供方能够达到最基本的质量要求。

第二，改革拨款制度。2003年，南非制定新的拨款制度。新制度坚持效率优先，兼顾公平，把财政拨款分为两个大类，即综合性拨款和专项拨款。其中，综合性拨款主要包括以下四种。（1）教学投入拨款。此项拨款以批准的招生人数为依据，与高校招生计划的审批情况挂钩，因此可以达到控制招生规模与招生专业类型的作用。（2）院校专项拨款。此项拨款是为了照顾各校不同的实际情况而设的。一方面，教育部按照各校招收的弱势族群的学生比例给予补贴，以此来鼓励高校从弱势族群中招收学生。另一方面，教育部也对学生规模较小的学校进行补贴，因为这些学校能够得到的教学投入拨款过少。（3）教学成果拨款。此项拨款强调绩效，以实际的毕业生人数与预期的毕业生人数之比作为依据进行拨款。不过，此项拨款也通过教学发展拨款的形式对目标达成度低的学校进行适当的补贴，以促进其发展。（4）科研产出拨款。此项拨款也强调绩效，以实际的科研产出与预期的科研产出之比为依据进行拨款。与教学发展拨款的情况类似，此项拨款也会以科研发展拨款的形式对落后的高校进行一定程度的补贴。专项拨款都是规定了专门用途的拨款。不过根据不同时期高等教育改革与发展的战略重点，教育部也会以专项拨款的形式对高校进行针对性的补贴。

第三，建立三年滚动发展计划制度。按照该制度，各高校要滚动更新三年内的发展计划，并提交教育部审批，用以作为申请拨款的依据。教育部结合各校上报的发展计划，滚动更新教育部的三年计划，并以此作为依据向财政部申请预算。[1]

六、促进高等教育系统内部有效衔接

南非整个教育系统有一个完整的资格框架，高等教育资格框架只是其中的一个部分。南非高等教育资格框架提出了职业型、专业型和学术型三种不同类型的资格，并通过学分累积和转换系统在三者之间建立起衔接路径，帮助学生在不同专业、不同机构之间进行学分互认和转换，提高了高等教育系统的灵活性，更好地满足了学生个性化的学习需求。资格框架对每一层级都设立了资格指标，资格指标对每一资格的毕业水平、最低学分要求、资格特点等都做了详细说明，使公众能够清晰地了解每一资格所代表的学术水平，提高公众对高等教育资格的信任度。同时，资格指标列出了每一类资格获得者应掌握的知识、必备的能力，明确了不同资格所代表的知识和能力差异，有助于社会及用人单位了解资格获得者所具备的知识和能力，增强用人的针对性和科学性。[2]

七、采用合作型管理模式

1994年南非新民主政府成立后，高等教育系统采用合作型管理模式。合作型管理是一种强大的计划性、协调性的掌舵型模式。政府制定宏观目标，教育专家提供建议，利益集团进行预测，高教系统发挥自主，多方根

[1] 王琳璞，毛锡龙，张屹. 南非教育战略研究 [M]. 杭州：浙江教育出版社，2014：162-163.

[2] 王琪. 南非新版高等教育资格框架（HEQSF）的主要内容与启示 [J]. 中国高教研究，2014（3）：55-59.

据联合型原则制约前行。在高等教育系统中，政府是领导者、协调者，高等教育系统与之建立互动式关系，利益集团（如代表教师、学生利益的团体等）进行预测，使高校的自主管理和中央权威部门（如教育部）的计划协调一致。政府不介入高等教育系统的微观管理，鼓励外部力量（如各种教育协会或机构）发挥积极作用，使高等教育系统具备灵活性和多样性。总而言之，该模式在处理政府和高等教育系统的关系时拓宽了不同层次对象参与管理的范围。[1]

第三节 高等教育的挑战和对策

自新南非成立以来，南非政府为促进高等教育的发展制定了一系列政策措施，包括建立质量保障体系，形成完整的国家资格框架，明确高等教育定位，理顺高等教育体制，提高黑人等弱势群体的高等教育入学机会等。通过多年的努力，南非的高等教育已经取得了较大的发展，高等教育入学率和公平度都有所提升。但是随着时代的发展，一系列新的问题也逐渐显现出来。例如，高等教育的质量问题依旧严峻，教育质量还有很大的提升空间；随着高等教育日益国际化，南非高等教育出现了从种族不平等到阶层不平等的转变，培养出来的人才大量流失；在本科教育入学人数不断增加的同时，公共教育财政却未能予以配套投入，从而导致大学教师短缺、基础设施匮乏等问题，对教育教学质量产生了重要影响。

---

[1] 方婷，李旭. 南非高等教育合作型管理的发展进程及其启示 [J]. 比较教育研究，2013，35（6）：18-22.

一、高等教育面临的挑战

（一）毕业率偏低

自 1994 年新南非成立以来，高等教育虽然逐步建立起一整套完整的管理机制，明确了高等教育的定位，通过一系列倾斜性政策逐步提高了黑人等弱势族群的高等教育入学率，但在后续的学习过程中，这些弱势族群的学生仍会面临一系列困境。一方面，来自弱势学校与弱势家庭的黑人学生，他们的学习能力与努力程度虽然或许并不比白人学生差，然而，受制于前期基础教育、家庭环境等条件的限制，这些学生在英语能力、综合素质及创新能力等方面往往处于劣势，因此导致很多通过优惠政策进入大学的黑人学生不能顺利毕业。基于这种情况，甚至有部分白人学生认为这些黑人学生是在浪费大学优质的教育资源。另一方面，虽然这些弱势黑人学生可以通过优惠政策进入大学，但他们却需要面临高额学费带来的压力。很多黑人学生正是因为交不起学费，不得不选择中途退学。南非高等教育的毕业率没有入学率增长快，大学未能按时向社会输出充足的合格毕业生。[1]

（二）从种族不平等转向阶层不平等

自种族隔离结束以来，虽然黑人高等教育入学人数有所增长，入学率有一定程度的提高，但研究发现黑人入学率的提高主要来自城市中产阶层黑人学生的增多。长期的种族地域隔离使得绝大多数黑人生活在农村和城市欠发达地区，那里的基础教育资源匮乏，经济发展及基础教育质量堪忧，从而使他们很难享受到倾斜性政策带来的优惠。因此，对于大部分黑人来

---

[1] 武学超. 南非民主化进程中高等教育发展成就与问题审思[J]. 比较教育研究，2016，38（4）：24-29.

说，以种族为基础的招生政策并没有为他们进入大学创造更多的机会。诸多研究均表明，高等教育机会不公平的根源并不仅在于高等教育部门本身，而且源于基础教育资源的分配不公。如果黑人学生的基础太差，就算有好的政策他们也依旧无法踏入高等教育的大门。即使他们有幸进入高等教育机构，也会因为基础知识不扎实影响后续的学习，从而影响毕业。

另外，基于种族的加分政策，不仅不能显著改变黑人学生和白人学生之间在入学机会上的不公平问题，而且有可能使得已经处于社会中上层的黑人子女挤压下层黑人子女的入学机会，制造出种族内部的教育不公平问题，进而导致黑人群体内部的阶层固化。由于阶层分化加剧，黑人中产阶层家庭的学生拥有比来自弱势家庭、弱势学校的黑人学生高得多的教育机会，种族内部的高等教育机会不平等问题日渐凸显。[1]

此外，随着之前针对白人利益制定的保护性政策纷纷失效，一部分白人因缺少政策保护而沦落到社会底层。因此，在高等教育领域，以种族为基础的招生政策也不能忽视那些处在社会底层、需要政策扶持的白人学生。随着白人弱势群体的子女也逐渐被排斥在精英高等学府之外，新的种族间高等教育机会不平等问题开始出现。当下，"阶层"已经逐渐取代"种族"，成为南非高等教育机会不平等的主要因素，单纯以种族作为优惠政策制定的标准已经难以完整反映南非种族间及种族内部的结构性差异。

（三）人才外流严重

21世纪，随着经济全球化进程的不断加深，高等教育国际化给第三世界国家带来了很大的影响，也促使第三世界国家的学生和学者向发达国家流动，加深了第三世界国家对发达国家的依附关系。虽然南非拥有好几所

---

[1] HILL L D. Race, school choice and transfers to opportunity: implications for educational stratification in South Africa[J]. British journal of sociology of education, 2016, 37 (4) : 520-547.

世界著名的大学，但是南非很多学生和学者对于国内高等教育的质量并不满意，因此他们不惜花重金到西方发达国家留学，造成了南非优秀人才资源的流失，对南非的经济发展产生了不利影响。[1] 联合国教科文组织的最新数据表明，南非籍学生留学目的国是以美国、英国为首的发达国家，而且这部分学生最终大多会选择移民，而不是回到南非。[2] 非洲高等教育最主要的问题在于人才外流，顶级学者和硕士以上学生的外流对南非影响很大，减弱了建设可持续性环境、经济和社会的能力。因此，南非需要在科学技术、社会科学、人文等领域促进南南合作。

（四）经费支持跟不上政策变革

南非政府一直致力于改变高等教育机会不公平的现象，增加黑人等弱势群体接受高等教育的机会。2000年，虽然南非开始实施国家对学生的财政资助计划，为经济困难的学生提供经济支持以完成高等教育学业，但政府提供的学生资助金额大大落后于高等教育人数的增长。尤其是近几年南非经济发展面临着增速放缓和通货膨胀等问题，学生财政资助计划的拨款在增长趋势和速度上未能跟上高等教育机构入学人数和学费的增长速度。南非的经济发展水平目前还无法支撑起高等教育扩大带来的经费支出上的压力。

同时，由于南非高校有比较大的自主权，近年来，学费上涨幅度较大，很多学生无法负担高昂的学费，因此学生的不满越来越多。2015年，南非相继爆发了三次大规模的学生示威游行运动，要求降低学费。面对这样的紧急状况，南非政府提出"免费高等教育"的政策。[3] "免费高等教育"政

---

[1] 祝怀新，翟俊卿. 南非私立高等教育质量保障机制探析 [J]. 外国教育研究，2007（5）：73-76.

[2] 张冰. 本土化视野下的南非高等教育国际化 [J]. 世界教育信息，2018，31（7）：30-35.

[3] 丁瑞常，康云菲. 南非祖马政府免费高等教育政策评析 [J]. 高教探索，2019（7）：67-75.

策的出发点虽然是好的，但从长远和现实层面来看，政策过于不切实际，不符合当前南非的经济发展水平。因此，南非政府对高等教育的期望不再是一味追求学生人数增加，而是更加追求高等教育的效率和质量问题。

从经济层面考虑，南非的高等教育发展过于依赖政府的财政拨款，其他渠道的资金筹措不够普及。但考虑到现实情况，单纯依靠政府财政拨款来促进高等教育的发展是不现实的。高等教育机构想要获得充足的资金，需要在第一级收入（政府资助）、第二级收入（学费收入）和第三级收入（合同研究、捐赠、知识产权商业化等）之间建立一个恰当的平衡，这是很重要的。[1]

南非需要拓宽资金来源渠道，增加其他方面的收入，如科学成果产出收益等，接受一些企业的投资，设立助学奖金等。南非政府目前可以根据国家现有的财政情况限制高校招生人数，不再承诺"上大学机会均等"；或者增加政府拨款和开放私营部门对高等教育的投资，以便使各高等院校向所有合格的中学毕业生开放，而不是实行目前来说不切实际的"免费高等教育"政策。

二、高等教育的应对策略

为应对高等教育机会从种族不平等转向阶层不平等的新变化，南非须及时调整高等教育入学政策，不仅侧重种族的不平等问题，而且还要随着社会的发展变化考虑阶层变化对高等教育公平问题的影响。南非政府在对南非严重的社会贫富分化以及由高等教育招生政策带来的一系列新的问题进行理性考量后，决定转变之前遵循的弱势学生界定逻辑，不再单纯强调种族因素，而是更多地关注种族之外的阶层因素，如社会地位、经济状况

---

[1] 王文礼. 解读《通向多样化、有效性的南非高等教育系统的道路：2010 年—2020 年战略框架》[J]. 比较教育研究，2013，35（3）：64-69.

和文化背景等对高等教育公平产生的影响。[1] 以开普敦大学为例，开普敦大学以阶层为基础，建立起包括申请人的家庭语言、父母和祖父母的教育背景、申请人的家庭是否依赖政府救助，以及基础教育学校条件等指标为一体的复合型招生政策，以促进高等教育机会的公平化。[2] 以弱势家庭、弱势学校的加分原则为基础的复合型招生政策的确立，有利于打破南非自种族隔离时期以来形成的黑人位于社会底层、白人位于社会上层的固化阶层结构。

目前"有质量的公平"正成为南非高等教育发展的重要战略追求，"有质量的公平"也是世界各国高等教育发展的价值诉求和必然选择。高等教育的发展不仅需要保障好"入口"，"出口"问题也需要一视同仁。南非政府通过提高高等教育毕业率、师资水平和增加教育基础设施等举措来提高高等教育质量。2003 年，南非新拨款制度出台后，教育部拨付专项资金，设立基础课程补习计划，促进黑人学生的技能发展和学业进步，提高黑人学生的通过率和毕业率。[3] 南非国家规划委员会在《2030 年国家发展规划》中指出，建立基础设施国家统一标准，确保大学之间教育质量的可比性。2013 年，南非高等教育委员会提出了本科教育课程改革方案，即"改革现有本科生课程结构，构建灵活的课程结构，从而有效提升本科毕业生教育质量"。[4]

长期以来，南非大学学术人员待遇明显落后于其他社会部门同类职位，这是培育和留住未来学术人员的重要障碍。[5] 为了从根本上解决人才流失严

---

[1] 公钦正，薛欣欣. 南非后种族隔离时期高等教育招生政策变革及其启示 [J]. 重庆高教教究，2020，8（1）：93-104.

[2] 石腾飞，任国英. 种族、阶层与南非高等教育机会不平等——开普敦大学招生政策变迁的社会学研究 [J]. 世界民族，2017（4）：93-102.

[3] 牛长松. 南非公立高校招生政策的演变——教育公平的视角 [J]. 外国教育研究，2009，36（3）：16-21.

[4] Council on Higher Education in South Africa. Higher education participation 2011[R]. Pretoria: Council on Higher Education, 2013.

[5] 武学超. 南非民主化进程中高等教育发展成就与问题审思 [J]. 比较教育研究，2016，38（4）：24-29.

重的问题，南非在实践中推出了一些举措。例如，2011 年，南非政府启动了"南非高等教育新一代学术人才国家开发计划"，明确了学术人才开发的目标、价值取向、基本原则、战略举措，规划了国家和高等教育机构层面开发新一代学术人才的关键条件。[1]

总之，自新南非成立以来，南非高等教育已经取得了较大的成就。南非把之前分割独立的高等教育系统进行合并整合，提高高等教育系统内部的资源利用效率，改变种族隔离时期极度不平等的接受高等教育的机会，增加黑人等弱势群体的受教育机会，建立完善的高等教育质量评价体系，改变原有的双轨制教育系统，使高等教育系统内部相互衔接，体系灵活。作为一个有着复杂历史的发展中国家，未来南非在高等教育领域虽然需要解决的难题依旧很多，但南非政府一直在努力完善高等教育各种制度性问题，不断加大财政投入来发展高等教育，并加大国际交流力度，通过各种各样的措施使南非高等教育能迈上一个新的台阶。

---

[1] Higher Education in South Africa. Proposal for a national programme to develop the next generation of academics for South African higher education[R]. Pretoria: Higher Education of South Africa, 2011.

第七章 职业教育

职业教育在南非被称为"继续教育与培训"。在南非，职业教育的使命是帮助人们掌握中高层次的技能，为他们接受高等教育奠定基础；同时，帮助学生从学校顺利过渡到工作状态，为终身学习提供机会。南非政府发展职业技术教育的目标是建立转换灵活、反应及时的职业技术教育质量体系。南非政府希望通过建立职业技术教育质量体系来促进职业教育和培训，并增强学习者学习的持续性，以满足国家对人力资源的需求。南非职业技术教育质量体系的建立不仅能满足国家对人力资源的需求，而且将进一步促进个体、社会和经济的发展。[1]

第一节 职业教育的发展现状

自 1994 年，新南非政府制定并实施了一系列教育体制改革，其中就包括职业教育板块。1997 年，南非教育部发布《高等教育转型白皮书》。2009年，南非教育部一分为二，设立了高等教育和培训部和基础教育部，分别管理高等教育、职业教育及培训和基础教育。自此，包括职业教育与培训

---

[1] 刘建豪，陈明昆. 南非职业技术教育发展的挑战与愿景——基于对《2030 年国家发展规划》的解析 [J].世界教育信息，2015，28（11）：42-48.

在内的南非教育事业进入了一个新的发展阶段。

在新的架构中，学后教育与培训从多头管理转向统一由高等教育和培训部负责，整个学后体系包括：公立大学（主要是职业大学和综合大学）、公立职业技术教育培训学院、公立成人教育中心（并入新成立的社区大学）、私立职业技术教育培训学院、行业教育与培训局和国家技术基金、负责学后教育体系资格认证和质量保证的监察部门——南非资格认证机构和质量委员会。[1]

一、职业教育机构类型和发展程度

（一）职业教育机构类型

南非提供职业教育与培训的教学机构主要有三种：第一种是职业技术教育培训学院，第二种是社区教育和培训学院（又称社区学院），第三种是高等技术学院，具体可参考图7.1。

2014年，南非继续教育与培训学院更名为职业技术教育培训学院，但很多人仍习惯使用旧名称，所以两个名称经常混用，它们指代的是同一类型学院。职业技术教育培训学院学制3年，处于完成义务教育、接受高等教育之前的教育阶段，学生毕业时须参加高中技术证书考试和高级技术证书考试，并可取得国家资格框架4级证书，成绩优秀者可进入高等技术学院继续学习。职业技术教育培训学院源于南非最早的技术高中，自2003年全国152家技术高中完成重组合并之后，职业技术教育培训学院便开始招收完成九年制义务教育的初中毕业生，并将之作为最重要的职业教育方式，

---

[1] 刘成富，周海英. 南非职业教育与教育体制研究 [M]. 北京：社会科学文献出版社，2021：36.

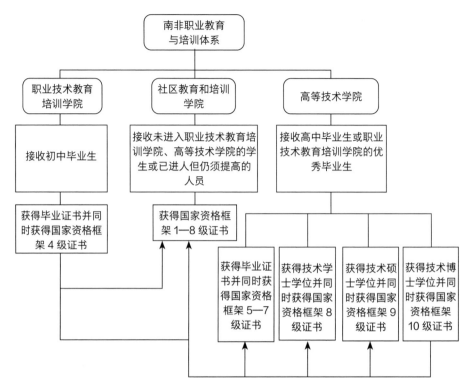

图7.1 南非职业教育与培训体系[1]

主要为南非经济发展提供中级技能培训，设3门必修课程和6个领域的专业课程。必修课程包括语言、数学和物理；专业课程主要包括6个专业领域的课程（工程建筑、医疗、旅游与酒店、商业与管理、艺术与实用研究领域）。[2]

社区教育和培训学院的前身是公立成人教育中心，是根据南非2014年颁布的《学后教育与培训白皮书》建立的社区教育和培训学院，主要面向没有资格进入职业技术教育培训学院（或大学）的学生，或者是面向在职

[1] The Department of Higher Education & Training. Statistics on post-school education and training in South Africa[R]. South Africa: Government Printers, 2018.

[2] 刘成富，周海英. 南非职业教育与教育体制研究 [M]. 北京：社会科学文献出版社，2021：38.

业技术教育培训学院和大学教育中已经获得机会，但希望能够进一步提高学习能力、提高就业能力的学后青年人。社区教育和培训学院是南非扫盲与全民教育的重点机构。目前，南非已经建立了 9 所社区教育和培训学院，每个省份有 1 所。同时，在 9 所社区教育和培训学院中，有 3 279 所成人教育和培训中心，其主要目的就是解决由于初中教育质量过低以及辍学所带来的严重的社会问题。2013 年，借助国家资格框架制度而构建的终身学习系统，极大地推动了南非教育的全民性。通过在社区教育和培训学院的学习，学员可以获得针对在岗技能培训的国家资格框架 1—8 级证书。[1]

高等技术学院（又称理工学院），源于 20 世纪初，由职业技术培训中心发展为高等教育机构。1967 年，南非通过《高等技术教育法》规定了理工学院教授高等技术的课程。理工学院主要面向高中毕业后有志于从事职业技术的优秀毕业生以及继续教育与培训学院的优秀毕业生。学生获得毕业证书需要 3 年时间，而且同时须获得国家资格框架 5—7 级证书；要获得技术学士学位需要 4 年，而且同时须获得国家资格框架 8 级证书；要获得技术硕士学位需要再增加 2 年的学习时间，而且须同时获得国家资格框架 9 级证书；要获得技术博士学位需要额外的 3—5 年，而且同时须获得国家资格框架 10 级证书。为了培养大批高端技能型人才，目前南非政府大力鼓励并支持综合大学和理工学院的发展，为以职业为导向的继续教育和培训项目提供高等教育衔接课程以及优质远程教育课程。[2]

（二）职业教育发展程度

作为中等职业教育的主要承担主体，职业技术教育培训学院具有双重使命。第一，职业技术教育培训学院为接受义务教育阶段后的青年学生升

[1] 刘成富，周海英. 南非职业教育与教育体制研究 [M]. 北京：社会科学文献出版社，2021：39.

[2] 刘成富，周海英. 南非职业教育与教育体制研究 [M]. 北京：社会科学文献出版社，2021：39.

入高等教育、获取学历资格或入职做准备，为其提供坚实的学科理论知识。第二。职业技术教育培训学院还可以帮助那些辍学者、从业者和失业者进行技能培训，从而帮助他们获得被正式认可的行业或职业资格。[1] 在第一重使命当中，南非的职业技术教育培训学院主要为青年学生提供职业课程。这些课程主要由国家进行资助，所以学生只要承担小部分学习费用。而针对第二重使命中的辍学者或者失业者所提供的职业培训，课程则主要由学生自己负担。为了鼓励职业技术教育培训学院对失业者和从业者提供培训，南非在 1998 年和 1999 年相继通过了《技能发展法》和《技能发展征税法》。这两部法律鼓励对失业者和从业者的职业教育与培训，如果雇主能够为雇员提供培训的话，可以返还其交付给政府的部分技能税收。[2] 这两部法律的出台促进了雇主对雇员的职业技能培训。

南非的高等职业教育由高等技术学院负责。南非共有 6 所高等技术学院，主要面向 16—24 岁的年轻人，提供职业和工作两类证书。职业证书是普通职业证书，高等技术学院提供国家职业证书课程，且在所有公立继续教育与培训学院和一些私立继续教育与培训学院实施。工作证书则更关注工作岗位上必需的实践技能培训，其课程被定为国家课程。工作证书培训正在逐渐退出继续教育与培训学院，转由劳工部负责。[3]

教育部和劳工部的职业教育与培训有重叠之处，但他们的职业教育与培训针对的对象有所不同。教育部强调继续教育与培训学院在提供普通职业资格中的主要作用，普通职业资格针对尚未确定职业方向的青年学生；而劳工部主要针对已雇佣的工人或者很快进入劳动力市场的青年人。因此，教育部为继续教育与培训学院的学生提供助学金。教育部认为继续教育与培训学院不是向已被雇佣的工人或者会很快进入劳动力市场的青年提供培

---

[1] 张玉婷. 标准取向的南非中等职业教育：背景、困境与进路 [J]. 职业技术教育，2019，40（18）：64-68.

[2] 张玉婷. 标准取向的南非中等职业教育：背景、困境与进路 [J]. 职业技术教育，2019，40（18）：64-68.

[3] 曹梦婷，方华明. 南非国家资格框架下中高职课程衔接的研究 [J]. 职业教育研究，2016（11）：84-87.

训的机构，因为已雇佣的工人和很快要进入劳动力市场的工人需要的是职业技能，因此不向这些职业课程提供资助。但是，继续教育与培训学院可以通过劳工部与雇主和各教育与培训局达成协议，提供技能发展项目和工作学习教育项目，并获得相关资助。因此，继续教育与培训学院既涉及学校后职业教育与培训，又涉及职业导向的职业教育与培训。[1]

新南非成立之前，南非共有 152 所公立的职业技术学校，然而它们却分属多个不同的种族隔离教育当局管辖。这种多头分治的教育管理体制造成南非职业教育体系成本高昂、效率低下，教育管理杂乱无章，缺乏统一性和规范性。[2]1994 年，新南非政府正式成立，结束了长久以来一直存在的种族隔离制度，为教育领域大刀阔斧的改革奠定了基础，随即南非教育领域掀起了一场从教育制度到具体课程内容的改革。20 世纪 90 年代后期，南非教育部出台了《教育白皮书 4：继续教育与培训变革计划》，讨论在各类职业技术学院中开展普通职业技术教育改革与发展的问题。在白皮书的指导下，从 2002 年开始，南非的 152 所技术学院启动了合并过程，并且最终形成了 50 所多校区的继续教育与培训学院。而劳工部也在 20 世纪 90 年代末开始推动新的依托岗位开展的技能培训体系的建设。1998 年，南非出台的《技能发展法》规定了技能培训的类型和规则，建立了以国家技能局、行业教育与培训局和国家技能基金会为核心的技能培训的管理和推动体系。1999 年，南非出台的《技能发展征税法》则建立了国家技能税的征收与使用规则。2001 年和 2005 年，劳工部出台了两个技能开发战略，用来支撑人力资源的发展战略。但是，一直以来，南非的普通职业教育与培训体系和岗位技能培训体系之间始终没有能够实现很好的互通。

---

[1] 资料来源于南非远程教育学院官网。

[2] 朱守信. 南非职业教育体制的重建：改革与进展 [J]. 当代教育科学，2012（3）：46-48.

二、职业教育的教学情况

（一）职业教育形式

南非的职业教育形式主要分为以下三种：第一种是在普通教育中渗入职业教育相关元素；第二种是设置专业职业学校，为学生或成人提供职前教育；第三种是为成人提供职业培训，培训主要在工作场所中进行。为成人提供的职业培训在本书第八章成人教育中会具体介绍，故此处不加以赘述。

南非课程改革的一个重要方面就是普通教育的职业化。普通学校课程的职业化旨在以学术教育为主的基础上，通过在普通教育中开设一些职前教育科目，注入职业教育的因素，增强学生今后职业选择的能力，加强学校与劳动力市场的联系。同时，如果毕业生成绩达到一定标准，仍可继续学习学术性科目。[1] 在普通中等教育上，政府提倡在中学阶段就实施职业化教育。这些职业化课程主要偏重四种：农业、技术、商业和家政。这不仅与南非本国国情相适应，还能使学生增强理论与实际相联系的能力。普通教育课程职业化对南非来说利弊颇有争议。一方面，职业化课程实施起来较困难，不仅要解决硬件设施问题，如实习场地，还需要配备一系列的软件设施，这往往成为实施课程改革的瓶颈。另一方面，课程改革职业化教育成本高，一所课程职业化学校学生的单位成本要高出常规学校 10% 以上。[2]

专业职业学校教育主要是培养初级或中级专业技术人才。南非学生在专业职业学校接受职业教育之后，可以继续学习深造，既可以进入到普通教育轨道中，也可以继续进入高等技术学院进行更高阶段的职业教育。

---

[1] 吴雪萍. 南非的职业教育和培训 [J]. 教育与职业，2001（1）：55-57.

[2] 吴雪萍. 南非的职业教育和培训 [J]. 教育与职业，2001（1）：55-57.

（二）专业设置

南非约有 1/4 的公立职业技术教育培训学院的学生参加国家职业证书系列课程的学习。国家职业证书课程属于国家资格框架的 2—4 级，与普通学校教育的 10—12 年级平行。国家职业证书系列课程共有 14 个专业，包括土木工程与建筑施工、教育与发展、电力基础设施建设、工程设计、金融经济与会计、酒店管理、信息技术与计算机科学、管理、市场营销、机电一体化、办公室管理、初级农业、社会安全、旅游，但学生的专业选择很不均衡。图 7.2 显示了 2016 年职业技术教育培训学院部分专业选择情况：23.9% 的学生选择工程学作为研究领域；18.1% 的学生注册了管理专业；金融经济与会计专业注册人数为 7.4%；注册初级农业专业的学生占比最少，只有 0.9%。[1]

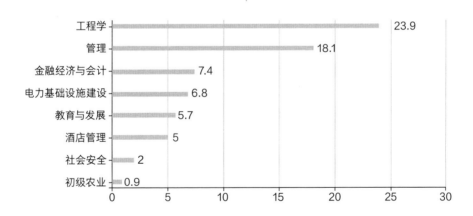

图7.2 2016年南非职业技术教育培训学院部分专业选择占比（单位：%）[2]

南非只有开普敦继续教育与培训学院、莫特奥继续教育与培训学院和伊丽莎白港继续教育与培训学院这三所继续教育与培训学院提供国家高级

---

[1] 吴雪萍. 南非的职业教育和培训 [J]. 教育与职业，2001（1）：55-57.

[2] 资料来源于南非统计局官网。

证书，相当于 10—12 年级学校教育课程。继续教育与培训学院开设的国家高级证书课程共 4 门，分别为艺术、商科会计、商科秘书、工程研究。[1]

（三）学校数量和学生人数

通过表 7.1，我们可以看出 2011 年南非一共有 50 所公立职业技术教育培训学院，共有学生 40 多万名，教职员工 8 600 多名。每个省的公立职业技术教育培训学院从 2 个到 9 个不等，其中豪登省和夸祖鲁-纳塔尔省 2011 年招生人数相对较高。

表 7.1　2011 年南非各省和全国公立职业技术教育培训学院概况 [2]

各省和全国	学院数量（单位：所）	学生人数	教师人数
东开普省	8	36 958	1 109
自由邦	4	31 365	575
豪登省	8	97 548	2 074
夸祖鲁-纳塔尔省	9	88 166	1 854
林波波省	7	43 148	865
普马兰加省	3	17 868	401
北开普省	2	8 949	151
西北省	3	22 124	426
西开普省	6	54 147	1 231
全国	50	400 273	8 686

[1] 资料来源于南非统计局官网。

[2] 资料来源于南非高等教育和培训部官网。

2012 年，南非为进一步配合国家技术发展战略三期规划，决定在三年内投入 25 亿兰特用于南非继续教育培训中心的改扩建工程。这对于有效解决南非民众的贫困、失业以及发展不平衡等问题具有重要意义。此次改扩建能为学生每年提供近 1.2 万个实习岗位，同时还能为教师每年提供近 1.6 万个培训岗位。近几年南非参加继续教育与培训的人数持续快速增加。[1] 仅 2012—2013 年，继续教育与培训学院的新生增加了约 20 万人，2013—2014 年新生则增加了约 45 万人。据南非国家发展战略和高等教育和培训部的绿皮书预测，到 2030 年将有 400 万名学生通过继续教育与培训学院进行学习，具体见图 7.3。

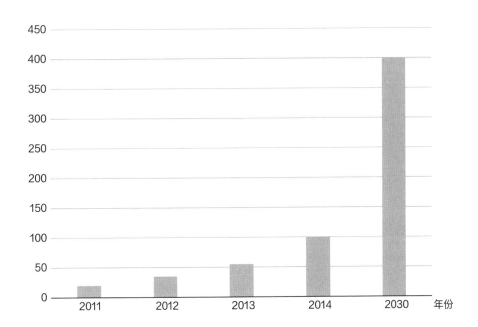

图7.3 2011—2014年南非职业技术教育培训学院入学人数及2030年预测
（单位：万人）[2]

[1] 欧阳忠明，韩晶晶. 教育公平视域下南非成人学习政策探究 [J]. 职业技术教育，2015，36（13）：74-79.
[2] 欧阳忠明，韩晶晶. 教育公平视域下南非成人学习政策探究 [J]. 职业技术教育，2015，36（13）：74-79.

虽然近年来，南非越来越重视职业教育，职业教育也取得了较大的发展，但根据表 7.2 的统计数据来看，除了林波波省以外，2018 年南非其他各省职业教育机构学生人数占比均低于普通高等教育机构学生人数占比。南非作为发展中国家，实际上对职业技术人才的需求很大。除了普通高等教育机构为社会培养高级人才外，职业教育作为教育的一个子系统，承担着培养技能技术人才的重任，对国家未来的发展也发挥着重要作用。南非政府只有加大对职业技术教育的重视程度，才能逐步实现教育的公平与发展，逐步完善南非的人力资源结构，为南非的经济发展做出贡献。

表 7.2 2018 年南非各省和全国各类教育机构学生占比情况（单位：%）[1]

各省和全国	西开普省	东开普省	北开普省	自由州省	夸祖鲁－纳塔尔省	西北省	豪登省	普马兰加省	林波波省	全国
幼儿园	4.6	2.4	4.5	5.2	2.8	3.1	3.6	3.1	1.5	3.1
R—12 年级	84.3	90.9	90.8	85.3	91.0	89.3	79.8	90.7	93.2	87.7
成人教育机构	0.1	0.6	0.3	0.8	0.3	1.2	0.8	0.1	0.2	0.5
扫盲学校	0.2	0.0	0.0	0.0	0.1	0.0	0.1	0.0	0.1	0.1
高等教育机构	5.8	2.7	1.9	4.3	3.7	4.0	8.7	2.5	1.9	4.5
职业教育学院	1.6	2.4	1.6	3.4	1.5	1.6	3.0	2.4	2.3	2.3
其他大学	1.8	0.7	0.2	0.8	0.4	0.4	3.1	1.0	0.7	1.3
家庭教育	0.9	0.1	0.6	0.1	0.1	0.1	0.2	0.0	0.0	0.2

---

[1] 资料来源于南非统计局官网。

第二节 职业教育的特点

一、创建国家资格认证体制

在"终身教育"和"全纳教育"等理念的影响下，南非新政府在成立之初引进了一批英联邦国家探索并实施的国家资格政策，力图通过实施国家资格框架来打通中等职业教育与高等教育。1995 年，南非成立国家资格认证局，并同时创建国家资格认证体制，将所有阶段的教育统一纳入资格认证框架中。南非资格认证局作为职业教育的一个外部保障机构，代表国家制订资格认证框架的标准，从宏观上监督和调控职业教育的运行，以保证学习者能接受到高质量的职业教育。[1]

国家资格认证体制是一种依照行业标准对学习者的专业水平进行考查的评价制度，适用于包括职业教育、普通教育在内的所有教育系统，主要负责考核职业教育的资格标准和质量保障。实行国家资格认证制度是南非职业教育改革最具影响力的一项举措。它的设置确立了南非新学制的基本模式和母版，不仅对职业教育体系产生巨大影响，也对普通教育乃至整个国民教育体系进行了重构。[2] 根据国家资格框架确立的新学制，学生在完成九年级义务教育（达到国家资格框架 1 级）后面临三种不同选择。一是学生升入普通学术性学校，继续完成 10—12 年级的学习，对应国家资格框架中的 2—4 级。二是学生进入普通职业性学校进行学习。三是学生直接进行职业训练，在校外工作场所进行学习。三种选择的结果殊途同归，学生通过三种途径毕业，都可以取得国家资格框架 4 级资格。这样一来，国家资格框架就将学校教育和职业培训纳入同一学制体系，有效地整合了学校教育

---

[1] 曹梦婷，方华明. 南非国家资格框架下中高职课程衔接的研究 [J]. 职业教育研究，2016（11）：84-87.

[2] 朱守信. 南非职业教育体制的重建：改革与进展 [J]. 当代教育科学，2012（3）：46-48.

和职业培训两大领域。[1]

为了让国家资格认证框架更好地发挥作用，南非创立了学分累积制度，即学习者在远程教育、工作场所和非全日制学校中所受的教育及其学习成果都能得到承认，并以学分的形式在资格框架中对应一定的级别。通过实施国家资格框架，南非旧职业教育制度实现了向新国民职业教育体系的转型，学校教育和职业培训融为一体，成为新的职业教育。国家资格框架确立了一种由低到高的开放式学业晋升体制。学习者可以通过不断的学习从而获得更高一级的国家资格，确保了职业教育内部的上下流动和贯通。[2]南非政府将职业教育置于更广泛的教育母系统中，并且注重子系统间的交流互动，形成一套纵向贯通和横向融通的制度体系，有效避免了职业教育体制内部的自我僵化。

二、实施"结果本位"的课程改革

在进行职业教育体制改革的同时，南非政府也开始逐步实施新课程改革计划。1997年，南非出台了《2005年课程：21世纪的终身教育》，在借鉴欧美发达国家课程模式的基础上，引入了"结果本位"的课程理念。南非职业教育的新课程改革以"结果本位"为指导思想，通过技能测量的方式规定学生所需掌握的学习内容，明确了学生在接受完职业教育后应该且必须达到的知识水平和技能程度。所有的课程都用百分制的等级形式来表示学习结果，根据学习结果确定不同等级水平标准。新课程强调经验学习、参与学习与合作学习，培养一批具有批判精神、创新能力和有责任感的新

---

[1] 朱守信. 南非职业教育体制的重建：改革与进展 [J]. 当代教育科学，2012（3）：46-48.

[2] 朱守信. 南非职业教育体制的重建：改革与进展 [J]. 当代教育科学，2012（3）：46-48.

南非公民。[1]

整个职业教育的课程设置以学习者为中心，围绕学习者在学习过程结束时能取得何种职业技能展开，通过结果的设定来引导教育内容和教学过程。这标志着南非职业教育的课程范式开始从"内容本位"向"结果本位"转变。但也有学者直接指出，南非这种以学习结果为基础的资格推动的方式，把所有的努力都放在制定标准、界定学习结果上，而没有放在课程设计和改善教学方法上。一味地重视结果导向，反而会忽视课程实施过程，从而产生一些弊端。[2]

三、规范质量保障制度

南非通过学习英、法等国家的职业教育，建立起严密的质量保障体系。教育部、劳工部以及其他相关管理机构共同负责监督职业教育的教学质量，并进行成果评价，通过学校注册、教师资格准入和学生考评三重措施来保证职业教育的质量。南非政府对学校和教师实行严格的准入制度，对学生实施"宽进严出"的学业制度。所有职业教育机构必须经过注册进入国家资格认证框架才能获取办学许可，教学人员只有取得教育从业资格证书才能上岗，学习者的知识和技能也必须经过严格的考核才能够获得国家承认。[3]

南非不管是普通教育还是职业教育共用同一资格框架，学生在不同的教育体系中学分互认。这不但使得原先未受过正规教育和培训的人群也能够进入职业教育系统学习，扩大了职业教育的对象范围，而且还提高了

[1] CROSS M, MUNGADI R, ROUHANI S. From policy to practice: curriculum reform in South African education[J]. Comparative education, 2002 (2): 179.

[2] 曹梦婷，方华明. 南非国家资格框架下中高职课程衔接的研究 [J]. 职业教育研究，2016（11）：84-87.

[3] 朱守信. 南非职业教育体制的重建：改革与进展 [J]. 当代教育科学，2012（3）：46-48.

弱势群体的受教育质量。严格规范的质量保障体系使南非职业教育在改革过程中没有以牺牲教学质量为代价，确保了南非职业教育平稳快速地发展。[1]

四、实行学校职业教育与技能培训双轨制

南非职业教育最显著的特点是实行学校职业教育与技能培训双轨制。学校职业教育在顶层主要由大学来承担，大学层次以下的公立职业教育主要由遍布全国的 50 所（254 个校区）综合性的公立继续教育与培训学院承担。继续教育与培训学院开设的教育项目主要有两个系列：国家证书课程系列和国家职业教育证书课程系列。国家证书课程是学徒教育课程；国家职业教育证书课程在理论上既可以通向升学，也可以通向就业。除此之外，还有一小部分隶属于除教育部门以外的其他政府部门的公立技术学院也提供学校职业教育。[2]

在南非，私营教育与培训机构在大学及以上层次的职业教育中影响较小，因为私立高校不仅规模较小，质量欠佳，而且仅限于商业、教育和健康科学领域。但是，在大学层次以下的职业教育和技能培训领域，私立教育机构开始发挥日益重要的作用。这主要是因为公立继续教育与培训学院 2006 年才完成改组。1999 年，《技能发展征税法》规定强制性征收职业教育和培训基金，从 2000 年 4 月起开始征税，征税额为每个雇员薪金的 1%。据南非劳工部官员介绍，该基金由税收部门代收，征收额的 20% 用于全国，80% 拨给各行业的培训机构；其中 80% 中的 10% 作为各行业培训机构的行

---

[1] 朱守信. 南非职业教育体制的重建：改革与进展 [J]. 当代教育科学，2012（3）：46-48.

[2] 王琳璞，徐辉. 祖玛时期南非职业与技能教育改革——管理、结构及规模 [J]. 外国教育研究，2013，40（6）：98-104.

政管理费用，其他则拨给雇员单位用于职业技能培训。[1] 由于公立教育机构无法满足学生的需求，学生对私立教育机构的需求越来越大。2010 年的统计数据显示，私立高校录取了 8 万—12 万名学生。大量私立高校通过技能税的资金支持，开始提供继续教育与培训学院课程。[2] 虽然国家还是把改革和发展的重点放在公立教育与培训机构中，但是私立教育机构由于需求的扩大得到了发展，而且私立教育机构的出现缓解了教育资源不足的问题。

第三节 职业教育的挑战和对策

尽管自从新南非成立以来，南非的职业教育取得了比较大的发展，建立了统一协调的继续教育与培训体系，提高了课程的多样性和适应性，但建立健全的继续教育与培训体系显然还需要时间，南非职业教育依然面临着种种挑战，还有很长的路要走。

一、职业教育面临的挑战

（一）监管部门监管有限

南非继续教育与培训学院的院长是由省教育厅负责任命，省教育厅承认院长是学院的最高行政官员。南非虽然有比较严密的质量监督体系，省教育厅下设相关部门对学院进行监督，但是由于在微观层面，省教育厅

---

[1] 毛健. 发展职业技术教育 培养技能型人才——南非的经验和启示 [J]. 现代教育科学，2005（1）：36-38.

[2] 陈如愿，陈明昆. 南非 2030 国家发展规划中的职业教育发展愿景 [J]. 世界教育信息，2019，32（17）：59-62.

对学院的各种职权没有进行细致区分，导致相关监督部门对学院的监管有限。

南非的继续教育与培训学院在国家职业教育系统中发挥着至关重要的作用。学院承担着职业教育的教学任务，为南非的国家发展培养大批技术人才。同时，学院在发展过程中随着自主权的不断扩大，难免出现短期逐利的现象。例如，有些学院开设大量的短期职业培训班，为了迎合短期利益而做出忽视学院长远发展的事情。总而言之，虽然南非目前的职业教育管理体系在宏观层面上比较完备，但具体到学院一级，学院内部和教育部门之间的协调依旧有许多问题，职责划分不够明晰，资源利用率比较低。

（二）财政经费不足

南非职业教育在由基础教育部和高等教育和培训部分管之前，继续教育与培训学院的资金拨款是由省教育厅负责，后来继续教育与培训学院的资金拨款转为由高等教育和培训部负责。这样的转变需要经历一定的磨合期。

高等教育和培训部给继续教育与培训学院的拨款受到严格的资金监管。资金拨款一般是后置配模式，即国家对继续教育与培训学院的资金拨款基于前一年的招生状况。如果来年的招生人数突然大增，继续教育与培训学院的运营就会存在资金短缺问题，从而会对学院的可持续及高质量发展造成消极影响。

职业教育的一个显著特点就是理论和实践的结合。职业技术学院需要大量资金来购入职业技能学习所需要的设备。由于职业教育对财政拨款的依赖过大，加上南非特定的经济状况，所以经常导致国家无法拨付足够的财政资金来促进职业教育的完善和发展。

（三）职权划分不够明晰

1995 年，南非推行国家资格框架体系，把资格框架作为解决教育不公的重要举措之一。资格框架旨在对教学计划和课程进行全方位的规范。尽管其初衷是美好的，但在推行之初难免会有许多问题，受到了广泛批评。国家资格框架的推行牵涉的部门和机构众多，在教育与培训的融通之间势必会出现机构职权划分不明晰、界限不清楚等问题。2001 年，南非教育部和劳工部决定委托一个国家研究小组调查国家资格框架的实施情况。2002年 4 月，研究小组的调查报告显示，普通教育与职业培训教育之间的纽带建设并不理想，南非相关的机构部门，甚至包括南非资格认证局在内，对于继续教育与培训存在着很多分歧。[1]

（四）课程实施协调性不够

高等教育和培训部希望公立继续教育与培训学院成为主要面向青少年（16—24 岁）提供职业教育与职业资格的机构。继续教育与培训学院主要提供两种类型的资格证书：国家职业证书和国家证书。2007 年，劳工部试图实行工作学习教育项目，来代替包含国家证书课程的学徒制，而后教育部实行了作为普通职业资格的国家职业证书。国家职业证书主要是指不仅注重职业技能的传授，同时还注重理论知识的教学；而国家证书则更加偏向于职业技能方面。事实证明，同时注重理论知识传授和职业技能传授的国家职业证书资格教育效果不佳。2009 年通过资格认证的学生只比 2007 年增长了 4%，且每年辍学率介于 13% 和 25% 之间；国家证书的净发证率多年来也一直欠佳，维持在 12% 左右。[2]

---

[1] 王琳璞，毛锡龙，张屹. 南非教育战略研究 [M]. 杭州：浙江教育出版社，2014：143.

[2] 资料来源于南非高等教育和培训部官网。

国家职业证书主要是为 9 年级毕业生获得中等职业培训提供一种选择路径。然而，和国家证书课程一样，国家职业证书课程吸引了大量已上完 12 年级的离校生。据统计，2009 年，继续教育与培训学院超过 50% 的学生入学前已 12 年级毕业。因此，国家职业证书被赋予了双重角色。第一，作为与国家高级证书资格平行的职业导向资格，国家职业证书主要接收 9 年级的辍学生。第二，作为一个大专资格，国家职业证书主要接收 12 年级毕业生。[1]

继续教育与培训学院在同一阶段教授 9 年级和 12 年级这两类截然不同的毕业生时，难免会面临各种各样的问题。首先就是课程实施问题，两类学生基础不同，诉求不同。要协调好这两类学生的教学和发展，给课程的设计增加了许多难度，对师资和设备也提出了更高的要求。

国家证书课程系列的毕业生，只有在大学和所在继续教育与培训学院达成协议的情况下，才会被大学认可；否则，即使毕业生成绩优异，也不会得到大学认可。如果国家职业证书不被其他资格认可，学生就无法获取进一步的资格。因此，这一行为会把继续教育与培训学院的发展逼入死胡同。有些继续教育与培训学院为了配合教育局等教育部门或谋求外部收益，会提供其他资格、其他技能课程和短期课程。如果雇主希望学院提供的短期课程与学院的基础设施、设备和资源相符并愿意给予资助，且学院自身能力也能达到的话，应该鼓励提供此类课程。继续教育与培训学院主要是为国家培养迫切需要的技能人才，如果将其重心集中到技能和短期这类不系统的课程上，占用学院过多的职业教育资源，那么这样的做法就是本末倒置，违反了学院建立的初衷。[2]

尽管在国家资格框架体系下，接受中等职业教育的学生可以有不同的选择，既可以进入社会工作，又可以进入相应的大学接受高等教育，但南

---

[1] KRAAK A. An overview of South African human resources development[M]. Pretoria: Human Scientific Research Council Press, 2004: 23.

[2] 资料来源于南非高等教育和培训部官网。

非的课程衔接机制并不成熟。虽然南非目前基于"结果本位"的课程改革已经从普通教育阶段延伸到继续教育阶段，但衔接普通教育和继续教育课程的工作仍处于起步阶段，而且与大刀阔斧的继续教育课程改革相比，高等教育机构的专业设置和课程开发没有做出相应的调整，中高职的课程衔接出现了重复或断层的情况。从实践需求上讲，高等教育机构日益对继续教育学院的毕业生提出须具备一定的普通知识的要求，但在相关课程的安排上却无法协调。20 世纪末期，由于南非政府过于强调"培训"而非"教育"，培训缺乏课外的教学内容，学生学习的是已设计好的教学材料，导致确定和标准化的学习结果，所以培训内容与市场需求相脱节，国家资格框架和国家技能发展战略进展并不尽如人意。[1]

（五）职业教育规模较小

2012 年，南非高等教育和培训部发布《学后教育与培训绿皮书》，提出构建南非学后教育体系的愿景。学后教育指的是义务教育阶段之后的高等教育、继续教育与培训。学后教育涵盖多类教育机构，设有不同的教育目标，以满足不同群体的学习需求，是一个扩展的、连贯的、完整的教育体系。职业技术教育作为学后教育体系内至关重要的一个组成部分，能为学生提供进入就业市场所需的中等和高等技能，增强学生在劳动力市场的流动性。[2]

南非职业教育规模较小。在南非，每年大学录取的学生人数约为继续教育与培训学院的 3 倍。2010 年，南非大学录取了近 95 万名学生，而继续

---

[1] 曹梦婷，方华明. 南非国家资格框架下中高职课程衔接的研究 [J]. 职业教育研究，2016（11）：84-87.

[2] 陈如愿，陈明昆. 南非 2030 国家发展规划中的职业教育发展愿景 [J]. 世界教育信息，2019，32（17）：59-62.

教育与培训学院仅录取了 30 万名学生。[1] 根据南非统计局 2018 年的一般家庭调查数据，2018 年南非约有 1 420 万名学生在学校学习。其中，87.7% 的 5 岁及以上的人在教育机构上学，其中有 4.5% 的人就读于高等院校。相比之下，只有 2.3% 的人就读于职业教育学院 [2]。

2010 年，南非 15—24 岁年龄段的失业率高达 51.3%，25—34 岁年龄段的失业率则为 29.1%。为了满足产业发展的需要，2010 年南非的"新增长道路"经济政策要求从 2013 年起每年提供 120 万个经认证的在岗技能培训机会。为了降低年轻人的失业率，促进减贫和社会稳定，南非需要将大量已经离校或未能完成普通学校教育的待业青年纳入继续教育与培训体系中来。[3]

二、职业教育的应对策略

职业教育是国民教育体系的重要组成部分。要推进产业结构优化升级，转变经济增长方式，提高自主创新能力，提高现代化水平，这些都对南非的人力资源结构和素质提出了更高的要求。一个国家合理的人力资源结构能更及时地为国家的经济发展提供所需人才，有利于促进国家经济的长远发展。对于南非这样一个发展中国家来说，目前需要大量的技术技能人才。职业教育将继续为改善南非的人力资源结构做出贡献。

如前所述，南非的职业教育目前依旧存在着许多问题，如中等职业教育和高等职业教育的课程衔接问题，学生毕业后的就业问题，职业学校的规模等。为了促进职业教育的进一步发展，南非未来需要对职业教育投入

---

[1] 陈如愿、陈明昆. 南非 2030 国家发展规划中的职业教育发展愿景 [J]. 世界教育信息，2019，32（17）：59-62.

[2] 资料来源于南非政府官网。

[3] 王琳璞、徐辉. 祖玛时期南非职业与技能教育改革——管理、结构及规模 [J]. 外国教育研究，2013，40（6）：98-104.

更大的财政支持，通过加强与其他国家的职业教育体系的合作，完善职业教育课程框架，提高职业教育的教学质量等一系列政策措施为南非的经济发展助力。

南非的国家资格框架虽然比较完整，但各个子框架之间依然有一些重叠和分歧，未来南非需要在实践中不断改进并完善国家资格框架，划分清楚各个子框架的管辖范围。

为了更好地实现南非职业教育从上至下的管理与协调，未来南非需要在学院一级和承担教学任务的职业教育机构一级制定更为详细的职责权限，推行更加严格的质量监督机制，针对学院开设各种短期课程等追求短期利益的行为进行监督，使学院总体上与国家资格框架保持一致，从而促进职业教育的协调和可持续发展。

针对经费不足问题，职业教育学院可以通过拓展资金来源、合理利用资金等措施来满足自身的发展。例如，职业教育学院通过加强与企业的联系和合作，不仅可以更好地了解企业的需求，从而为企业提供所需的技术人才，还有助于提高职业教育学院的培训质量，使毕业生更容易找到工作；企业可以为职业教育学院提供一定的经济资助，并在课程建设和学生的实习机会方面发挥作用，实现共赢。职业教育学院还应密切关注国家需求，使其有限的资金首先用于培养国家紧缺的技能人才，这样才能更好地发挥职业教育的作用。

第八章 成人教育

成人教育是指为成人提供的各级各类教育，是有别于普通全日制教学形式的教育形式。在南非，成人教育不限年龄和性别，主要由各类成人教育学校实施。

第一节 成人教育的发展现状

一、机构设置

南非成人教育的政策制定参与部门广泛，主要参与部门如下。（1）南非教育政策发展中心。该发展中心成立于1993年，在宏观层面的成人学习政策方面发挥导向作用。（2）省级教育部门。根据南非三级政府（国家、省和地方）"合作治理"的原则，省级政府在成人学习政策制定过程中享有部分自主权。（3）教育部长理事会。该理事会由基础教育部部长、高等教育和培训部部长和行政委员会的9位省级成员组成，他们共同协商教育问题并采取一致行动。（4）普通和继续教育与培训质量保障委员会。该委员会负责普通及继续教育与培训相关政策的制定。[1] 2009 年，南非的教育管理体系发生变革，教育管理部门分为基础教育部和高等教育和培训部。基础教育部负责 R 年级至 12 年级的学校学习和成人扫盲项目；高等教育和培训部负责高校教育、继续教育与培训学院、成人教育中心、职业与技能教育等。自此，南非成人教育相关政策的制定转为由高等教育和培训部负责。南非的成人教育主要分成两大部分：一部分是由基础教育部负责的成人扫盲教育；另一部分是由高等教育与培训部管理的成人教育中心。

二、成人扫盲运动

文盲问题是各个国家教育事业中不可忽视的重要问题。南非的成人文盲率较高，严重地影响了新南非的自由民主进程。较高的文盲率不仅扰乱了国家的民主安定，影响了国家经济的快速全面发展，还减缓了社会的和谐发展步伐。为此，负责南非成人教育中心的高等教育和培训部始终围绕教育公平促进人的发展的理念，推动成人学习理论与实践的发展，为那些失业或辍学的成年人提供一个学习的平台。[2]

为了改变因种族隔离政策造成的黑人群体被排斥在社会主流生活之外的状况，南非新民主政府推行了一系列针对成人文盲的教育项目。例如，推行旨在增加教育机会、提供终身学习、减少文盲数量的成人基础教育与培训项目。

成人基础教育与培训项目的服务群体主要包括妇女（尤其农村及偏远地区）、校外青年、失业者、监狱服刑人员、残疾人等处境不利和被社会边缘化的弱势群体。基础教育是所有公民的基础权利和理应享受的合法权益。

---

[1] 欧阳忠明，韩晶晶. 教育公平视域下南非成人学习政策探究 [J]. 职业技术教育，2015，36（13）：74-79.

[2] 黄佳静. 21 世纪以来南非成人扫盲运动实践及未来趋势研究 [D]. 金华：浙江师范大学，2017：24-29.

成人基础教育与培训项目的实施需要大量的财政资金支持，在政策推行之初，南非国内其他领域的改革也在进行，因此资金十分短缺。从 20 世纪 90 年代中期至今，成人基础教育与培训项目仅分配到国家教育预算经费的 0.83%。[1]南非政府意识到，仅依靠成人基础教育与培训这个项目来大幅减少文盲数量是不切实际的。于是，南非政府在全国相继开展了两个成人扫盲运动，即2002 年的南非国家扫盲行动和 2008 年的"让我们学习"大规模扫盲运动。[2]

（一）南非国家扫盲行动

南非国家扫盲行动是南非教育部在 2002 年开展的一个较大规模的扫盲运动。2002 年 2 月，南非大学的成人基础教育与培训部和南非国家扫盲行动部两个部门共同合作，开始开展该运动及其相关的扫盲工作。南非开展的所有扫盲运动，其基本目标都如出一辙，即首先是直接减少社会文盲数量，其次是提高公民对社会政治和经济生活的参与度。[3]

2002—2003 年，南非国家扫盲行动招收了 343 000 名学员，每名学员的开销是 350 兰特。南非国家扫盲行动除了教授一些基本的读、写、计算能力外，还教授一些其他的生活技能。[4]

（二）"让我们学习"大规模扫盲运动

2008 年 2 月，南非基础教育部以联合国提出的"终身学习"目标为初衷，创办了"让我们学习"大规模扫盲运动，为那些被边缘化的人们提供第二次扫

---

[1] 黄佳静. 21 世纪以来南非成人扫盲运动实践及未来趋势研究 [D]. 金华：浙江师范大学，2017：23-50.

[2] 黄佳静. 21 世纪以来南非成人扫盲运动实践及未来趋势研究 [D]. 金华：浙江师范大学，2017：23-50.

[3] MCKAY V. Reconfiguring the post-schooling sector: a critical review of adult basic education and training (ABET) provision in South Africa[R]. South Africa: Labour Market Intelligence Partnership, 2012.

[4] 黄佳静. 21 世纪以来南非成人扫盲运动实践及未来趋势研究 [D]. 金华：浙江师范大学，2017：23-50.

盲机会。自 2008 年起，南非"让我们学习"大规模扫盲运动参与的人数逐年增加，参与群体覆盖面广泛，涉及全国所有 15 岁以上的成人文盲，尤其注重对妇女、老人、残障人士等弱势群体的关注。"让我们学习"大规模扫盲运动通过减少文盲数量，让更多的公民能够自给自足，积极参与社会生活，从而促进南非社会稳定发展。项目取得了卓越的成果：2008—2015 年，参与项目的 4 207 946 名成人学习者中，有九成以上完成了课程并获得证书，[1] 历年参加人数见图 8.1。在该项扫盲运动的开展过程中，南非政府起了主导作用。在经费投入方面，南非财政部对该运动的投资预算为 60 亿兰特（相当于 7.8 亿美元）[2]。

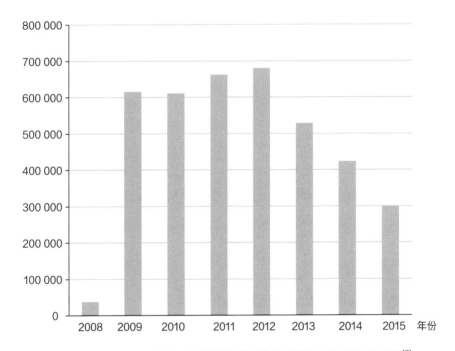

图8.1 2008—2015年南非"让我们学习"大规模扫盲运动参与人数[3]

[1] 黄佳静. 21 世纪以来南非成人扫盲运动实践及未来趋势研究 [D]. 金华：浙江师范大学，2017：23-50.

[2] 黄佳静. 21 世纪以来南非成人扫盲运动实践及未来趋势研究 [D]. 金华：浙江师范大学，2017：23-50.

[3] 数据来源于南非教育部官网。

　　南非通过一系列的成人扫盲运动，在降低文盲数量上取得巨大进步。如图 8.2 所示，2002—2018 年，南非 20 岁以上（含 20 岁）未受过正规教育或最高教育水平低于 7 年级的个人（功能性文盲）有了大幅下降。2002 年，20—39 岁的男性功能性文盲为 17.1%，但到 2018 年，该年龄段的男性功能性文盲下降至 5.3%。而且从 2002 年到 2018 年，60 岁以上（含 60 岁）年龄段的功能性文盲的占比也从 57.8% 下降到 40.1%。这与南非扫盲运动重视老年人等弱势群体有很大的关系。2002 年，除了 20—39 岁年龄段外，女性其他年龄段的文盲率均高于男性，但是到了 2018 年，各年龄阶段的文盲率性别差异都缩小了。这说明南非在扫盲运动中没有忽视对女性的教育。总体而言，南非通过一系列政策措施，从 2002 年到 2018 年，各个年龄阶段的功能性文盲率都在不同程度上有所下降，南非的成人扫盲运动取得了阶段性进展。

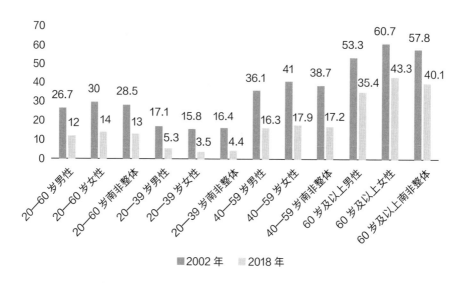

图8.2　2002年和2018年南非各年龄段功能性文盲人数占比（单位：%）[1]

_____

[1] 数据来源于南非统计局官网。

读写能力通常被描述为读和写的能力。联合国教科文组织认为，读写能力是识别、理解、解释、创造、交流、计算和使用与不同语境相关的印刷和书面材料的能力。南非统计局将读写能力定义为至少拥有一种语言的读写能力。[1] 识字率是一个关键的社会发展指标。识字的一个简单定义是至少有用一种语言进行读写的能力。南非成人扫盲运动的最低目标就是使成人至少有用一种语言进行读写的能力。图 8.3 所示，南非 20 岁及以上识字者的占比从 2010 年的 91.9% 增加到 2018 年的 94.5%。2018 年，在南非各省中，识字率最高的是西开普省（98.2%）和豪登省（97.7%），而识字率最低的是北开普省（90.0%）和林波波省（90.3%）。

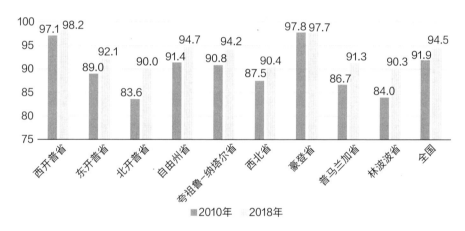

图 8.3 2010 年和 2018 年南非各省和全国 20 岁及以上成人识字率
（单位：%）[2]

2018 年，南非统计局调查了农村和城市 20 岁及以上成人识字率，具体见图 8.4。调查结果显示，大都市 20 岁及以上的成人识字率为 98.2%；普通市镇为 97.2%；农村地区则为 88.5%。由此可以看出，南非成人识字率随着经济发展水平由大都市到农村递减。

---

[1] 资料来源于南非统计局官网。

[2] 资料来源于南非统计局官网。

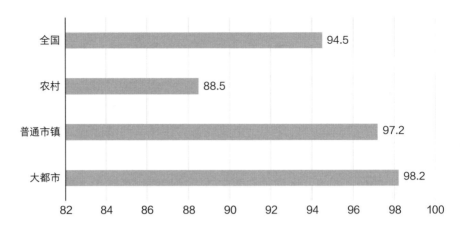

图8.4 2018年南非全国、农村、普通市镇和大都市20岁及以上成人识字率
（单位：%）[1]

三、成人教育项目与规划

自从新南非为了改变社会遗留的教育不公等问题，出台了支持成人教育的政策以来，南非成人文盲数量已经大幅减少。截至2007年，南非有接近27万学习者在2 339所成人学习中心进行学习；一些省份还在成人学习中心体系之外设置相关机构，为那些完全不识字的成人提供学习机会；行业教育与培训委员会、非政府组织、社区组织和私人成人基础教育与培训的提供者也为成人提供多种学习机会。[2]

（一）贫困成人教育项目

2010年，南非政府颁布了《成人教育和培训法》，希望通过教育和培训

[1] 数据来源于南非统计局官网。

[2] 欧阳忠明，韩晶晶. 教育公平视域下南非成人学习政策探究 [J]. 职业技术教育，2015，36（13）：74-79.

来减少社会失业和贫困的现象。为了落实《成人教育和培训法》提出的目标，南非高等教育和培训部举办了贫困成人教育项目。该项目主要为贫困成年人提供免费的职业教育。

南非针对贫困成年人的教育项目分为正式教育与培训项目和非正式教育与培训项目，两种项目各有所长，互为补充。[1] 正式教育与培训项目的主要内容是将贫困成年人安排在高校或职业院校的成人继续教育学院，对他们进行免费的职业教育和培训。正式教育与培训项目提供成人 1—4 级教育培训服务，并与国家职业资格体系相关联。其中，第 1—3 级课程大约等同于普通高中的通识课程，也被称为"成人中等教育"，第 4 级课程属于高等教育范畴，提供专科职业教育。具备高中学历的成年人如果参加此项目，则可以根据持有的高中毕业证书免修第 1—3 级课程，直接参加第 4 级课程的学习。未取得高中学历的成年人则需从第 1 级课程开始学习。水平较高、掌握课程较好的学生可以跳级学习。在第 4 级课程结束后，通过统一考核的参训学员可获得相当于专科的学历教育证书和对应专业的职业资格证书。[2] 学生通过这种体系完整的成人教育培训，不仅可以提高其学历，更重要的是还可以锻炼实践操作能力。这些成年人经过培训后，不仅掌握了一些技术，改善了自己的生活，还促进了社会的稳定和发展。

南非的非正式教育与培训项目更加立足于当地实际情况。项目的组织者通过与当地企业合作，能够迅速将知识传授与岗位需求进行结合，实现人才的"订单式"培养。参与培训的学员能够迅速掌握相关企业所需技能，从而完成就业。但同时，正是由于这种模式是直接根据企业需求进行培训的，学员接受的培训只能从事某些特定岗位，所以灵活性不够。而正式教育与培训项目由于拥有比较完善的教育分级体系，所以能够比较系统地传授知识技能，但也正是因为有比较完善的培训体系，所以比非正式教育与

[1] 赖翔晖. 南非贫困成人教育项目的实践经验与启示 [J]. 成人教育，2018，38（4）：90-93.

[2] 赖翔晖. 南非贫困成人教育项目的实践经验与启示 [J]. 成人教育，2018，38（4）：90-93.

培训项目需要更多的资金，花费的时间也会更长。

（二）《国家技术发展战略三期规划》

2012 年，为了继续促进成人教育的发展，南非高等教育和培训部颁布《国家技术发展战略三期规划》，确定成人学习政策的目标。目标主要包括：关注成人技能发展、加强继续教育与培训、促进工作场所学习的开展、支持部门教育与培训局各项工作的开展等，具体见表 8.1。[1]

表 8.1《国家技术发展战略三期规划》成人学习政策的具体目标与主要内容 [2]

具体目标	主要内容
1. 制定可靠的技能发展规划制度	主要针对社会需要和经济状况，确定人才供应与需求水平，以科学发展模式进行人力资源开发。
2. 增加关于职业技能的培养项目	努力实施每年在关键行业培养出 1 万名优秀技工的项目，并在政府、企业、工人和社会之间建立良好的合作伙伴关系，推动工人职业技能的提升。
3. 加大继续教育与培训学院的发展	为满足部门、地方、区域和国家对技术人员的需求，积极利用继续教育与培训学院进行资源整合和人才培养。
4. 增强学习者的综合素质与能力	为解决成人的识字等基础学习能力，在依托继续教育与培训学院、工作场所等强化成人学习者自身素质的同时，针对学历认证和就业等问题建立人才输出机制。
5. 积极鼓励并发展工作场所的学习活动	通过提高雇佣条件、提供资金支持、实施奖励制度等鼓励员工进行工作场所的学习。

---

[1] 赖翔晖. 南非贫困成人教育项目的实践经验与启示 [J]. 成人教育，2018，38（4）：90-93.

[2] 资料来源于南非高等教育和培训部官网。

具体目标	主要内容
6. 支持企业、团体、工人组织、非政府组织、社区等开展学习与培训	拓宽成人学习领域，将成人学习活动渗透到工作与生活的方方面面，积极发展学习型组织与团队。
7. 提高公共部门管理能力，增强服务质量与支持力度	充分发挥政府各个职能部门的作用，明确责任分工，对部门教育与培训局培训项目的设计、评估等进行指导。
8. 进行职业生涯与职业指导	建立全国性的职业发展网络化服务系统，通过项目学习、职业发展路径等对学习者未来的发展给予帮助。

　　南非基础教育部负责的成人扫盲项目已经取得了阶段性进展。未来，南非主要筹划建立以社区教育与培训中心为主体的新的成人教育体系，用以取代以成人学习中心为主体、以扫盲和复读为特点的旧成人教育体系，将成人教育的职能从提供扫盲和学历补偿教育延伸至职业与技能教育，为成年人和辍学的年轻人提供适合他们且有别于普通学历教育和普通职业教育的第二次发展机会。多样化的教育机构为南非的成人学习提供了便利，多样化的教育形式为成人学习提供了更多选择机会，南非的成年人可以选择适合自己的教育项目来发展自己的能力。

第二节　成人教育的特点

　　南非政府在成人扫盲运动的组织管理方面起了主导作用。在成人教育与培训的质量评估方面，南非政府通过对其他国家的质量评估体系进行实地调研和分析，借鉴他国经验来制定适合南非实际情况的质量评估体系，从而确保成人学员的学习质量和成人扫盲运动的有效性。

一、注重质量评估

南非在开展成人教育的过程中注重对项目实施情况的质量评估，从而更好地降低文盲数量并提高成人的劳动技能，更好地促进社会公平和人人参与社会生活的权利。在这一过程中，南非积累了很多评估经验。比如，对"让我们学习"大规模扫盲运动的质量进行评估的不仅有国内的监管机构，同时还有国外的相关机构。这种国内外监督机构的合作，不仅能共同保障成人教育的效果，还能促进成人教育与培训的科学发展。

南非国内扫盲评估质量的监督审核工作是由南非资格局负责的。南非资格局的主要任务是通过分析、调查、宣传和国际联合等手段，来监督国家资格框架的制定及实施。国际监督机构主要是指联合国教科文组织等一些外部评价机构。例如，联合国儿童基金委参与"让我们学习"扫盲运动的外部评估，评估该运动对社区教育和儿童的影响。[1] 同时，南非的国家资格框架涵盖了各个类型的教育体系，国家资格框架本身就对成人教育的成果和实施情况进行着外部的宏观调控。[2]

二、关注弱势群体

新南非建立以前，南非教育支离破碎，除了白人以外，其他各种族基本在教育、经济等各方面都处于弱势地位，更不用说那些处于边缘化、极少获得关注的弱势群体。这些弱势群体不仅缺少受教育的机会，而且有时连基本的生活都没法得到保障。他们渴望接受教育来改变自身的命运。但是，像许多国家一样，南非的教育也是不足的，甚至缺乏的，使得这些弱

[1] 黄佳静. 21世纪以来南非成人扫盲运动实践及未来趋势研究 [D]. 金华：浙江师范大学，2017：14-56.

[2] 欧阳忠明，韩晶晶. 教育公平视域下南非成人学习政策探究 [J]. 职业技术教育，2015，36（13）：74-79.

势群体无法享受到应有的权利。正是针对这一社会现状，新南非出台了一系列针对弱势成人群体的教育和技能培训措施。

男女性别方面的差异对待历来存在于南非的政治、经济等各个方面，在受教育方面尤为明显。对于女性而言，由于性别限制，她们大部分人在年轻时就被剥夺了受教育的权利，加上由于家庭因素，如贫困、丈夫的反对等，也让妇女的文盲人数大大增加。[1] 南非成人扫盲运动使大多数妇女积极参与进来。除了关注妇女这个弱势群体外，南非政府还关注残疾人的教育问题。在"让我们学习"扫盲运动中，每年都有盲人和聋哑人学员。例如，2009 年，共有 444 位盲人学员和 671 位聋哑人学员；2010 年，盲人和聋哑人学员人数分别是 500 人和 800 人；2011 年，盲人和聋哑人学员人数分别是 952 人和 980 人。[2] "让我们学习"扫盲运动满足了残疾人对教育权利的渴望，不仅确保他们能够获得基本的识字、算术技能，还使他们感受到社会对他们的尊重和关爱。这些促进教育公平的举措在一定程度上扭转了南非以前的教育不公现象，也为国家的民主和和谐发展奠定了基础。

第三节 成人教育的挑战和对策

成人教育的持续发展，有利于学习型社会的构建，同时也有利于促使成人教育各个层面之间的差距得到明显的缩小，最终使成人教育真正成为一种有效的终身学习形式。进入 21 世纪以来，各国的成人教育事业都得到突飞猛进的发展，南非顺应良好的社会外部环境，明确目标，通过积极改

[1] 黄佳静. 21 世纪以来南非成人扫盲运动实践及未来趋势研究 [D]. 金华：浙江师范大学，2017：14-56.
[2] 黄佳静. 21 世纪以来南非成人扫盲运动实践及未来趋势研究 [D]. 金华：浙江师范大学，2017：14-56.

革促使自身办学水平得到大幅度的提高。[1] 虽然如此，但是我们也要看到，南非在成人教育方面依旧面临着许多挑战。

一、成人教育面临的挑战

（一）经费来源单一

1996 年，南非《宪法》规定："国家必须坚持公平分配的原则，公平分配教育资金，确保学习者的受教育权，改变过去不公平的教育资金分配。"[2] 目前，南非正在积极筹建新的教育拨款机制——"合约制"，即政府与成人学习院校合作，按照事先约定的需求进行人才培养，并由政府提供培养资金。

南非专门设立财政性教育经费来支持成人学习活动。2011 年，南非颁布的《国家学校拨款制度和标准（修订）》从制度层面明确了国家对成人学习的责任。[3] 由于"合约制"并不是面向所有成年人的学习提供资金支持，所以成人教育如果只依靠政府的财政支持是远远不够的。南非政府应该多和一些相关企业、机构建立合作关系，建立一套多主体参与的资金支持体系。企业的资金支持能在很大程度上解决政府财政投入不足的问题。为刺激企业的积极性，南非政府在征收的企业技能税分配中压缩固定经费的比例，增加不固定经费的比例，为"专业、职业、技术和学术教育项目拨款"

---

[1] 卜景伟. 对我国成人教育发展的相关问题探讨 [J]. 黑龙江教师发展学院学报，2020，39（7）：17-19.

[2] 资料来源于经合组织书屋官网。

[3] 王琳璞，徐辉. 祖玛时期南非职业与技能教育改革——管理、结构及规模 [J]. 外国教育研究，2013（6）：98-104.

提供充足的经费保障，以便资助愿意承担此类项目实践环节的雇主[1]。同时，南非的社区组织、私立成人基础教育与培训提供商、公共成人学习中心等机构也通过筹集资金的方式来促进成人学习活动的展开。[2]

南非各省之间经济发展状况悬殊较大，因此国家建立了一个地区政府间的教育融资协调系统，从而相对公平地在9个省份分配国家财政份额，以确保教育资源的合理分配。但各级各类教育机构最主要的资金来源依旧是财政拨款，南非积极建立的教育拨款机制"合约制"只为培养特定领域的人才提供支持，对招收的非合约学习者，政府将不提供资助。虽然南非政府鼓励企业与成人教育机构开展合作，但企业对成人教育机构的支持从短期来看是会缩减企业盈利的，所以在实践过程中，成人教育从企业中获取的资金支持有限。

（二）"以结果为本位"的质量框架存在的弊端

南非"以结果为本位"的质量框架存在一定的弊端。质量框架的每一级都对学习者有明确的结果要求，但结果的测量主要通过实证、测验、成绩、考试等标准化的方式来测评。这些测评方式只能代表成人学习内容的"冰山一角"，而成人的学习能力、认知能力、技能熟练度、交流沟通能力等都被评价所忽略。

（三）学习方式的变革

为了推进成人教育的发展，南非政府针对已工作的成年人积极推进职

---

[1] 王琳璞，徐辉. 祖玛时期南非职业与技能教育改革——管理、结构及规模 [J]. 外国教育研究，2013（6）：98-104.

[2] 欧阳忠明，韩晶晶. 教育公平视域下南非成人学习政策探究 [J]. 职业技术教育，2015，36（13）：74-79.

业导向的职业教育与培训。但是，由于他们不仅要学习，同时还要工作，所以时间和地点的限制对于这些成年人的学习和教育提出了一些挑战。现在，随着经济的发展、社会的变革，教育方式也发生了很大的改变，人们学习的空间与方式得到进一步拓展，以往单一的线下学习方式已经无法满足教育的新形势和新要求。随着非正式学习的方式越来越便捷，这种方式日渐成为成人学习的主要方式。通过这种方式，学习不再拘泥于固定的空间场所，学习的成本也有所降低。同时，非正式学习方式提供了灵活机动的学习时间、丰富的内容选择。例如，通过采用线上的学习方式，那些因为距离、费用、时间等条件限制而失去学习机会的人有了更多的发展机会。为了逐步构建终身学习型社会，南非需要及时更新学习内容，不断拓展教育的方式，使教育资源得到最大程度的利用。

二、成人教育的应对策略

为了促进成人教育的转型和发展，南非政府首先需要做的就是加大对成人教育的资金支持。未来，南非成人教育除了主要依赖财政拨款外，还可以通过改进教学方式等举措来实现有限资源的合理利用。例如，通过远程教育的推广来促进教育资源的最大化利用。此外，政府还可以通过制定一些奖励措施、政策法规等来鼓励企业、公益组织等机构加大对成人教育的支持。

未来，南非的成人学习质量保障体系建设将主要从以下三个方面进行改革。

一是评估主体多元化。除了实现国家资格框规定的目标外，还应鼓励更多的社会监督机构参与评估，形成一个更加多元化的评价体系，以促进评价的科学性与全面性。

二是过程与结果评价相结合。结果当然是一种最直接的评价方式，但要解决根本性的问题，还是要在具体的过程中去摸索。因此，将过程与结果相结合进行评价更为合理。

三是增加自我效能评估。公平的认同度最终取决于个人的自我感受。成人学习者的自我感受与评价能更深层次地发现存在的问题，南非的成人教育需加强自我效能评估。

随着非正式学习的方式越来越便捷，非正式学习这种方式日益成为成人学习的主要方式。通过这种方式，学习不再拘泥于固定的空间场所，学习的成本也有所降低。同时，非正式学习方式提供了灵活机动的学习时间、丰富的内容选择。例如，通过采用线上学习的方式，那些因为距离、费用、时间等条件限制而失去学习机会的人有了更多的发展机会。为了逐步构建终身学习型社会，南非需要及时更新学习内容，不断拓展成人教育的方式，使教育资源得到最大程度的利用。

第九章 教师教育

南非的教师教育历史悠久。南非新民主政府成立后致力于废除种族不平等，其中带有浓厚种族隔离烙印的教师教育成为重点改革对象之一。南非新政府提出集中、平等和创新的教师教育理念，并对教师教育进行了全面改革。

第一节 教师教育的发展和现状

一、教师教育的发展历史

（一）殖民地时期（1806—1948 年）

南非初级高等教育体系开始于殖民者到来后。17 世纪后期，荷兰教会在开普殖民地建立了最早的学校，主要教授内容包括《圣经》、基本文学和数学。1799 年，伦敦教会开始到开普殖民地活动，并建立英国教会学校。1838 年，教会组织在开普殖民地建立了南非最早的教师培训机构，旨在培训非白人教师传播基督教。1841 年，教会组织创办了第一所训练黑人师资的教师教育学校。[1] 1883 年，德瓦士兰地区建立了第一所白人师资培训机构。[2]

1909 年，英国国会通过了《1909 年南非法》。1910 年，南非联邦成立，根据《1909 年南非法》，教师教育的主要目的是培养小学教师，并且规定高等教育由联邦政府教育部门管理，其他层级教育的相关法律法规由各省自行制定。因此，初等教育的师资由各省管理的独立教育学院负责，中高等教育的师资由联邦政府教育部管理的大学负责。

（二）种族隔离时期（1948—1994 年）

1948 年，南非国民党上台后实行严格的种族隔离制度。政府将南非人分成白人、有色人、亚裔（或印度人）和黑人四个种族，并规定设立针对不同种族的师资培养机构。1953 年颁布的《班图教育法》和 1959 年颁布的《南非扩展教育法》将种族隔离式教育制度化，规定不同种族的师资教育由不同的教育部门负责管理，并且明确限制黑人、有色人和亚裔进入白人大学，政府还专门建立面向非白人的高等教育机构。[3] 在种族隔离时期，根据《班图教育法》，南非在联邦政府内设立班图教育部专门管理黑人教育。黑人院校由班图教育经费支持，其他非白人院校由统一财政拨款。一些大学可以创建教育系开展教师教育活动。[4] 根据 1984 年的新宪法，南非政府成立 11 个教育部门 [5]，负责不同种族的教育。其中，全国教育部负责协调全国各族的教育，教育与培训部负责不同地区的黑人教育事务。4 个被南非当局宣布独立的黑人家园和 6 个尚未独立的黑人家园也各自有一个教

---

[1] 何茜，田腾飞. 南非教师教育的变革历程与发展经验 [J]. 比较教育研究，2012，34（11）：6.

[2] 徐今雅，甘杰. 南非教师教育机构改革：动因、路径及成效 [J]. 比较教育研究，2013，35（11）：38.

[3] 资料来源于南非华人头条网站。

[4] 何茜，田腾飞. 南非教师教育的变革历程与发展经验 [J]. 比较教育研究，2012，34（11）：7.

[5] 不同种族的教育分属不同的教育部，并且这些教育部的名称各不相同。

育部，开展各自的黑人教师教育。[1] 白人、有色人和亚裔的教师教育分别由各自族群领导的"教育与文化部"主管。[2] 自 20 世纪 50 年代起，南非的黑人独立教育学院迅猛发展，1981 年达到 37 所，到 1994 年更是达到 100 多所。[3]

1994 年，南非有 19 个教育部门主管教师教育，中学教师主要由大学和技术学院负责并在中央政府管辖之下，小学教师主要由教育和培训学院负责并在省政府管辖之下。[4]1994 年，南非共有 120 所各类教育和培训学院，当年共培养了 17 655 名新教师，而同年大学的师范毕业生只有 7 625 名。此外，36 所部分自治的大学和理工学院也提供师范教育，但主要为中学培养师资。[5]

种族隔离时期，中央与地方、不同种族与不同层次的教师教育机构互不沟通，机构设置重复，资源配置分散且不平等，教师教育呈现极强的城乡差异和种族差异。比如，在 1989—1990 学年，主管白人教育的教育文化部分得了 32% 的教育经费，而亚裔教育文化部只有 6%，黑人和有色人种的教育文化部只有 15%。[6] 此外，绝大多数黑人教育学院设在农村，基础设施差，教授课程被限制在宗教、历史和文学等人文学科，培养方式也按照教育法案制定的大纲照本宣科。这些教育学院教学质量差、效率低下、成本高昂，政府也不愿意为其提供资金。随着大量黑人教育学院的设立，黑人教师出现供过于求的状况，失业率大大上升。[7]

[1] 何茜，田腾飞. 南非教师教育的变革历程与发展经验 [J]. 比较教育研究，2012，34（11）：6.

[2] 徐今雅，甘杰. 南非教师教育机构改革：动因、路径及成效 [J]. 比较教育研究，2013，35（11）：39-40.

[3] 徐今雅，甘杰. 南非教师教育机构改革：动因、路径及成效 [J]. 比较教育研究，2013，35（11）：39-40.

[4] 顾建新，牛长松. 南非教师教育政策的变革及其启示 [J]. 比较教育研究，2008（6）：26.

[5] 李先军. 新南非教育学院的合并及其影响 [J]. 外国教育研究，2019，46（1）：103.

[6] 资料来源于南非国家教育研究院官网。

[7] 李先军. 新南非教育学院的合并及其影响 [J]. 外国教育研究，2019，46（1）：102-103.

（三）新民主政府初期（1994—1999 年）

1994 年 4 月，非国大赢得选举并掌握政权，南非成立新民主政府。新政府致力于废除种族不平等，其中带有浓厚种族隔离烙印的教师教育成为重点改革对象之一。新政府提出集中、平等和创新的教师教育理念，并对教师教育进行了全面改革，主要包括教师教育管理机构的调整和新设、教师教育大学化、基础教育课程改革、教师角色的重新定位、教师教育质量保障体系构建等方面。[1]

1. 教师教育管理机构的调整和新设

新政府成立以前，南非的教师教育管理割裂、机构重复设置。1995 年，南非政府教育部颁布《教育与培训政策框架》，指出教师教育应有统一的目标与标准，教师培训应统一由教育与培训部管辖。1996 年，南非颁布新宪法，废除了根据种族不同而设立的所有教育部，成立新的全国教育部和 9 个省级教育厅。1997 年，教育部发布了《白皮书 3：高等教育改革计划》，提出所有教育学院应归属国家教育部管辖，教师教育被纳入高等教育范畴。[2]

2. 教师教育大学化

新政府教师教育改革的另一个重要步骤是将各自独立、分散的教育学院和大学进行合并重组，使得原本由教育学院负责的教师教育转而由高等教育机构负责。

1995 年，教育部成立了全国教师教育审定委员会，负责调查教师的供

---

[1] 顾建新，牛长松. 南非教师教育政策的变革及其启示 [J]. 比较教育研究，2008（6）：25.

[2] 顾建新，牛长松. 南非教师教育政策的变革及其启示 [J]. 比较教育研究，2008（6）：26-27.

求、聘用、教师教育机构以及教师教育项目的实施情况，得出南非教育学院总体效率偏低、质量偏低、成本偏高、失败率偏高等结论，认为教师教育改革重在质量。根据此调查报告，南非各省教育厅相继提出教师教育改革计划，整合教育学院以提高教师教育质量。[1] 1997 年，《白皮书 3：高等教育改革计划》要求通过减少教育学院的数量来改变师范生培养供过于求的状况。1998 年，教育部发布《教育学院纳入高等教育体系：实施框架》，正式规定教育学院并入大学。[2] 其中，在校生注册人数超过 2 000 人并且财政独立的教育学院可以选择自治、独立或升格为高等教育学院，不满足这两个条件的教育学院会被并入大学或技术学院。

独立的教育学院并入大学包括三种类型：一是远程教师教育机构间的整合，二是实力较强的独立教育学院并入相对较弱的大学，三是农村黑人教师教育机构的地区性整合。在合并过程中，有的教育学院被并入人文学院，成为二级学院下的一个系，有的成为大学的二级教育学院。之后，省政府部门为了推进教育学院的合并重组进程，采取减少对教育学院的资金投入、限制招生人数等政策，于是公立教育学院越来越难以维系，不得不选择合并重组。公立独立教育学院从 1994 年的 93 所锐减至 2000 年的 23 所。[3] 2000 年，南非《教育学院作为大学和技术大学的分支》规定，所有的 25 所教育学院（包括 2 所远程教育学院）全部并入大学和技术大学。最终，有 14 所教育学院成功并入高等教育机构。与此同时，32 所大学和技术大学也进行着大规模合并重组，到 2004 年只剩下 23 所承担着教师教育的任务。

[1] 李先军. 新南非教育学院的合并及其影响 [J]. 外国教育研究，2019，46（1）：104.

[2] 李先军. 新南非教育学院的合并及其影响 [J]. 外国教育研究，2019，46（1）：105.

[3] 徐今雅，甘杰. 南非教师教育机构改革：动因、路径及成效 [J]. 比较教育研究，2013，35（11）：40.

3．基础教育课程改革

在教育课程设置上，1997 年南非政府出台《2005 年课程：21 世纪的终身教育》的报告，试图整合不同种族的教育和培训，制定统一的管理原则，南非的课程范式也由内容本位教学转向成果本位教学。该课程将学科整合成 8 个学习领域，即英语、数学、自然科学、社会科学、技术、经济和管理科学、人生导向、艺术和文化，强调教与学的互动性，要求教师发挥促进者、协调者和支持者的作用。该课程给予教师更多的自主空间，促进教师的专业化发展，要求教师教育和培训在内容和方式上做出变革，培养具有新课程理念、以学习者为中心的专业化教师。[1]

4．教师角色的重新定位

在种族隔离制度下，教师身份被严格划分为"专业人员"或"工人"，其中前者指在设施良好的学校工作、收入可观、具备教师资格、加入专业教师组织的白人教师，而后者指不合格或欠合格、受到歧视的黑人教师。民主政府成立后，根据颁布的一系列立法，从 1993 年《教育劳动关系法》到 1996 年《国家教育政策法》，教师作为"教育者"的身份定位逐渐清晰明确。1996 年，新政府颁布了《国家教育政策法》和《南非学校法》，强调培养一批有文化、有创新能力和批判精神的合格教师。2000 年，教育部发布新的《教育从业者规范和标准》和《教育就业资格认证与评价标准》，进一步描述了教师应具备的能力，对教师角色和能力进行详细阐述和界定，规定了教育者的七种角色（学习协调者、学习项目和学习材料的解释者和设计者、领导者和管理者、研究者和终身学习者、评价者、社区成员和公民

---

[1] 顾建新，牛长松. 南非教师教育政策的变革及其启示 [J]. 比较教育研究，2008（6）：26.

及牧师角色、学习领域和学科专家），同时指出教师成功履行这些角色应具备的知识、技能和价值。[1]

5．教师教育质量保障体系的构建

南非教师教育的质量保障主要经历了两个阶段。1994—2001 年为第一阶段。这一阶段高等院校在教师教育培养模式和课程设置上享有高度自治权，教师教育的质量监控在很大程度上依赖教师教育机构的自我监控。2001年及以后为第二阶段。2001 年，南非发布《国家高等教育规划》，规定利用规划、拨款和质量保障的手段来控制高等教育的投入和产出。南非政府成立专门的教师教育监管机构，构建了由南非资格认定局、国家资格框架和高等教育质量委员会组成的统一的高等教育质量保障体系，涵盖机构审查制度、教学项目认证、教师资格认证和教师专业发展等内容。高校必须获得国家资格框架认可和授予的学术资格，而高等教育质量委员会行使项目认证、院校审核、自行评审和国家评估的职能，依据其规定的最低认证标准，对教师教育机构的投入、过程、产出和影响进行评估。此外，南非十分重视教师的专业水平和行为规范，建立起涵盖教师的入职要求、专业规范要求、专业发展要求等方面的制度。[2]

南非的教师教育机构改革废除了教师教育上的种族不平等，推动了教师教育资源的平等化。选择教师教育的学生，尤其是非白人学生，自由选择接受教育的方式和机构的权利得到提升，而师范专业毕业生自主决定就业方向的权利增大，可以选择在不同的地区和学校任教。[3]改革前，教育学院的学生能获得的最高证书只是高级教育文凭，无法获得

[1] 顾建新，牛长松．南非教师教育政策的变革及其启示 [J]．比较教育研究，2008（6）：26.

[2] 陈时见，田腾飞．南非教师教育的质量保障制度 [J]．教师教育研究，2011，23（6）：74-75.

[3] 徐今雅，甘杰．南非教师教育机构改革：动因、路径及成效 [J]．比较教育研究，2013，35（11）：41.

学士学位；改革后，师范生不仅可以获得学士学位，而且可以选择在大学继续深造，申请多样化的研究生学位和文凭，提高了教师教育的整体办学层次。此外，改革后，在统一的教师资格框架下，非白人族裔教师的素质得到提高。[1]

但是南非的教师教育受到种族隔离制度的深刻影响，新政府成立后对教师教育的大力度改革，尤其是对教育学院的合并重组过程较为仓促，并未做好充足合理的规划，带来了一些负面的影响。比如，这种由政府主导、行政性干预的改革引起了合并高校的不满，因为国家对教育学院的拨款并没有因为教育学院的合并而转拨给接收大学，教育学院也对所并入的大学是否能够在合并后合理安置教职员工、教育学院学生和教职工在大学中无法获得身份认同以及教育学院传统的实践性教学特征被丢弃等有所顾虑。合并重组政策遭到教育学院的抵制，这些学院纷纷努力使自己成为独立的学院，但是因难以达到独立条件而又被迫合并或关闭，尤其是一些农村地区的教育学院或黑人教育学院。其中，最重要的影响是合格教师的供应不足的问题。改革前教育学院是南非中小学教师的主要来源，教育学院在短时期内的突然合并关停导致新的师范生数量大幅减少。2000 年，师范新生注册数量从 1994 年的 70 731 人下降到 10 153 人，这种下降趋势一直持续到 2005 年，[2] 有关南非教师数量的担忧逐年增大。[3]

二、教师教育的发展现状

进入 21 世纪以来，一方面，南非每年新增的师范生越来越少，无法

---

[1] 徐今雅，甘杰. 南非教师教育机构改革：动因、路径及成效 [J]. 比较教育研究，2013，35（11）：41.

[2] Department of Higher Education and Training. Relationships between teacher supply and demand and the size, shape, and substance of teacher education in South Africa[R]. Pretoria: DHET, 2015.

[3] 徐今雅，甘杰. 南非教师教育机构改革：动因、路径及成效 [J]. 比较教育研究，2013，35（11）：40.

提供足够的新教师来满足教育需求；另一方面，在某些教学领域，南非又存在着教师供过于求的饱和情况。因此，政府和大学需转变教师教育的培养方向，一方面注重培养更多的新教师，吸引更多学生加入初级教师教育项目，成为师范生；另一方面注重提高现有的在职教师群体的能力和教学技巧。[1]

（一）教师教育的内容与理念

1996 年，南非颁布的《全国教育政策法》对"教育"进行过界定，即教育是由"教育机构提供的任意形式的教育和培训"。2000 年，南非颁布的《教育者规范和标准》又对"教育者"进行了界定，即教育者既包括通常理解中的教师（即教室中的教育者），也包括在教育系统中从事教学以外的工作的其他管理者。在南非教育部门的相关文件中，与教师教育相关的提法比较多样，存在"教师教育""教师教育与培训"和"教师教育与发展"等不同的表达方式。

2003 年，南非教育部建立教师教育部部长委员会，负责制定关于教师教育的全国性框架。2005 年，南非教育部公布了由该委员会制定的《南非教师教育国家框架》，对教师教育的内涵进行了更加清晰的界定。首先，该框架区分了"教育者"和"教师"，指出教师就是直接参与和从事实践教学的人 [2]，以区别于那些在教育系统内工作但不从事教学工作的其他管理者。其次，该框架界定"教师教育"为旨在提高教师教学能力的职业教育。教师教育包括两大部分：一是初级教师职业教育，二是教师职业发展继续教育。具体来说，初级教师职业教育是指为获取教师资格所要求进行的专业

[1] Department of Higher Education and Training. Relationships between teacher supply and demand and the size, shape, and substance of teacher education in South Africa[R]. Pretoria: DHET, 2015.

[2] Ministerial Committee on Teacher Education of Department of Education. A national framework for teacher education in South Africa[R]. Pretoria: MCTE, 2005.

教师教育，也就是通常意义上的培养新教师的师范教育，一般由公立高等教育机构提供；教师职业发展继续教育是指激励在职教师持续进步和提升教学能力的教育，由不同的教育机构提供。

2007年，南非颁布《南非教师教育和发展国家政策框架：更多的教师，更好的教师》。框架中提到教师教育的现实目标如下：（1）为教师（或师范生）提供充足恰当的知识与技能培训，从而使教师能够完成基本的教学任务；（2）使教师能够持续增强职业能力；（3）能够提供合格的教师以填补目前学校的教师空缺，实现教师供求的平衡；（4）使教师能够致力于提供高质量的教育、高水平的教学表现，遵循基本的道德规范和职业行为准则。[1]

进入21世纪，教师身份正在发生快速变化，教师需要为学生提供充足的技术和知识以便应对第四次工业革命带来的挑战。教师教育应该以培养21世纪的教师为使命，不论是初级教师教育还是继续教育项目，都要使教师或师范生具备足够的技能与知识储备。南非教师教育的基本理念是培养具有高水平的专业能力和教学技巧、掌握扎实的学科知识、具备良好的职业道德规范的终身学习型合格教师。

（二）教师教育的政策框架

2005年，南非的教师教育政策倾向发生了较大转向。在此之前，新政府致力于实现教育的平等化和去种族隔离化，政策倾向于需求导向，即以需要什么样的教师为基础。自2005年开始，新政府对教师供应不足的担忧增多，如何保证提供充足数量的合格教师成为南非政府与教育机构面临的首要问题，因此2005年之后的政策更加倾向于供给导向，即如何实现提供充足合格教师的教师教育。

---

[1] Department of Education. National Education Policy Act (27/1996): the national policy framework for teacher education and development in South Africa[Z]. Pretoria: DoE, 2007.

2000 年，南非颁布的《教育者规范和标准》是这一阶段比较有代表性的针对教师教育的政策，对教师应承担的角色及应具备的能力进行了详细阐释。此外，《教育者规范和标准》还描述了教师教学的基本资质要求，包括不同的教学资质类型及其理想目标和学习成绩要求、不同教育阶段的教学所需的教育资质等。它是衡量和评估教师能力和教学质量的重要依据，也是教师课程设计、教师教育政策制定的重要参考文件。

2007 年，南非颁布《南非教师教育和发展国家政策框架：更多的教师、更好的教师》，明确了教师教育的基本目标，以初级教师教育、教师职业发展继续教育以及教师教育的支持体系为主，阐释了 21 世纪初南非教师教育的发展现状和规划。

2011 年，南非发布的《南非教师教育和发展综合战略性规划框架（2011—2025 年）》是针对南非教师教育和发展的国家规划，既为基础教育部、高等教育和培训部、省级教育部门、大学等相关机构彼此合作、共同应对教师教育和发展难题提供了方向，也为 2011—2025 年南非的教师教育和发展提供了战略规划框架。南非与教师教育相关的重要法律、文件和报告等详见表 9.1。

表 9.1　南非教师教育相关法律、文件和报告

范围	年份	法律、文件和报告
全国性	1995	《国家教育政策法》
	1996	《南非学校法》
	1997	《南非公立学校语言政策规范和准则》
	1997	《高等教育法》
	1998	《教育者雇佣法》
	1998	《继续教育与培训法》

续表

范围	年份	法律、文件和报告
全国性	1999	《全国学生经济援助计划》
	2000	《教育者规范和标准》
	2000	《基于〈教育者规范和标准〉的教育职业招聘资质认证和评估准则》
	2000	《南非教育者理事会法》
	2002	《国家课程声明》
	2013	《2030 年国家发展规划》
教师教育和发展领域	2007	《南非教师教育和发展国家政策框架：更多的教师、更好的教师》
	2011	《南非教师教育和发展综合战略性规划框架（2011—2025 年）》
	2011	《战略规划》系列之《2020—2025 年战略规划》

（三）教师教育的管理体系

1. 南非教育管理体系

在南非，联邦政府教育部，即国家教育部，负责全国整体的教育事务，如全国性教育政策的制定等。其下又分为基础教育部和高等教育和培训部。《国家教育政策法》规定，全国性的教育政策由国家教育部决定，其中包括全国教育体系的组织管理、教育经费政策、师生比、教育者的职业教育和资格认证等。基于此法案，教育部建立了教育部部长理事会 [1]、教育部门首长委员会 [2] 和全国教育和培训理事会等行政管理机构。

在地方层面，南非各省还设置了省教育厅，直接负责当地的教育事务。省教育厅设立教育执行委员会，其成员负责推进具体的教育事务。在学校层

---

[1] 教育部部长理事会的成员包括基础教育部部长、高等教育和培训部部长和九位省教育执行理事会成员。

[2] 教育部门首长委员会的成员包括基础教育部部长、国家教育部部长和地方教育厅领导。

面，南非没有形成关于教师教育的专门管理部门或队伍，教师教育政策和安排因学校而异，相对灵活。总之，南非的教师教育，不论是职前教师专业教育还是在职教师教育和培训项目，都需要服从全国整体的教育管理体系的安排。

2．南非教育质量管理体系

在教育质量方面，南非重点关注的是教学质量和教师资质，为此，南非政府构建了国家质量框架。南非国家质量框架是南非教育质量体系的重要依据，尤其是评估教师资质的重要依据。在南非，一般由继续教育与培训质量理事会负责初级和中等教育质量的管理，而高等教育的质量问题则主要由高等教育理事会及其下设的高等教育质量委员会负责。在南非，教师发展项目及其资质规定的设计与执行都由专门的机构负责。这些专门的机构被称为"教育和培训质量保证机构"，主要包括南非资格认定局、高等教育理事会、高等教育质量委员会、贸易和职业质量理事会等。其中，高等教育理事会还会为高等教育部部长提供有关高等教育政策问题的咨询。贸易和职业质量理事会则负责有关教育项目的后期评估和认证。

3．其他相关的教师教育机构

南非还有一些其他的教师教育机构，比如，南非教育者理事会是旨在提高教师职业地位和提升教师发展与职业行为规范的机构，教育者联盟则是代表教师的诉求和利益的机构。其他机构，如教育和培训部的教育、培训与发展实践分部，教育劳动关系理事会，以及致力于教师教育的非政府组织等，也都是教师教育的重要参与者和推动者。

（四）教师培养与提升体系

1．教师教育和教师资格认定

根据《国家资格框架法》，在南非，任何人想要成为教师必须先获取基本的教师资格，即基本的教育证书或学位。南非教师教育项目主要由高等教育机构负责，大致包括两种类型：（1）初级教师教育项目；（2）教师继续教育与培训项目。

教师教育资格的最基本学历要求是教育学学士学位和教育学研究生证书（针对学士学位为非教育学专业却想进入教育行业的学生而言）/高级教学学位。这两种类型的教师教育项目或资格属于初级教师教育项目。而学生或教师在取得基本的教师资格之后，可以继续选择教育学更高层次的学位学习，这些属于教师继续教育与培训项目。

学生在接受一般中等教育后，参加国家中等教育证书考试。国家中等教育证书根据学生成绩分成三个不同等级，分别可以参加不同的高等教育项目。最高级的可以进入学士学位项目，中间级别可以进入国家学位项目，最低级别的可以进入高等证书项目。这三种类型的项目都包括初级教师教育项目和教师继续教育与培训项目。

一般来说，学生在完成一般中等教育后可能有4种获取教师资格的路径：（1）学生进入教育学学士学位项目学习；（2）学生进入（国家）教育学学位项目学习；（3）学生进入教育学证书项目学习；（4）学生先进入非教育学学士学位项目，然后继续攻读教育学研究生证书。但是学生进入（2）和（3）项目不足以获取基本教师资格，还需要进一步进入教育学学士学位项目学习，才能获取教育学学士学位，拥有教师资格。

2．教师教育与培养机构

南非的教育机构大致包括三类：学校、学院和高等教育机构。学校负责一般教育与培训和一般中等教育，学院负责职业中等教育，高等教育机构负责高等教育。教师教育主要由高等教育机构负责。

3．教师教育与培养方式

教师教育政策是教师人才培养规格的依据，其中具体的教师人才培养类型又依赖明晰的人才培养方案，同时还得采用有效的培养方式。目前，南非教师教育的一个总的原则就是培养与南非新宪法理念相匹配的中小学合格教师。在此前提下，各教师教育机构依据合格教师的任职要求制定具体的培养方案。这些培养方案包括有关证书、文凭和学位等的课程，它们都有具体的培养目标。

在教师教育培养方案的实施过程中，培养方式是保障培养目标顺利实现的有效手段。为了有效实现各教师教育培养方案的培养目标，当前南非综合大学的教师教育采用了灵活的培养方式，具体如下。（1）在学习方式上，采用全日制与非全日制相互补充，证书或文凭课程与学位课程并举，学年制与学分制相结合的培养模式。证书或文凭课程采用模块化学习，具体包括核心模块、基础模块、选择或方法模块和教学实践模块。其中，核心和基础模块是必修内容，选择或方法模块用于发展学生的专业能力。（2）在教学组织方式上，采用面授、自学、实践等多种形式。面授主要倾向于学位课程，自学主要针对文凭或证书课程，实践则面向所有课程。就某一门具体的学习科目，又可以分为若干种组织形式。比如，语言科目可以采取答疑、对话、角色扮演、小组讨论、分组表演、集体讨论等灵活多样的形式，以激发学习者运用语言进行交流并表达思想感情的兴趣，提高语言交际能力。这些方式有效地满足了不同学习者的学习需求。（3）在学科教师培养上，采用教育教学专业知识与学科内容专业知识、教育学院和学科专业培养学院相结合的混合培养模式，即学习者在学科知识培养学院进行学科专业知识学习的同时，也兼修教育学院的教育教学专业知识。其目的是培养基础扎实、知识面宽、能力强、素质高的创新型人才。当然整个方案有所侧重。比如，在 4 年全日制教育学士学位的前 3 年，学生主要学习专业知识，最后 1 年学生则主要进行教育教学实践技能训练，但这不能简单等同于"3+1"培养模式。它体现了南非综合大学在高水平的学术平台上培养高素质教师的初衷，同时也有效地解决了所谓的"学术性"与"师范性"之间的关系。[1]

（五）高等教育机构教师教育的发展现状

1. 师范生入学情况

2010—2018 年，南非高等教育入学人数增长了 30.5%。2018 年，在南非高等教育机构接受教育的学生有 1 283 466 名，其中 84.6% 的学生就读于公立机构，15.4% 的学生就读于私立机构。[2]

（1）公立高等教育机构。2018 年，在 1 085 568 名就读公立高等教育机构的学生中，除去 10 868 人的种族、性别、上学模式等信息不详外，其余75.6% 是非洲人，6.1% 是有色人，4.4% 是印度人或亚洲人，12.9% 是白种人；

---

[1] 陈时见，周琴. 综合大学教师教育的国际比较——侧重综合大学教师教育发展的案例分析 [M]. 重庆：西南师范大学出版社，2011：230.

[2] Department of Higher Education and Training. Statistics on post-school education in South Africa: 2018[R]. Pretoria: DHET, 2020.

59% 为女性，41% 为男性。[1]

其中，29.5% 的学生就读于科学、工程和技术类专业，26.1% 的学生就读于商业和管理类专业，24.6% 的学生就读于其他人文类专业，19.7% 的学生就读于教育学专业。也就是说，2018 年公立高等教育机构中，师范生人数占到学生总数的 19.7%。[2]

在这些学生中，大部分学生为本科学位项目（585 541 人），一部分为同等学力证书与学位项目（291 257 人），还有一小部分人就读于低于硕士研究生学历水平的研究生项目（92 364 人）、硕士研究生项目（61 096 人）或博士研究生项目（23 650 人），而就读于教育学高级文凭和研究生证书项目的人数最少，为 11 425 人，2013 年该项目开设时仅有 202 人。[3]

（2）私立高等教育机构。私立高等教育机构指的是在高等教育和培训部注册并登记在案的机构，其信息可以在南非教育部的官方网站上查到。

2018 年，南非私立高等教育机构就读学生有 197 896 人。其中，122 342 人是非洲人、14 057 是有色人，12 756 人是印度人或亚洲人，31 802 人是白种人。南非本土学生有 180 957 人，外籍学生有 16 496 人。女性为 115 106 人，男性为 82 347 人。[4]

2018 年，南非私立高等教育机构中，10.1% 的学生就读于科学、工程和技术类专业，58.4% 的学生就读于商业和管理类专业，20.3% 的学生就读于其他人文类专业，11.2% 的学生就读于教育学专业。也就是说，2018 年在私

[1] Department of Higher Education and Training. Statistics on post-school education in South Africa: 2018[R]. Pretoria: DHET, 2020

[2] Department of Higher Education and Training. Statistics on post-school education in South Africa: 2018[R]. Pretoria: DHET, 2020

[3] Department of Higher Education and Training. Statistics on post-school education in South Africa: 2018[R]. Pretoria: DHET, 2020

[4] Department of Higher Education and Training. Statistics on post-school education in South Africa: 2018[R]. Pretoria: DHET, 2020.

立高等教育机构中，师范生人数占到学生总数的 11.2%。[1]

从以上分析可以看出，不论是公立高等教育机构还是私立高等教育机构，师范生所占比例都不高，均不到 20%。其中，公立高等教育机构的师范生数量（214 151 人）远高于私立高等教育机构（22 140 人），因此南非的师范生教育主要由公立高等教育机构提供。[2]

2．师范生毕业情况

2018 年，从公立高等教育机构毕业的学生为 227 188 人。其中，28.7% 的学生毕业于科学、工程和技术领域，26.6% 的学生毕业于商业和管理领域，22.4% 的学生毕业于人文领域，22.3% 的学生毕业于教育学领域。[3]

3．教师教育课程设置

在南非，关于教师教育的培养方案，并没有从国家层面对各个教师教育机构做出详细统一的规定，但是却要求教师教育机构所设计的课程计划和资格类型，必须全都指向中小学教学大纲、相关学习领域并与学科组合。换句话说，关于南非教师教育课程，国家只出台了宏观的课程框架（标准），而具体课程科目的选择、开发和管理则由教师教育机构负责实施。

课程类型或教学资格的特色体现在学分上。每个课程计划都有一个对应的基本资格，学生要想获得其资格必须修满南非资格认定局规定的最低

---

[1] Department of Higher Education and Training. Statistics on post-school education in South Africa: 2018[R]. Pretoria: DHET, 2020.

[2] Department of Higher Education and Training. Statistics on post-school education in South Africa: 2018[R]. Pretoria: DHET, 2020.

[3] Department of Higher Education and Training. Statistics on post-school education in South Africa: 2018[R]. Pretoria: DHET, 2020.

学分。比如：（1）教育文凭，须获得 96 个学分；（2）教育学士学位，须获得 240 个学分；（3）研究生教育证书，须获得 20 个学分。[1] 当前，南非中小学教师所应修学的课程计划和对应的教学资格大致如下。

第一，学前至 3 年级。该阶段培养学前至小学 3 年级教师。学习计划由国家新课程规定，学习内容包括基础的学科知识、教学法和相关的教育学理论。教师主要学习开发小学生早期的读写能力（尤其是阅读能力）、计算能力和生活技能等专门知识。毕业于该阶段的教师需要达到如下要求。（1）教育文凭：须取得国家资格框架 5 级水平上的 72 个学分或更高，或者国家资格框架 4 级水平上的 24 个学分或更高。（2）教育学士学位：须取得国家资格框架 6 级水平上的 96 个学分或更高，或者国家资格框架 5 级水平上的 108 个学分或更高。（3）研究生教育证书：须取得国家资格框架 6 级水平上的 20 个学分。[2]

第二，4—6 年级。该阶段培养小学 4—6 年级教师，学习计划由国家新课程规定，学习内容包括基础的学科知识、教学法和相关的教育学理论。教师主要学习如何开发小学生的阅读能力（尤其是阅读理解）、计算能力和生活技能等专门知识。毕业于该阶段的教师需要达到如下要求。（1）教育文凭：须取得国家资格框架 5 级水平上的 72 个学分或更高，或者国家资格框架 4 级水平上的 24 个学分或更高。（2）教育学士学位：须取得国家资格框架 6 级水平上的 96 个学分或更高，或者国家资格框架 5 级水平上的 108 个学分或更高。（3）研究生教育证书，须取得国家资格框架 6 级水平上的 20 个学分。[3]

---

[1] 陈时见，周琴. 综合大学教师教育的国际比较——侧重综合大学教师教育发展的案例分析 [M]. 重庆：西南师范大学出版社，2011：204-205.

[2] 陈时见，周琴. 综合大学教师教育的国际比较——侧重综合大学教师教育发展的案例分析 [M]. 重庆：西南师范大学出版社，2011：205.

[3] 陈时见，周琴. 综合大学教师教育的国际比较——侧重综合大学教师教育发展的案例分析 [M]. 重庆：西南师范大学出版社，2011：205.

第三，7—9年级。该阶段培养中学7—9年级教师。在学习者所修的课程内容中，至少有两个课程科目组合须满足国家新课程大纲的有关要求。学习内容包括基础的学科知识、教学法和相关的教育学理论。毕业于该阶段的教师需要达到如下要求。（1）教育文凭：须取得国家资格框架5级水平上的72个学分或更高。（2）教育学士学位：须取得国家资格框架6级水平上的96个学分或更高，或者国家资格框架5级水平上的84个学分或更高。（3）研究生教育证书：须取得国家资格框架6级水平上的20个学分。此外，学习者还需要在数学素养或数学科学、自然科学和技术学三个学习领域中选择一个进行学习，并且该学习领域不能换成其他课程科目。除研究生教育证书外，这三个领域所有资格至少应取得国家资格框架4级水平上的24个学分。[1]

第四，10—12年级。该阶段培养10—12年级教师。学习者学习一个或更多课程科目组合，或对应于该阶段的专业知识。学习内容包括基础的学科知识、教学法和相关的教育学理论。毕业于该阶段的教师需要达到如下要求。（1）教育文凭：须取得国家资格框架6级水平上的36个学分或更高，或者国家资格框架5级水平上的60个学分或更高。（2）教育学士学位：须取得国家资格框架6级水平上的96个学分或更高，或者国家资格框架108个学分或更高。（3）研究生教育证书：须取得国家资格框架6级水平上的20个学分。[2]

[1] 陈时见，周琴. 综合大学教师教育的国际比较——侧重综合大学教师教育发展的案例分析 [M]. 重庆：西南师范大学出版社，2011: 205.

[2] 陈时见，周琴. 综合大学教师教育的国际比较——侧重综合大学教师教育发展的案例分析 [M]. 重庆：西南师范大学出版社，2011: 205.

4. 教师需求变化和在职教师的发展

2017 年，南非 56% 的教师完成了基本的高等教育项目学习（最低年限的项目），24% 左右的教师没有完成任何形式的高等教育，18% 的教师拥有学士学位，2% 的教师拥有硕士学位，不到 1% 的教师拥有博士学位，91% 的在职教师参加了至少一个职业发展活动。[1]

2017 年，南非 76% 的教师在其师范教育阶段接受过针对学生水平差别较大的教学教育和培训；75% 的教师曾接受过多文化背景或多语言情况下的教学教育和培训。在南非，平均 62% 的班级中至少 10% 的学生的第一语言不是指定教学语言。此外，在南非，将近一半的新教师会被分配一个导师来指导某一学科的教学。[2]

第二节 教师教育的特点

一、强化政府的专业管理

新旧南非政府都把制定教师教育政策作为保障教师教育有序发展的决定性力量。在旧南非时代，政府制定政策的初衷在于维护其种族主义统治的"合理性"，较少关注教师自身的发展。进入新南非时期，政府出台政策的目的旨在革除旧南非时代的种族主义教师教育制度，并成立相应的教师专业管理机构，以促进教师的专业化管理，确保教师教育质量的提高。[3]

---

[1] OECD. TALIS 2018 results (Vol. 1): teachers and school leaders as lifelong learners[M]. Paris: OECD, 2019: 128-132.

[2] OECD. TALIS 2018 results (Vol. 1): teachers and school leaders as lifelong learners[M]. Paris: OECD, 2019: 128-132.

[3] 陈时见，周琴. 综合大学教师教育的国际比较——侧重综合大学教师教育发展的案例分析 [M]. 重庆：西南师范大学出版社，2011：205.

（一）颁布教师教育政策，制定教师教育标准

1994 年，新政府把南非新宪法所倡导的构建一个民主、公正、公平、尊重人权以及非歧视性社会作为国家的重建目标。为了培养一批能践行这种理想的新南非公民，新政府将教师教育作为人力资源开发的主要途径。为此，新南非出台了一系列的法律与政策。1996 年，南非颁布《国家教育政策法》，授权教育部部长为教师教育和教师任命制定方针政策，决定教师教育课程框架和教师资格证明。1997 年，南非教育部发布《高等教育白皮书》，指出由于种族、性别、阶层和地理等因素的影响，南非在师范生和教职员工的入学途径和机会上，白人和男性教职员工远比黑人和女性教职员工多。教师的供需情况难以满足现代经济的发展，尤其是在科学、工程、技术和商业等学科上缺乏大量训练有素的教师，尤其是黑人师范生和女性师范生。因此，南非必须扩大黑人师范生和女性师范生的招生比例，加大对招收黑人师范生和女性师范生的教师教育机构的经费投入。政府在黑人师范生和女性师范生的入学、就业和晋升等方面应给予照顾或倾斜。1998 年，南非颁布《教育者雇佣法》，为制定教师行业规范提供了法律依据。2000 年 2 月，南非教育部发布《教育者规范和标准》，同年 9 月又发布了《教育就业资格认证与评价标准》。这两个标准对教师能力进行了详细的描述，也给教师教育的课程设置要求制定了大致的框架。2007 年，南非出台《南非教师教育和发展国家政策框架：更多的教师、更好的教师》及其相关法律法规，对教师的学历要求、任职资格、语言能力等做出了具体规定。[1]

---

[1] 陈时见，周琴. 综合大学教师教育的国际比较——侧重综合大学教师教育发展的案例分析 [M]. 重庆：西南师范大学出版社，2011：205.

（二）设立教师管理机构，保证教师教育质量

在种族隔离时期，南非的教师教育实行分离式管理，这不仅造成了教师教育管理体制的混乱，而且也使各种族的教师教育质量存在着巨大的差异，尤其是对黑人教师的教育。事实上，由于南非高等院校在教师教育培养模式和课程设置上享有高度自治权，教师教育的质量监控在很大程度上是基于同行之间从外部进行的评价，因此即使条件较好的白人教师，其教育质量也并不高。

新政府成立后，为了有效保障教师教育的质量，南非实行了教育行政部门与教师教育机构、政府部门与专业团体并举的教师教育管理格局。这些机构有国家教育部、南非资格认定局、高等教育质量委员会和其他专业机构等。其中，国家教育部负责教师教育课程框架的制定，是旨在促进大学内部学术质量审核的"质量保证单位"。南非资格认定局的主要职能是促进教师教育与培训一体化，拓宽教师教育的途径，提高教师教育质量，认可或评价过往的学习和经历，将教师教育与职业生涯联系起来，保障教师在不同时期获得的学分可以累积并在不同教育体系之间转换等。专业机构是指先后于 1996 年和 2000 年成立的南非从业者委员会和行业教育与培训局。前者主要负责教师注册、行为规范和专业发展；后者主要负责教师教育、培训与技能的提升。这些教育管理机构对确保教师教育的质量发挥了积极的促进作用。[1]

（三）推出相关项目，促进教师教育

南非政府对教师教育的发展十分重视，多年来对南非教师教育的发展

---

[1] 陈时见，周琴. 综合大学教师教育的国际比较——侧重综合大学教师教育发展的案例分析 [M]. 重庆：西南师范大学出版社，2011：229.

起到了主导作用，尤其是国家教育部门对教师教育的支持力度很大。在南非，教师职业的地位一度非常低，这抑制了学生选择教育学专业的热情，从而对教师的供应产生负面影响。南非教育部在 2005 年指出，教师行业的差名声使得教师离开教育体系的比例非常高。此外，简陋的工作条件、工作低满意度、职业晋升机会缺乏、拥挤的教室、家长支持和参与不足、行政要求多、低工资等也导致教师成为不太受欢迎的职业。[1]

为鼓励更多学生选择教育学专业，鼓励高等教育机构培养更多合格的教师，南非一方面需要吸引更多学生成为新教师，另一方面需要提高现有教师的能力。为了吸引更多新教师，高等教育部推出了许多不同的项目计划，其中最重要的就是方扎·卢沙卡奖学金项目。这个项目是 2007 年推出的，主要针对准备就读于初级教师教育项目的学生。项目持续时间与学生参加项目的时长有关，受助者毕业后必须听从省级教育部门的分配进入公立学校教书，时间为其接受资助的时长。[2]

二、兼顾教师教育的区域差异

南非中小学校课程内容的变化，必然引发教师教育课程的变革。南非教师教育的一个重要目标是为南非的基础教育领域输送合格师资。为此，新南非时期的教师教育不仅注重与国家新课程改革相协调，同时还十分照顾区域之间的发展差异。

[1] VAN BROEKHUIZEN H. Teacher supply in South Africa: a focus on initial teacher education graduate production[R]. Stellenbosch: Department of Economics of Stellenbosch University, 2015.

[2] VAN BROEKHUIZEN H. Teacher supply in South Africa: a focus on initial teacher education graduate production[R]. Stellenbosch: Department of Economics of Stellenbosch University, 2015.

（一）联系基础教育课改，更新教师教育课程

1997 年，南非新政府推行了以"结果本位教育"为理论依据的国家基础教育课程改革新课程。在"结果本位教育"理念的指导下，政府对课程结构进行了重大调整，即把中小学传统的学习科目整合成 8 大学习领域，每个学习领域又分成若干个学习模块，而每个模块都用明确的学习结果来描述。

学习结果是教学的一种预期效果，它描述了一个学生在完成一个学习过程后，在知识、技能和价值观上应达到的相应水平。衡量学习结果的标准是学生能理论结合实践创造性地工作，同时展现出处理个人事务和特殊社会工作的能力。学习结果分为 7 条关键性学习结果和 5 条发展性学习结果。其中，7 条关键性学习结果希望学生能达到以下目标:（1）能批判性、创造性地思考、辨别和解决问题，并做出有责任心的决策;（2）能作为小组、群体、组织和社区中的一员，与他人一起有效地工作;（3）能负责而有效地组织和管理个人的活动;（4）能收集、分析、组织并批判性地评价信息;（5）能运用视觉、符号或语言等不同的形式有效地交流;（6）能有效地、批判性地运用科学技术，对环境和他人的健康负责;（7）能认识到事物并非是孤立存在的，从而养成用联系的思维方式来看待问题的习惯。而 5 条发展性学习结果希望学生能达到以下目标:（1）能运用适当的策略来进行更有效的学习;（2）能作为有责任的公民参与各项活动;（3）能在文化和审美方面具有敏感性;（4）能探索教育和职业机会;（5）能发展企业管理能力。根据这些变化，综合大学对其设置的教师教育课程进行及时调整，不仅在内容上进行更新，而且在结构上也进行重组。此外，新的教师教育课程还十分重视艾滋病毒防治课程和残疾儿童教育课程的开设。[1]

---

[1] 陈时见，周琴. 综合大学教师教育的国际比较——侧重综合大学教师教育发展的案例分析 [M]. 重庆:西南师范大学出版社，2011: 231.

（二）结合地区发展差异，照顾地方实际需求

新的教师教育课程不仅重视与基础教育课程改革的有效对接，还十分关注各地区发展水平之间的差异。虽然新的教师教育课程无论在教育理念上还是在结构设计上，都适应了当今世界教师教育发展的主流范式，但是，由于南非缺乏大量合格教师、教师教育机构分布不均、教师教育质量差异大等问题，部分黑人聚居地区和农村偏远地区对新的教师教育课程提出了巨大的挑战。以夸祖鲁–纳塔尔省来说，该省是一个农村人口占多数的省份，在广大的农村地区十分缺乏训练有素的中小学教师，从事教师教育工作的机构也很稀少。针对此种情况，该省的祖鲁兰大学对有关的教师教育培养目标做了相应调整。比如，该校设置的高级证书课程的目的是为该省普通教育与培训和继续教育与培训两个阶段的在职教师的有效教学提供培训服务。换句话说，该校的高级证书课程的培养目标与其他发达省份教师教育机构所开设的同样课程的培养目标存在着一定的差异。

在以减少教师培养成本为目的，把大量服务于弱势群体的教师教育学院合并进大学的情况下，这一做法显然是一种不得不做出的妥协。事实上，从事教师教育的教育学院被合并进大学后成功与否将受很多因素的影响。比如，合并是政府宏观政策与院校政策互动的过程，一个强有力的院校领导会促成其员工、学生和课程等资源的优化配置，反之一个弱势的院校领导则会因合并而失去话语权和领导权。从这个角度出发，祖鲁兰大学所做的决策有其存在的必要性和现实性，同时也体现了各地方对地方教师教育发展差异的照顾。[1]

[1] 陈时见，周琴. 综合大学教师教育的国际比较——侧重综合大学教师教育发展的案例分析 [M]. 重庆：西南师范大学出版社，2011：231-232.

三、重视教师教育的专业发展

教师职业具有双专业特性，因而教师教育除了要加强理论知识的探究外，还必须重视教学实践的训练，从而实现学科知识与专业知识、理论学习与教学实践相协调的人才培养模式。

（一）遵循教师专业发展，构建专业发展系统

概念性知识、学科内容知识和教学法知识是教师有效教学所必须具备的知识。为了提升教师的专业地位与教学质量，促进教师的专业化发展，南非开发了继续专业培训与发展系统。该系统明确规定，为了适应基础教育课程改革，所有教师都需要提高他们的教学技能而不仅仅是教学资格。大部分教师需要巩固他们的学科基础知识、学科教学知识，并提高教学技能。因此，所有参与教师教育管理与教学的机构应提供相关的发展项目来确保教师的专业发展。这些项目包括：中小学校组织的项目，用人单位组织的项目，资格项目，由非政府组织、教师工会、社区和宗教组织或私营企业提供的项目。通过参加这些项目，教师可以获得专业发展绩点。所有在南非从业者委员会注册的教师都必须以 3 年为一个周期，挣得相应的专业发展绩点，若获得最多的专业发展绩点将得到教育从业者委员会象征性的奖励。但是，如果在连续两个周期内，教师都没有挣到最低的专业发展绩点，那么他／她将需要重新向教育从业者委员会申请注册成为合格教师。

参与这些项目有两个前提条件：一是教师不能为了挣得专业发展绩点而忽视自己的主要职责；二是涉及可以作为专业发展绩点的管理工作，在教师管理负担过重的情况下不能再增加。同时，所有获得的专业发展绩点应及时向教育从业者委员会报告。综合大学根据这些要求，积极与其他参与教师教育管理与教学的机构合作，为学习者创造促进其专业发展的机会。比如，

祖鲁兰大学就开设了与此相关的国家教育专业文凭、高级教育证书和研究生证书等专业发展课程，为推动教师教育一体化发展发挥了重要作用。[1]

（二）加强教师教育研究，优化教学实习模式

高水平的学术研究是衡量一所高等院校整体实力的重要标志。综合大学举办教师教育的优势就在于它具有较高的学术研究水平。南非的文达大学和祖鲁兰大学都十分重视教师教育研究，开设了教育史、教学方法、教育心理学、教学技术、学科教学法等大量与教育教学有关的课程，并为这些课程提供了不同程度的文凭、证书和学位，为教师教育工作的开展提供了学术保障。

这两所大学还十分关注教师教学实践。以 4 年全日制教育学士学位课程为例，该课程为学习者提供了 1 年的教学实践时间。它分为两个阶段。一是从入学的第 2 年至第 3 年这段时间，每个学期插入一定数量的教学实践课程。该阶段主要由指导教师辅导，在综合大学进行。二是在第 4 年集中花一段时间进行教育教学实践。该阶段由综合大学选择一部分学术研究水平较高、责任心比较强的中小学合作进行。具体的组织形式如下：双方根据实习生数量各自派出一定数量的指导教师，全程指导实习生的教学实习；实习生进入中小学课堂，亲身体验教师角色。在综合大学举办教师教育的过程中，每隔一段时间综合大学需要对自己的教师教育情况进行自评，具体从如下几个维度进行反思：综合大学的学术实力和办学声誉是否得到提升、教育研究水平和政策服务能力是否得到提高、培养出来的教师是否得到社会的认可等。

南非综合大学还十分重视师范生的选拔。选拔的标准不仅要求师范生

---

[1] 陈时见，周琴. 综合大学教师教育的国际比较——侧重综合大学教师教育发展的案例分析 [M]. 重庆：西南师范大学出版社，2011：232.

达到必要的文凭、学位和证书标准，还必须通过相应的语言科目考试以及现场考试。考试的内容一般包括面试、书面测试、角色扮演、示范展示、口头陈述和案例研究等。[1]

第三节　教师教育的挑战和对策

一、教师教育面临的挑战

《南非教师教育和发展综合战略性规划框架（2011—2025年）》指出，南非教师教育和发展面临相当大的挑战，具体如下。（1）学生参与教师教育与发展的渠道有限，培养合格新教师的道路受阻。（2）在一些特定领域（如特定学科、教育阶段、地区等），教师的需求与教师教育发展的供给不匹配。（3）教师教育未能显著提高教学和学习质量。（4）教师教育和发展的渠道缺乏整合和协调。（5）教师及其相关组织无法有效参与教师教育和发展规划。（6）政府资助机制低效，缺乏有效管控。[2]

（一）教师资源配置不平衡

从南非高等教育部门公开的学生和教师数据来看，南非教师总体上不存在巨大缺口，但是各个省份仍然存在不同程度的教师短缺情况。

南非教师职业领域面临的一系列问题，比如，教师的公共形象差、地

---

[1] 陈时见，周琴. 综合大学教师教育的国际比较——侧重综合大学教师教育发展的案例分析 [M]. 重庆：西南师范大学出版社，2011：233.

[2] Department of Higher Education and Training. Integrated strategic planning framework for teacher education and development in South Africa: 2011—2025[Z]. Pretoria: DHET, 2011.

位低，尤其是年轻教师在获得教师资质后去向不确定，教师市场竞争激烈，教师工作环境充满挑战性等，这些使得师范教育的吸引力下降。此外，南非教师供需不匹配，教师资源配置存在不平衡，在所有学校、各个学科和各个地区均存在教师资源短缺问题。比如，有的学科出现教师供给过量而有的学科却严重不足；有的农村学校教师供给过少；教师学科短缺主要体现在数学、科学与技术、语言与文学、经济和管理科学等学科，而且教师短缺主要存在于初级教育的基础和中间阶段。

南非基础教育部最新的一份报告显示，教师队伍的平均年龄总体呈上升趋势，这意味着年轻新教师的增长速度比较慢。[1] 随着年长教师的逐渐退出，如果不采取适当的政策来吸引更多新教师的加入，必然会产生严重的教师短缺问题。

因此，南非不仅面临着吸引更多年轻力量加入教师队伍的压力，而且需要针对稀缺领域进行有针对性的培养。各省的教育部门需要在每个学年开始前确定好需要新教师的数量，要具体到教育阶段、科目和地区。在南非，数学、科学、技术、语言教师尤其缺乏，各省的教育部门应在这些领域制定特殊的政策。

（二）教师质量有待提高

南非国家教育评估和发展部门的调查报告显示南非教师教育教师质量有待提高。教师在教授基础教育阶段学生阅读方法上存在一定问题，一些学校的教师对学生的评分体系也存在一定误解，与全国性的或国际性的评分标准存在一定出入。[2]

---

[1] Department of Basic Education. A 25 year review of progress in Basic Education Sector[R]. Pretoria: DBE, 2019.

[2] Department of Government Communication Information System. South Africa yearbook 2018/19 education[Z]. Pretoria: DGCIS, 2019.

整体而言，南非教师质量参差不齐，尤其是年长教师的教学能力和素质差别较大。南非需要提高在职教师的教学水平，并培养更多合格的新教师。

二、教师教育的应对策略

《南非教师教育和发展综合战略性规划框架（2011—2025 年）》为南非的教师教育提供了很多规划建议。[1]该框架指出基础教育部可以为教师群体专门建立一个全国性课程和职业发展机构，从而能够识别和解决有些教师的发展需求和特定类型教师的整体发展需求，并配备相应的课程安排。

为提升教师的素质和能力，政府建议南非相关教育部门开发教师诊断性自我评估体系，使教师能够对自己课程的完成度做出判断。评估体系可以是电子版也可以是纸质版，教师可以独立使用并且对使用记录进行保密。这种评估体系对教师而言是安全的，因此教师愿意使用该体系，可以放心大胆地诊断自己还有哪些领域需要提升。南非须加大为教师提供高质量、内容丰富、符合教育规律的短期性继续教育职业发展课程。这些课程可以围绕特定学科、特定教育阶段或特定专业领域开展。

为了吸引更多优秀的毕业生进入教育行业，南非政府可以实施更大力度的教师招聘活动，制定和评估教师招聘战略，注重提升教师的形象和社会地位。政府加大对就读初级教师教育的学生的奖金资助力度，制定更加完善的资助计划，随时关注教师缺口比较大的专业领域和地区，从而使得资助计划能最大程度上帮助解决教师缺口问题。

为了加强地方政府和相关机构对教师的帮助，政府建议南非建立省级

---

[1] Department of Higher Education and Training. Integrated strategic planning framework for teacher education and development in South Africa: 2011—2025[Z]. Pretoria: DHET, 2011.

教师发展机构。这些机构能更好地协调国家继续教育职业发展项目规划与地区继续教育职业发展需求，从而推行最大程度符合本地区需求的继续教育职业发展项目。南非还可以建立地区教师发展中心，这些中心主要为附近学校工作的教师提供进行职业交流和共享资源的场所。同时，政府还建议建立职业学习社区，方便教师和学校管理者等相关人员进行讨论，将教师纳入教师教育和发展项目的规划中，提高教师的专业水平。

政府建议南非建立更加广泛的正规教师教育体系，从而可以容纳更多新的合格教师，并提升在职教师水平，具体如下。

（1）建立教师知识和实践标准，以教学阶段和学科为基础进行分类，衡量在不同教育阶段和学科之下教师的知识和实践发展水平及现状。分类可以包括：基础教育阶段的算法，中等阶段、高级阶段和继续教育与培训阶段的数学，基础教育阶段的文学，各阶段的英语学习等。

（2）扩充、提升并优化教师教育机构，包括建立新的教师教育机构、增加现有教师教育机构中的教师教育项目等。

（3）建立省级教师教育委员会，考查教师教育的实际发展水平和现实目标，为制定切实可行的公立教师教育机构招生规划提供参考。

（4）加强基础教育阶段的教师发展和规划。

（5）建设教学见习学校和职业实践学校，加强教师教育项目中的教学实践或学校参与实践部分的培养和训练，从而使师范生在真正开始教学前有更充足的实践经验。

第十章 教育政策

　　1994 年 4 月，南非废除了长达几个世纪的种族歧视和压迫政策，在自由民主的基础上建立了南非新民主政府。虽然南非废除了长久以来对社会造成巨大危害的种族隔离制度并走向了自由与民主的道路，但是国家的政治、经济等各方面却还依然有种族隔离时期的烙印，这些烙印在短期内是无法消除的。尤其是在教育方面，由于民族、信念、文化、性别的不同，南非人民，尤其是南非本土人民和非白人在种族隔离时期受到了不同程度的不公平对待。[1]

　　新政府意识到长期的种族隔离制度对人民和社会造成的伤害不可能在短期内消除，因此他们寄希望于教育改革，对教育进行了大规模的改革，希望教育成为推动社会经济发展、实现民主政治和种族理解与包容、促进国家团结的重要手段。[2] 因此，自新南非成立以来，南非政府致力于解决种族隔离时代遗留下来的教育不平等和发展不均衡等问题，通过机构改革和一系列政策与规划，来促进南非的教育发展。

---

[1] 王竹青. 南非教师教育政策研究 [D]. 济南：山东师范大学，2013：11.

[2] 王竹青. 南非教师教育政策研究 [D]. 济南：山东师范大学，2013：11.

第一节 教育政策与规划

南非的教育政策按具体内容分为四类，涉及入学问题、学校管理、学校资助、课程和评估。南非国家教育政策因其类型不同，其制定过程和手续繁简有异，周期长短有别。南非国家教育政策的制定起始于国家教育部所公布的教育政策讨论草案，草案往往由教育部所任命的智囊团来起草和准备。教育部与智囊团及其他利益相关者，以草案为基础开展广泛调研，对草案中的主要问题组织讨论会，考察全国各地区及其他国家有关教育机构的实际情况，征询国家其他部委及利益相关者的意见和建议。[1] 教育部部长往往会签署并发布绿皮书。绿皮书作为教育行政政策，虽然具有实施效力，但其权威性、强制力、公信力相对较弱。因此，许多教育行政政策并不仅仅停留在绿皮书层面上，而是要经由进一步程序上升为白皮书。绿皮书发布并得到内阁认可后，一般要在教育部网站上公布，并号召公众对其展开讨论。同时，各省召开多个研讨会，议会委员会也举办多个听证会，全国议会也对绿皮书所涉及的教育问题进行专门讨论。经过这一系列过程之后，教育部部长最终签署并发布白皮书。白皮书作为教育行政政策，其权威性、强制力、公信力要强于绿皮书。白皮书发布后，相应的绿皮书就被替代、废止。[2]

一、教育体制改革与规划

一个国家教育的发展首先要有一套完善健全的教育体制机制。健全的教育体制机制能够使教育领域开展的改革更顺畅地推行下去，不至于因为

---

[1] 康建朝，尤丽雅. 新南非国家教育政策制定机制探微 [J]. 比较教育研究，2013，35（3）：70-74.

[2] 康建朝，尤丽雅. 新南非国家教育政策制定机制探微 [J]. 比较教育研究，2013，35（3）：70-74.

体制的混乱或不完善从而被迫中断或者低效率地进行改革。种族隔离时期的南非教育体制是分散独立的，各种族都有独立的教育系统，互不干涉。新南非成立以来，为了改变混乱分割的局面，南非力图通过一系列教育法和政策来促进教育体制的改革和完善。

（一）通过相关行政立法，奠定教育改革基础

南非宪法赋予每个公民受教育权，因此自从新南非成立以来，南非政府就努力使这一权利得到实现。自 20 世纪 90 年代以来，南非政府通过颁布各种教育法，为教育领域改革奠定法律基础。其中，最重要的教育法如下：1995 年颁布的《国家教育政策法》，确定了国家对教育的集中统一管理，并明确了国家与各省教育管理机构的关系；1996 年颁布的《南非学校法》，明确了学校教育体制改革的方向和举措，成为南非教育的主要法律遵循；1997 年颁布的《高等教育法》，以法律形式确定了南非高等教育的价值取向、基本原则和核心政策；1998 年颁布的《继续教育与培训法》，确立了建立和发展继续教育与培训体制的基础；2001 年颁布的《国家高等教育规划》和 2002 年颁布的《变革与重建：高等教育机构新框架》，确立了南非高等教育机构整合的具体方案和时间表。[1]

（二）制定教育行动规划，明确改革发展方向

2010 年，南非发布了《2014 年行动计划：面向 2025 年学校教育》。该行动规划中提出了南非基础教育发展的关键举措及内容。[2] 作为该行动规划的发展和延伸，2015 年，南非又发布了《2019 年行动计划：面向 2030 年学

---

[1] 资料来源于南非教育部官网。

[2] 资料来源于联合国教科文组织官网。

校教育》。该行动规划制定得更加全面和系统，并规划了处于不同阶段的中小学生所要达到的学习目标和所需掌握的基本技能，以及 R 年级至 12 年级学生所要完成的目标任务。[1] 南非在具体的改革实践过程中，通过发布行动计划的方式为具体的改革实践提供路径，使南非教育领域的改革能真正解决一直以来教育领域存在的问题，并结合当前国际形势放眼未来教育的发展。

（三）拆分教育管理部门，改革教育管理体系

2009 年，南非通过教育管理体制改革将国家教育部拆分为基础教育部和高等教育和培训部。基础教育部主要负责普通公立学校、私立学校、幼儿发展中心等的发展问题。高等教育和培训部负责大学、职业技术学院、继续教育学院和成人基础教育培训中心等教育机构的管理。除了中央的教育管理部门，南非各省均有各自的教育管理部门。各省教育厅负责执行中央下达的教育政策并处理地方教育事务；各省继续进行细分，层层分工执行国家教育政策。

二、教育政策与规划举要

（一）学前教育政策与规划

学前教育政策是南非教育比较有特色的一个组成部分。南非由于长期实行种族隔离制度，教育不均衡、不公平问题极其严重，白人享受着比较优质的教育资源，而黑人、有色人种等却连基本的受教育权都无法得到保障，教育质量更无从谈起。幼儿从孕育、出生到出生后几年的经历会影响

---

[1] 资料来源于联合国教科文组织官网。

儿童的一生，儿童早期教育的充分发展能够提高后期教育的质量。各种学前教育理论的发展以及国际社会对学前教育的逐渐重视，使得南非也日益意识到学前教育的重要性，南非陆续颁布了一系列教育政策与规划来促进学前教育的发展。表 10.1 展示了进入 21 世纪以来南非重要的学前教育政策与规划。

表 10.1 2000 年以来南非重要的学前教育政策与规划 [1]

政策	重点内容
《儿童早期发展教育白皮书 5：应对儿童早期发展的挑战》	一是扩大服务对象至 0—4 岁儿童。 二是在学校为儿童提供 R 年级教育。
《教育白皮书 6：全纳教育》	政府在 2020 年全面实现全纳教育的目标，各级各类教育均接收弱势学习者，减少其学习障碍。
《修正国家课程声明》	规定 R 年级的三个学习计划：识字计划、算术计划和生活技能计划。
《儿童早期发展综合计划》	扩大儿童早期发展部门，改善和增加学前教育服务。
《儿童早期发展国家整合计划（2005—2010 年）》	关注 0—4 岁儿童的发展。
《儿童早期发展服务指导方针》	重视 0—5 岁儿童学前教育政策的落实与更新；对学前儿童的服务、家庭保护、放学后保育、家庭保育等都做了详细的指导和规定，目的是使 0—5 岁儿童得到更全面的成长。
《国家资格框架法：教师教育资格最低要求政策》	对各级各类教育者资格做了详细规定。
《零号草案：2013—2018 年儿童早期发展国家综合行动计划》	为南非 0—4 岁儿童提供更好、更协调、更全面的早期发展服务。
《南非国家儿童行动计划》	为政府部门和民间机构旨在促进儿童福利的所有政策和计划提供整体框架。
《0—4 岁儿童国家课程框架》	改善学前教育质量，帮助开发每一个儿童的知识、技能、情感和态度，为以后上学、生活、学习和工作做好准备。

[1] 郭小晶. 新南非学前教育政策研究 [D]. 金华：浙江师范大学，2016：15-49.

自新南非成立以来，南非在儿童早期发展方面的一系列措施产生了可喜成效，最明显的成果是儿童入学率得到提高，但在其他方面依旧有很多需要完善的地方。例如，城市和农村差异依然比较大，基础设施不够健全，课程设置方面还存在不统一和混乱等状况。南非政府需要根据国际国内形势不断进行调整，从而为后续阶段教育的发展奠定基础。

（二）教师教育政策与规划

1994 年 4 月，非国大在南非首次全民选举中以绝对优势胜出。非国大执政后在南非政治、经济、文化、教育等各领域开启了全方位的种族和解、种族融合的过程，力图建设一个民主、平等、具有文化多样性的"彩虹之国"。这样的努力在南非教师教育改革中也得到了充分的体现，各种有关教师教育的法令法规、计划框架、标准规范等相继得以发布并施行。这些政策对南非构建种族融合的教师教育体系发挥了重要作用。[1] 南非政府通过一系列政策法令的颁布，完善教师教育体系，促进教师职前培养和后期专业发展，规范教师从业资格等。教师是提升教育质量的基本驱动力，一个国家如果教师的培养体系和制度不完善，教师的质量得不到提升，那么整个国家的教育水平的发展也无法得到保障。

1. 调整教师管理体系，建立民主的治理结构

用民主的教师教育体系替代种族隔离遗留下来的专制型的教师教育体系，这是新南非重建教师教育制度的核心所在。[2]1994 年，南非政府颁布《教育者雇用法》。1995 年，南非政府又颁布了《国家教育政策法》和《劳

---

[1] 熊健杰. 后种族隔离时期南非教师教育政策研究 [D]. 重庆：西南大学，2013：28-29.

[2] 张屹. 南非教师教育制度的重建：进展与成效 [J]. 教师教育研究，2010（4）：66-70.

动关系法》。通过这些法案的颁布，南非政府在质量保障、院校整合和教师权益保护等方面对教师教育改革做出了宏观制度安排，以此来改变种族隔离时期南非教师教育由各省教育管理机构负责的局面，同时加强了国家对教师教育的集中统一管理。此外，南非还专门成立了一批教师教育专业机构，如负责协调劳资纠纷的教育劳动关系委员会、负责对合格教师进行注册的教育从业人员委员会、负责对包括教师教育在内的整个高等教育进行质量保障和监督的高等教育委员会等。[1]

2．制定统一的标准和规范，提高教师教育质量

为应对教师短缺、素质不足和结构失衡等问题，南非政府从 2000 年起连续出台了《教育者规范与标准》《教师就业资格认可与评价标准》《南非教育信息化白皮书》《南非教师教育和发展国家政策框架：更多的教师、更好的教师》等政策，希望逐步提高教师的数量和教师队伍的素质。[2]

2007 年，南非教育部制定了以培养"更多教师、更好教师"为指导理念的《南非教师教育和发展国家政策框架：更多的教师、更好的教师》。该框架致力于为南非的教师补充和教师专业化发展提供一个总体策略，指出南非要构建一个协作的教师教育与发展支持系统，尤其强调通过国家教师教育体系的培训使教师能够顺利承担基础的、必要的教育教学任务，能够持续地增强自身的专业能力；使南非保持教师供求的动态平衡，以便学校能够招聘到足够数量的合格教师；使教师致力于提高教学质量并且秉持良好的专业道德水准。[3]

2011 年，南非发布了旨在提升教师教育与发展质量、提高教师素质

[1] 王娟娟. 后种族隔离时期南非教育现状、发展及挑战 [J]. 赤峰学院学报（汉文哲学社会科学版），2019，40（8）：154.

[2] 王竹青. 南非教师教育政策研究 [D]. 济南：山东师范大学，2013：11-28.

[3] 王竹青. 南非教师教育政策研究 [D]. 济南：山东师范大学，2013：11-28.

和教学质量的《南非教师教育和发展综合战略性规划框架（2011—2025年）》。[1] 该框架将教师教育改革提升到国家战略高度，对南非基础教育部、省级教育行政部门、高等教育和培训部领衔推动的教师教育与发展提出了15 项行动计划，具体见表 10.2。

表 10.2《南非教师教育和发展综合战略性规划框架（2011—2025 年）》行动计划 [2]

名称	行动计划	主要内容
基础教育部教师教育与发展规划目标与行动	行动计划 1	建立国家课程和专业发展研究所
	行动计划 2	开发并推行教师诊断性自我评估
	行动计划 3	开发并推行质量高、内容丰富的教师专业发展课程
	行动计划 4	开发并启用教师教育与发展信息系统
	行动计划 5	明确并解决短期和中期系统性的教师专业发展需求
	行动计划 6	加大教师招聘力度
	行动计划 7	加大教师职前教育奖学金资助力度
省级教育行政部门教师教育与发展规划目标与行动	行动计划 8	建立省级教师发展学校
	行动计划 9	建立学区教师发展中心
	行动计划 10	建立教师专业学习共同体
高等教育和培训部教师教育与发展规划目标与行动	行动计划 11	开发教师知识与实践标准
	行动计划 12	拓展并优化教师教育机构
	行动计划 13	建立省级教师教育委员会
	行动计划 14	加大基础阶段的教师培养力度
	行动计划 15	建立教学见习学校和专业实践学校

[1] 王竹青. 南非教师教育政策研究 [D]. 济南：山东师范大学，2013：11-28.

[2] Departments of Basic Education and Higher Education and Training. Integrated strategic planning framework for teacher education and development in South Africa, 2011—2025[R]. Pretoria: Departments of Basic Education and Higher Education and Training, 2011.

这些政策与规划为 21 世纪的南非教师重新界定了新角色、新能力，拓宽了教师教育的培养途径，试图通过教师的职前和职后一体化教育实现教师教育专业化发展，为南非培养一批有文化、有创新能力和批判精神的高素质教师。[1]

3．调整组织结构，实现教师教育大学化

2001 年，根据《高等教育法》，南非将教师教育学院并入大学等高等教育机构，将教师教育纳入高等教育范畴。伴随着高等院校的合并，截至 2005 年，南非全国可提供教师教育的教育机构精简至 20 所。虽然院校数量大幅减少，但教师教育资源利用效率有所提高，更重要的是教师培养的重点从"教师培训"真正转变为"教师教育"。[2]

（三）高等教育政策与规划

1．免费的高等教育政策背景

1997 年，南非政府出台的《教育白皮书 3：高等教育变革计划》规划了南非高等教育变革的远景图，确定了南非高等教育未来发展的原则和措施，企图改造高等教育体系以解决种族隔离时代遗留下来的高等教育体系的不公平和低效率问题，旨在通过发展高等教育来回应经济全球化时代对社会、经济与文化发展的要求。该变革计划勾勒出南非高等教育改革的四重愿景：（1）消除歧视，提供公平的入学机会与成功机会；（2）通过科学的职能规划

---

[1] 王竹青. 南非教师教育政策研究 [D]. 济南：山东师范大学，2013：11-28.

[2] Gordon Adele.Restructuring Teacher Education[M]. Johannesburg: Center for Education Policy Development, 2009. 25.

与各校在教学与研究活动中的合作来满足国家发展的需要;(3)通过相关课程与实践活动,倡导民主、尊重人权、文化包容的主流价值观,推动建立人道的、非种族的、无性别歧视的社会秩序;(4)推动知识和学术的大发展,以此对地方、国家、南部非洲乃至整个非洲背景下的多样化问题与需求做出回应,全面提高学术水准。[1]

自 1994 年以来,南非政府就通过扩大教育规模、加大政府财政投入和建立面向贫困学生的奖、助、贷制度等措施,来缓解传统弱势群体在享受宪法赋予的平等受教育权时由于经济因素造成的阻碍作用。经过 20 年的努力,南非高等教育的入学率得到一定提高,教育不公现象得到一定改观,但全国整体的高等教育参与率依旧偏低。2016 年,南非公立高等教育的全国参与率仅为 18%。虽然黑人及其他有色人种的入学人数得到了大幅提高,但参与率和完成率依旧低于白人。2015 年,南非爆发了多起大学生抗议活动,表达对于政府执行缓慢、改革不彻底的高等教育转型的不满。例如,2015 年 10 月 6 日,威特沃特斯兰德大学发生了名为"威特沃特斯兰德大学必须降学费"的抗议行动,约 5 000 人参与其中。2015 年 10 月 21 日,来自开普敦大学和开普半岛科技大学的 5 000 名学生在开普敦议会区游行,呼吁"费用必须下降",而且要求实行免费的高等教育。[2]

2016 年 1 月 14 日,祖马成立高等教育和培训调查委员会,并任命黑尔法官担任主席,就南非提供免费的高等教育和培训的可行性进行调研。2017 年,祖马将该调查委员会的最终报告公之于众,并正式宣告政府的改革方案。该方案表示政府将从 2018 年起向所有贫困和工薪阶层的南非青年提供免费的高等教育。预计超过 90% 的南非家庭将得到补贴,获得非贷款形式的全额学习开支资助。[3]

---

[1] Department of Education. Education white paper 3: a programme for the transformation of higher education[R]. Pretoria: Department of Education, 1997.

[2] 丁瑞常,康云菲. 南非祖马政府免费高等教育政策评析 [J]. 高教探索,2019(7):67-75.

[3] 丁瑞常,康云菲. 南非祖马政府免费高等教育政策评析 [J]. 高教探索,2019(7):67-75.

该方案的主要内容如下。

第一，从 2018 年开始，所有来自贫困家庭、工薪阶层家庭的南非学生将获得政府给予全额补贴的免费职业技术教育和培训，并将在五年内逐步实施。另外，政府还将投入资金以改善职业技术教育与培训学院的基础设施。[1]

第二，在 2018 年之后的五年内，南非政府对大学的补贴从国内生产总值的 0.68% 增加到 1%，以解决大学教育的总体资金投入不足问题。方案还指出新入学的贫困家庭或工薪阶层家庭的本科生，可享受由政府完全给予补贴的免费大学教育。补贴无须偿还，补贴金额将覆盖学生的全部学习开支。对于已获得国家对学生经济资助计划的学生，此后的贷款将全部转为无须偿还的助学金。[2]

第三，从 2018 年起，符合条件的南非失业者、社会补助金接受者、收入低于最低工资者、护士、警察等初级公务员的子女，可以通过政府提供的补贴，免费进入公立大学和职业技术教育与培训学院学习，补贴范围覆盖全部学习开支。

第四，继续由国家对学生经济资助计划负责管理和分配上述各类学生补贴。

2．政策评价

黑尔调查委员会的报告从整个国家的经济发展需要出发，建议对全民实行政府完全补贴式的免费职业技术教育与培训政策，以期扭转南非的人力资源金字塔倒置问题。对于具有更高个人回报的大学教育，黑尔调查委员会的报告则建议以政府担保的商业贷款替代政府直接的补贴。这样既能

---

[1] 丁瑞常，康云菲．南非祖马政府免费高等教育政策评析 [J]．高教探索，2019（7）：67-75.

[2] 丁瑞常，康云菲．南非祖马政府免费高等教育政策评析 [J]．高教探索，2019（7）：67-75.

缓解政府的财政压力，也能提高高等教育财政的可持续性，从而为职业技术教育与培训腾出更多可使用的公共资源。[1] 从总体上来看，黑尔调查委员会的报告比较贴合现实，从长远来看也具有可持续性，但实际上却有很多的不稳定因素隐藏其中。

虽然从表面上看，免费的高等教育政策有利于促进高等教育公平，能给更多人提供高等教育机会，但在南非这种免费的高等教育参与率整体偏低，且存在明显的种族差异和阶级差异。这种国家免费政策实质上是"让穷人替富人交学费"，是在加剧不公平，而非推进平权。高等教育免费并非真的免费，只不过是将原本由受教育者个人分担的那部分教育成本转嫁给了政府，归根结底是转嫁给了全体纳税人。[2]

第二节 教育政策的实施现状及问题

一、教育不平等现象仍然存在

为了改变南非因种族隔离历史造成的各种教育不公现象，南非政府推行了一系列促进社会公平的运动，为黑人等弱势群体提供更多的受教育机会，但南非国内教育不平等现象依旧很明显，未来还需要更多的努力去改变这种局面。

---

[1] 丁瑞常，康云菲. 南非祖马政府免费高等教育政策评析 [J]. 高教探索，2019（7）: 67-75.

[2] 丁瑞常，康云菲. 南非祖马政府免费高等教育政策评析 [J]. 高教探索，2019（7）: 67-75.

（一）教育不平等现象在高等教育领域格外明显

如今，黑人等传统弱势种族学生接受基础教育的比例逐年提高，但在高等教育领域，教育不公平现象依旧十分严重。[1] 以开普敦大学的招生情况为例。2013 年，南非共有 5 300 万，其中黑人为 4 228.4 万，约占总人口的79.8%；白人为 460 万，约占总人口的 8.7%。2013 年，开普敦大学共招收白人 8 360 人，黑人 6 137 人。也就是说，大约每 1 万名黑人中，有 1.45 名开普敦大学学生；每 1 万名白人中，有 18.17 名开普敦大学学生。[2] 虽然黑人进入高校的比例有所提升，但能如期毕业的很少，很多学生因为学费和学习基础较差等原因不得不延期毕业，甚至中途退学。南非种族关系研究中心研究发现，1995—2012 年，南非黑人大学生占比从 50% 上升至 70%，但只有 15% 的学生能够如期毕业，有近 50% 的学生中途辍学，全国整体按期毕业率偏低。2013 年，南非公立高等教育机构本科入学人数为 52.3 万人，而 2016 年仅毕业 9.4 万人，按期毕业率不足 18%。[3] 同时，在专业的选择上，黑人等弱势群体学生由于教育基础比较薄弱，因此更倾向于选择人文社会学科或是理工学院的证书课程，而白人一般都选择高层次理工科专业，这类专业收益相对比较高。[4] 南非虽然在弱势群体的入学机会、招生政策上有所倾斜，但弱势群体在进入学校以后面临的一系列问题上，包括弱势群体的基础教育水平较差、专业选择面较窄等方面依旧面临着很多的困难和挑战。

---

[1] 王娟娟. 后种族隔离时期南非教育现状、发展及挑战 [J]. 赤峰学院学报（汉文哲学社会科学版），2019，40（8）：154-158.

[2] 公钦正，薛欣欣. 南非后种族隔离时期高等教育招生政策变革及其启示 [J]. 重庆高教研究，2020，8（1）：93-104.

[3] 丁瑞常，康云菲. 南非祖马政府免费高等教育政策评析 [J]. 高教探索，2019（7）：67-75.

[4] 刘晓绪. 南非高等教育优惠政策研究——以后种族隔离时期为中心 [D]. 长春：东北师范大学，2015：6-32.

（二）不同种族之间教育不平等问题依旧严峻

新南非成立以来，虽然政府一直致力于改善黑人的教育资源，给他们更多的受教育机会，但非洲黑人相比其他种族群体，依旧在教育上处于劣势。以 2016 年不同种族平均受教育年限为例（见图 10.1），与其他种族群体相比，7—15 岁非洲黑人平均上学时间最短，只有 8.3 年；白人在教育机构接受教育的时间最长，7—15 岁平均受教育时间为 11.4 年；印第安人、亚裔和有色人种平均受教育年限都比黑人群体高。

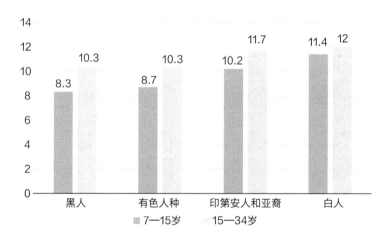

图10.1 2016年南非不同种族按年龄段划分的平均受教育年限[1]

表 10.3 按人口组别列出南非 25—64 岁成人所达到的最高教育程度，南非的劳动力基本由这个年龄段的人群构成。总体来看，在这个年龄段南非只有接近 12% 的人有初中以上学历。由表 10.3 可以看出，尽管南非总体上在教育成就方面取得了一些进展，但黑人在高等教育增长程度方面仍落后于其他群体。白人和印度人高等教育毕业生的所占比例最高，这两个人口

---

[1] 资料来源于南非统计局官网。

群体在受教育程度最低的人口中所占的比例却最低。非洲黑人中仍有大量的（约 300 万）人口在只接受过一定程度的初等教育后就辍学了。在南非，接受过一定程度的初等教育就辍学了的黑人比例达到了 86.1%。

表 10.3 2016 年南非 25—64 岁不同种族人群的受教育情况 [1]

受教育情况	数据	黑人	有色人种	印第安人 / 亚裔	白人	总和
未上学	人数	1 382 153	67 135	18 800	37 381	1 505 469
	百分比	91.8	4.5	1.2	2.5	100
学前	人数	18 448	1 379	191	257	20 275
	百分比	91	6.8	0.9	1.3	100
小学	人数	2 928 677	408 773	41 334	22 879	3 401 663
	百分比	86.1	12	1.2	0.7	100
初中	人数	13 359 575	1 720 847	538 247	1 384 799	17 003 468
	百分比	78.6	10.1	3.2	8.1	100
初中以上	人数	1 763 207	194 589	158 919	898 018	3 014 733
	百分比	58.5	6.4	5.3	29.8	100
总和	人数	19 452 060	2 392 723	759 491	2 343 334	24 947 608
	百分比	78	9.6	3	9.4	100

（三）不同地区之间教育发展不均衡

南非各省份由于受地理位置、历史发展、经济水平等各种因素的影响，教育水平差异较大，具体见图 10.2。与其他省份相比，不管是 7—15 岁还是 15—34 岁这两个年龄段，东开普省平均受教育年限最低；豪登省的平均受

---

[1] 资料来源于南非统计局官网。

教育年限最高，7—15 岁的平均受教育年限达到 9.6 年，15—34 岁的平均受教育年限达到 11.1 年。

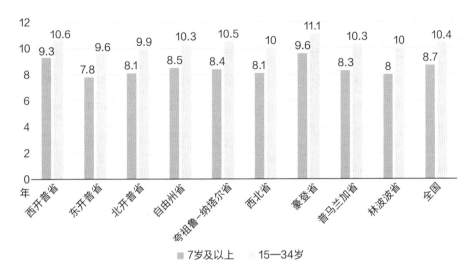

图10.2 2016年南非各省和全国按年龄段划分的平均受教育年限[1]

除了省份差异外，南非城乡之间受教育机会差别也较大。表 10.4 按院校类型、性别和地理位置列出了南非在不同类型的教育机构中就学的男女生人数及百分比。2016 年，南非全国共有学生近 1 900 万人，其中大多数都在公立机构上学。在就读私立机构的学生中，约 82% 居住在城市。在公立机构就读的学生中男女性别占比均匀，但在私立机构就读的学生中，女性比例要高于男性。[2] 由于城市经济更发达，所以从表 10.4 中可以看出城市中在不同教育机构就读的学生数量多于传统部落和农村地区，特别是农村地区的入学人数最少。

---

[1] 资料来源于南非统计局官网。

[2] 资料来源于南非统计局官网。

表 10.4 2016 年南非不同地区、不同教育机构的学生人数和百分比 [1]

地区	数据	公立机构			私立机构		
		男性	女性	总和	男性	女性	总和
城市	人数	4 556 471	4 630 195	9 186 666	883 970	922 352	1 806 332
	百分比	49.6	50.4	100	48.9	51.1	100
传统部落	人数	3 710 109	3 669 585	7 379 694	162 560	184 291	346 851
	百分比	50.3	49.7	100	46.9	53.1	100
农村	人数	279 894	278 104	557 998	30 422	27 775	58 197
	百分比	50.2	49.8	100	52.3	47.7	100
全国	人数	8 546 474	8 577 883	17 124 357	1 076 952	1 134 428	2 211 380
	百分比	49.9	50.1	100	48.7	51.3	100

二、教师数量依然不足，教师素质有待提高

伴随着教师教育大学化的推进，南非教师教育机构数量锐减。南非由于针对专门培养教师的机构进行了改革和整合，师范类毕业生的数量也发生了剧烈的波动。全国师范类毕业生的数量由 1994 年的每年 7 万人，下滑到目前的每年不足 6 000 人。教师数量不足已经成为制约南非教育发展的瓶颈之一。除此之外，南非教师在年龄、性别、学科等方面的结构失衡问题也很突出。据 2009 年的数据显示，南非 45 岁及以上教师占了 64.7%，教师队伍正在逐渐"老龄化"；数学、自然科学、经济和管理学等学科的教师严重不足。在南非高校里面，具有博士学位的大学教师仅占 34%。2011 年，南非近 40 万名教师中，只有 18% 的教师接受过大学及以上教育，仅有 60%

---

[1] 资料来源于南非统计局官网。

的教师具备南非最低教师从业资格，剩余教师却未达标。[1] 而南非基础教育领域的教师普遍学科知识和专业基础知识贫乏，教学能力有限。教师的专业素养和教学能力直接影响到南非的教育质量，为了促进南非教育的长远发展，南非要把教师教育和培养放在重要的位置。

三、教育政策缺乏长远规划，执行不力

总体而言，南非并没有一个针对国家教育发展的长期整体规划。南非长期以来实行的是"中央—地方"两级分权的教育管理体制。每个省，甚至每一个种族都有各自的教育、培训和管理机构。虽然后种族隔离时期教育管理权收归中央，但中央与地方"各自为政"的传统并没有被彻底打破，这导致国家的教育政策在执行过程中出现偏差，效率低下。而且，南非一些已颁布的教育法规过于笼统，缺乏对现实情况的仔细考量，因此很多政策无法实行，如祖马政府时期出台的免费高等教育政策。大学教育是昂贵的，由于大学不能仅靠政府财政来满足其运营成本，学生的学费在不断增长。不断提高的大学学费以及各种成本加重了学生的负担，影响了学生的入学率和毕业率。祖马政府出台的免费高等教育政策原本是为了减轻学生的负担，为那些因学费问题而无法进入大学校门的学生扫除障碍，但这样的政策过于理想化了。免费高等教育的前提是要有大额的财政投入和支持，否则经费向高等教育的倾斜势必会影响到国家其他方面的发展，造成的结果无非是"拆东墙补西墙"。

---

[1] 王竹青. 南非教师教育政策研究 [D]. 济南：山东师范大学，2013：11-28.

四、教育政策主要侧重公平，忽视效率和质量

南非社会改革以公平作为价值取向，公平导向的改革思路容易使南非的教育改革陷入低效率的泥淖中，进而阻碍教育发展，导致教育质量下降。[1] 比如，2017 年祖马政府出台的免费高等教育政策。这样的政策从浅层上来看是与新南非一贯以来强调的公平相匹配的，但是南非作为一个发展中国家，首先它没有足够的经费来支撑起这项政策。其次，对南非这样一个目前高等教育总体普及率并不高的国家而言，改革并不是一蹴而就的。南非高等教育的总参与率，也就是 20—24 岁学生占学生总数的比率仍然很低。南非设定的和南非的经济发展阶段相匹配的高等教育参与率是 20%，但是实际上这一比例数年来一直在 15% 到 16% 之间波动。[2] 这样的政策旨在解决因学费高昂等问题而不能接受高等教育或中途辍学的弱势群体的问题，但是也只能是从表面上实现高等教育的机会平等。那些受益于免费高等教育政策的有色人种学生是否有足够坚实的知识基础去高质量地完成高等教育的学业，高等教育的质量问题又能否得到保障，依然是悬而未解的问题。大量的经费从别的部门投入到高等教育领域来资助大学生，也势必会影响到其他教育阶段的公平和质量问题。

第三节 教育政策的经验与启示

一、以教育立法作为政策保障

教育法是国家意志在教育方面的体现，具有强制性。对教育进行立法

---

[1] 公钦正，薛欣欣. 南非后种族隔离时期高等教育招生政策变革及其启示 [J]. 重庆高教研究，2020，8（1）：93-104.

[2] 刘晓绪，陈欣. 南非高等教育改革中的平权行动政策分析 [J]. 外国教育研究，2015，42（3）：62-74.

不仅能提高教育在国家社会发展中的地位认同，还能保证发展教育所需要的人力、财力、物力的及时到位，消除教育工作中违背教育规律的行为，使教育发展有章可循。南非政府同世界上其他国家一样，比较重视教育立法在教育政策中的作用，针对教育制定了相关法律。例如，南非自1994年新政府成立以来，越来越重视学前教育事业的发展，制定和颁布了许多相关法律，为教育领域的变革与重建奠定了坚实的基础。1996年12月，新宪法规定，所有南非儿童不分性别、种族、肤色，均享有受教育的权利。[1]

新南非自1994年成立以来，各阶段教育都面临着改革。由于种族隔离制度，南非高等教育体系按照种族、类型割裂为复杂的结构与布局。南非种族主义政府集中资源兴办白人的大学以培养统治精英，白人高等教育基础雄厚，而非白人只能接受少量低质量、有差别的非白人高等教育。为了改变割裂不公的高等教育体系，促进新南非经济与社会发展，新南非自成立以来推行一系列针对黑人等有色人种的倾斜政策，推进平权行动，旨在弥补新南非之前对黑人等有色人种在教育资源分配上的不公。关于平权行动的主要法律是1993年的南非宪法，其中第8章第3节a条规定："为过去受歧视的人提供足够的保护和优惠措施，社会都会把它看作是合理的。"由此，平权行动在宪法中得到了肯定。宪法是保证平权行动顺利实施的基础和保障。[2]

二、教育政策的制定注重公平公正

新南非成立以来的两大主要目标就是促进社会的公平公正以及经济发展，而教育在其中起着不可替代的作用。南非教育的目标是重组教育体系，

---

[1] 郭小晶. 新南非学前教育政策研究 [D]. 金华：浙江师范大学，2016：25.

[2] 刘晓绪，陈欣. 南非高等教育改革中的平权行动政策分析 [J]. 外国教育研究，2015，42（3）：65-66.

解决历史上造成的种族歧视、贫穷等问题。南非把提高全国人民的教育水平作为国家的基本政策，以此来促进国家经济的稳步发展。二十多年来，新成立的民主政府一直致力于建立一个统一、公平的国家教育体制，使所有南非公民都能够平等地接受教育，尤其是为了改善在种族隔离制度下受到歧视和排挤的非洲黑人等弱势群体在社会中的政治和经济地位。例如，2013 年南非政府颁布《改善所有人获得免费和优质基础教育的机会》的政策文件。这项政策的重点是确保南非 40% 最贫穷的学生能继续提高他们所接受的教育质量，并在以后三年内彻底消除所有入学障碍，无论是上学距离、学费或其他一些障碍。这项政策把重点放在了最贫困的 40% 的人身上，这是一个覆盖面广泛的战略，促进了整个教育系统的稳定。

三、重视发展学前教育

由于南非政府对学前教育的重视和投入，近些年来，南非小学和中学的入学率每年都在增长。南非统计局的统计数据表明，小学入学率的增长是由于 R 年级入学率的扩大。南非对学前教育的投入产生的直接影响就是提高了基础教育的入学率，从而为基础教育的普及和终身教育理念的实践奠定基础。儿童早期是一个人人格形成、性格养成、认知发展的关键阶段，对于国家而言，儿童早期发展的状况会影响到未来劳动者的整体素质和劳动生产率，进而影响到国家整体生活质量以及社会的稳定发展。进入 21 世纪以来，南非更加注重儿童的早期发展，推行一系列政策来促进儿童的早期发展。针对儿童早期发展，南非制定课程框架，完善管理体系，规范各类早教机构的运作，对学前儿童的服务、家庭照顾、放学后保育等都做了详细的指导和规定。同时，南非没有忽视特殊儿童的发展，为身体残疾、智力发育不全、身患疾病的儿童和贫困儿童等处境不利儿童提供了相应的支持性策略。南非在儿童早期发展方面的政策和措施可以给我们提供很好的借鉴。

四、重视教师专业发展评价

教师专业发展评价有利于教师发现自身问题，从而有针对性地提高其专业水平。南非十分重视教师专业发展评价，在推动教师专业发展评价、促进教师专业发展方面的做法值得我们学习，具体如下。第一，南非运用了教师专业发展绩点这一量化工具。周期性记录教师获得的专业发展绩点情况，并以此为依据评定教师的专业发展状态，引导和促进教师不断进行自我专业发展。第二，南非开发和设计教师诊断性自我评估工具，推动教师开展诊断性自我评估。[1] 2011 年，南非发布《南非教师教育和发展性战略性规划框架（2011—2025 年）》，指出要开发并推行教师诊断性自我评估。第三，南非开发教师专业发展数据信息系统。这一系统如实记录教师参加继续教育培训活动、获得专业发展绩点的情况，直观地反映出教师的专业发展水平，使得教师管理机构、学校管理者、教师本人通过登录该系统，便能够及时了解所属权限内的教师专业发展情况。[2] 与南非相比，我国在教师专业发展评价方面，重视程度与发展水平稍显不足。我国采用的主要还是质性评价，对教师自我专业水平认识与后期提高作用不大。我们可以学习借鉴南非关于教师评价的优点，来促进我国教师专业发展水平的提升。

---

[1] 熊健杰. 后种族隔离时期南非教师教育政策研究 [D]. 重庆：西南大学，2013：21-62.

[2] 熊健杰. 后种族隔离时期南非教师教育政策研究 [D]. 重庆：西南大学，2013：21-62.

五、发展公平而有质量的教育

南非后种族隔离时期，教育改革以公平和民主作为价值取向，试图改变种族隔离时期遗留下来的教育不公平等一系列社会问题，从而促进社会的和平稳定发展。但过于注重教育的公平，只能短暂地促成"量"的增加，不能提升教育质量。新时期，为了实现教育的公平发展，南非应以公平而有质量的教育作为前进的目标和方向，从而推动教育从追求规模发展转变为重视质量内涵式发展。通过提高南非的基础教育质量，为南非弱势群体接受高等教育打下坚实的基础，实现"新"的教育公平。

南非虽然在一般入学方面取得了很大的进步，但有证据表明南非有关部门需要继续集中关注各阶段的入学情况。第一，政府需要更加积极地执行幼儿发展方案和高质量的基础教育，使学习者具备终身识字技能，并进一步促进后期学习，减少教育机构的辍学率。第二，政府必须注意学习者和教育机构的距离，以减少儿童进入教育机构学习的障碍。第三，获取高等教育机会的障碍必须被逐步淘汰，以便为那些有资格进入大学的人创造一个顺利的录取过程，并鼓励所有人接受高等教育。

教育政策承载着开发人力资源、推动经济发展以及促进社会融合的希望。中国和南非都是"金砖国家"，虽然都具有一定的经济实力，但是在从精英教育向高质量的大众教育转变的过程中，两国均深刻地受到有限经费办大教育的制约。在教育管理上，两国政府都倾向于积极的政策干预，重视发挥系统全面的教育战略的作用。

二十多年来，南非历届政府对教育的投入巨大，教育公平度获得极大改善，基础教育普及率大幅提高，高等教育成果显著，并建立起全国资格认证框架体系，促进了学历教育和职业资格的有效衔接。[1]但南非种族隔离

---

[1] 王娟娟. 后种族隔离时期南非教育现状、发展及挑战 [J]. 赤峰学院学报（汉文哲学社会科学版），2019，40（8）：154-158.

时期遗留下来的教育问题依然根深蒂固，与此同时，南非教育也面临着投入产出比低，教学水平落后，师资力量薄弱，教师人员匮乏和政策执行不力等挑战。要想实现教育的跨越式发展，建设成一个公平民主的国家，南非还需要不断地顺应时代的发展，针对层出不穷的问题及时调整教育政策，这条路任重道远。

第十一章 教育行政

　　教育行政是国家各级教育行政机关，根据国家的教育宗旨、法规及培养目标，运用国家或法律所赋予的权利对教育履行其职责。教育行政与国家政治、教育宗旨、教育政策密切相关。[1] 南非的教育行政与其他国家有些许不同，中央政府负责制定整个南非的教育指导方针，国家教育部门由基础教育部和高等教育和培训部两个部门组成，全国 9 个省份都有各自的教育部门。

第一节　中央教育行政

　　在 2009 年之前，南非国家教育部是一个整体部门。2009 年，南非的教育部门改革使得教育和培训机构从劳工部转移到高等教育和培训部。自此，南非的国家教育部门按照职能分为两个部：一个是基础教育部，一个是高等教育和培训部。两个教育部的最高直接领导分别为基础教育部部长和高等教育和培训部部长。

　　南非的教育领域包括：普通教育和培训、继续教育和培训以及高等教

---

[1] 胡彩业. 教育行政原理 [M]. 长沙：湖南大学出版社，2006：7.

育和培训。1996 年，南非颁布的《南非学校法》规定，7 岁（1 年级）至 15 岁（9 年级）的所有南非人都必须接受教育。普通教育和培训还包括成人基础教育和培训，这是为想完成基础教育的成人提供的。继续教育和培训在 10—12 年级进行，还包括在其他继续教育和培训机构（技术学院、社区学院和私立学院）提供的职业导向教育和培训。

南非政府一直把教育发展作为社会前进的动力和基础。根据南非宪法，所有南非人都有权接受基础教育，包括成人基础教育和继续教育。国家有义务通过合理的政策和措施，逐步提供和利用这种教育。南非是世界上公共教育投资率最高的国家之一。2013 年，南非教育支出占国内生产总值的 7% 和国家总支出的 20% 左右，政府在教育方面的支出高于其他任何部门。2015—2016 年，南非政府的基础教育支出大约为 2 034 680 亿兰特。[1]

一、基础教育部

基础教育部的目标是发展、维护和支持面向 21 世纪的南非学校教育体系，其愿景是建立一个所有人都能终身获得学习、教育和培训机会的南非，这反过来又有助于改善人民的生活质量和建设一个和平、繁荣、民主的南非。基础教育部侧重于初等和中等教育以及儿童早期发展，践行以结果为本位的战略目标，主要工作内容包括提高教学质量、进行定期评估、改善儿童早期发展、确保结果导向的教育规划和落实问责制等方面。

基础教育部提出了一系列价值观取向，包括：以人为本、提倡卓越、注重团队合作、提倡学习和创新。"以人为本"是指基础教育部要坚持宪法，对南非部长、政府和人民负责；"卓越"是指在所做的一切中追求卓越，

---

[1] 资料来源于品牌南非网站。

包括在政府及教育机构所做的一切工作均要坚持公平、道德和可靠，来保持高标准的绩效和专业精神；"团队合作"是指要以开放和支持的方式相互合作，并与教育合作伙伴合作，以实现共同的目标；"学习"是指创建学习型组织，学员能在其中寻求并分享知识和信息，同时致力于个人成长；"创新"是指努力满足高质量服务的培训需求，寻求实现目标的途径。[1] 基础教育部负责从 R 年级到 12 年级的所有学校，包括成人扫盲课程。在南非教育体系中，儿童在读小学前要接受一年的学前教育，即 R 年级。从 R 年级到 9 年级共划分为三段：R—3 年级为低段，4—6 年级为中段，7—9 年级为高段。9 年级毕业后（也就是我们通常所说的初中毕业后），学生可以获得普通教育与培训证书。[2] 通常情况下，9 年级学生在学业完成后，一部分学生将接受 10—12 年级的教育，其目的是为进入大学做准备，而另一部分学生选择入读继续教育或成人教育学校。[3]

基础教育部设有 1 位部长、1 位副部长、1 位司长和 7 位副司长。基础教育部由 7 个部门组成，每个部门均由副司长领导。这 7 个部门分别是司长办公室，财务与行政部门，教师、人力资源与机构发展部门，教育充实服务部门，规划和交付监督部门，规划、信息与评估部门，课程政策、支持与监督部门。司长办公室的目的是支持各部门工作以及部门和集体行动方案的协调和实施；财务与行政部门旨在为各部门提供行政支持；教师、人力资源与机构发展部门是通过与其他机构合作，有效地提供、开发和利用人力资源，促进提高教学质量和机构绩效；教育充实服务部门旨在为学习者和教师提供社会支持和辅助服务；规划和交付监督部门旨在协助基础教育部实现战略目标；规划、信息和评估部门旨在通过监测评估和规划，提高基础教育系统的教育质量和服务。[4]

---

[1] 资料来源于南非政府官网。

[2] 顾建新，牛长松，王琳璞. 南非高等教育研究 [M]. 北京：中国社会科学出版社，2010：11.

[3] 资料来源于南非政府官网。

[4] 资料来源于南非政府官网。

二、高等教育和培训部

高等教育和培训部负责本科直至博士学位的高等教育、技术和职业培训以及成人基础教育和培训。高等教育和培训部同时还负责监督公立和私立继续教育与培训学院。高等教育和培训部除 1 位部长外，还有 2 位副部长、1 位总司长和 7 位副司长，并设有 7 个司（见图 11.1）。这 7 个司分别为大学教育司，职业技术教育学院司，社区教育与培训司，技能发展司，首席财务办公室，行政和公司服务司，规划、政策和战略司。它们分别由 7 位副司长领导。

大学教育司旨在制定并协调政策和监管框架，以建立一个高效的大学教育系统。大学教育司下设 4 个处，具体如下。（1）大学规划和机构资助处：负责管理公共高等教育部门的规划和资助。（2）机构治理和管理支持处：支持和监测机构治理与管理，并提供部门联络服务。（3）高等教育政策制定与研究处：制定高等教育政策，规范私立高等教育体系。（4）教学和学习发展处：促进、发展、监测和评估资格、政策、方案和制度的实施，确保高校教学与学习的稳定发展。职业技术教育培训学院司负责处理技术与职业教育学院的课程与资格、系统规划与机构支持、考试与评估、财务规划与协调等问题。社区教育和培训司旨在规划、发展、执行、监测、维持和评估国家政策、方案和社区教育与培训系统。技能发展司旨在促进和监测国家技能发展战略。此外，它还负责相应的立法和政策执行，以建立一个持续的、高质量的和无障碍的学前教育和培训系统。首席财务办公室主要负责高等教育和培训部的财务管理、资产管理、资助赠捐款者、公共实体的监测和报告等工作。行政和公司服务司负责管理和监督人力资源管理服务的提供、管理和促进财务管理服务的提供、服务和转型计划的提供等工作，目的是为高等教育和培训部提供企业服务管理支持，以支持其战略目标的实现。规划、政策和战略司为高等教育和培训部提供许多横向（交叉）内容的相关服务，如法律服务、国际关系咨询、职业发展、开放学习和战略规划等。[1]

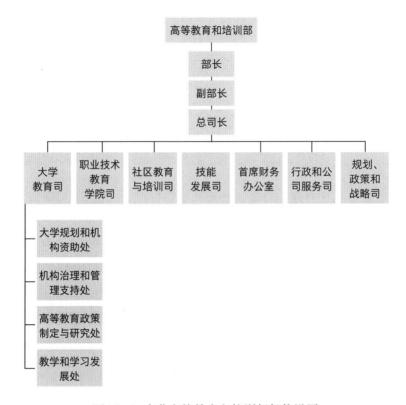

图11.1 南非高等教育和培训部机构设置

　　时至今日，南非政府还在努力纠正种族隔离制度造成的教育不均衡问题。与大多数其他国家相比，南非政府的教育支出在公共支出中占有很大的份额，约占国家总支出的20%。政府对教育采取的一系列改革措施和资金投入已经取得了一定的成就。例如，1993年，高等教育机构近一半的学生是白人，但自1994年以来，南非黑人的入学率几乎翻了一番，增长了91%，总体入学率增长了41%。[2]

---

[1] 资料来源于南非高等教育和培训部官网。

[2] 资料来源于品牌南非网站。

第二节 地方教育行政

南非的行政区划分为 9 个省，每个省都有各自的教育部门，分别为西开普教育厅、北开普教育厅、西北教育厅、普马兰加教育厅、林波波教育厅、夸祖鲁-纳塔尔教育厅、自由州教育厅、东开普教育厅、豪登教育厅。除了省教育厅，教育办事处也是南非的重要地方教育行政机构。

中央政府为学校政策提供了国家框架，行政责任在各省。通过选举产生的学校管理机构的权力可以进一步下放到基层，这些机构在学校的运营中具有重要的发言权。私立学校和高等教育机构虽然有相当大的自主权，但在某些方面须与政府的原则保持一致。例如，不得以种族或宗教为由将儿童排除在学校之外。

每个省份在不违背中央政府指导方针的原则下，都有比较大的自主权，都会通过各种项目以及政策措施来为各省教育的发展做出努力，还会积极寻求与国内其他组织或者国外教育组织进行合作。虽然各省的项目不尽相同，但最终的目标却都是一样的，旨在为各省的学习者提供尽可能多的教育资源，提高入学率，促进教育质量的发展，为地方及国家的发展提供更优质的人力资源，促进国家长远发展。

一、各省教育厅

南非共有 9 个省教育厅，选取其中几个介绍如下。

（一）西开普教育厅

西开普教育厅致力于确保西开普省的所有学习者获得他们必需的知识、

217

技能和价值观教育，从而为该省乃至国家的发展做出贡献。西开普教育厅旨在让每一所学校、每一个班级、每一个孩子都享受到高质量的教育。教育厅将西开普省划分为 8 个教育区，每年教授超过 100 万名学习者，拥有约 35 000 名教育工作者。西开普教育厅负责该省 1—12 年级的公共教育，除此之外，还提供专业教育服务，并资助和支持 R 年级教育。[1]

（二）北开普教育厅

北开普位于南非西北角，沿大西洋有约 313 千米的海岸线。它是南非 9 个省中面积最大的一个，占全国陆地总面积的 30.5%。尽管与全国其他地区相比，该省占地面积惊人，但根据南非统计局 2013 年中期数据，该省人口仅占南非总人口的 2.2%。[2]

北开普教育厅的愿景是逐步建立起一个素质教育体系，为北开普省的所有学习者提供优质的公共教育，使他们能够在一个充满活力和有发展潜力的社会中发挥作用。北开普教育厅秉持如下价值观：信息透明——确保民众能够根据相关法规获取信息；工作卓越——在所有交付级别努力达到卓越的绩效标准；坚持问责——对北开普省的公众和监督机构负责；秉持关心——对所有的民众关心爱护；正直诚实——真实正直；需求驱动——与民众需求完美契合；以目标为导向——为国家的长期发展而努力。北开普教育厅提供并运行最佳的行政及后勤支援系统，为全省提供优质的基础教育，通过基础教育课程为成人学员提供优质的学习机会，为全省所有幼儿普及优质幼儿发展服务，确保学校教育计划具有可及性、变革性和发展性等特征。[3]

---

[1] 资料来源于西开普政府官网。

[2] 资料来源于北开普政府官网。

[3] 资料来源于北开普教育厅官网。

（三）普马兰加教育厅

普马兰加教育厅紧跟中央的教育行政步伐，核心任务是为全体学习者提供不断提高的素质教育，为全体人民能力的发展奠定坚实的基础，促进社会的民主转型。普马兰加教育厅有如下功能定位：制定、评估和维护普通和继续教育和培训的政策、方案和系统；为本省提供教育政策、规划及发展支援服务；提供公司管理服务；提供财务管理服务以及供应和后勤服务；提供内部审计服务等。[1]

普马兰加教育厅通过与国内外各种组织的项目合作来促进本省的教育发展，具体见表 11.1 和表 11.2。

表 11.1 普马兰加教育厅与当地组织的合作项目 [2]

项目名称	资助方	时间	项目描述
普马兰加教育发展信托基金管理活动	企业	1997 年至今	项目旨在促进私营部门和政府之间的合作，符合公私合作教育的利益考量。
专业教师数学中心计划	专业教师数学中心	1998 年至今	项目旨在为数学教师和数学学习者提供支持和连续性发展服务，并提供幼儿保育和发展计划。
阅读教育项目	商业信托部门	2000—2005 年	项目由阅读教育信托基金实施，旨在通过阅读这个工具来减少重复上课的学生人数。

---

[1] 资料来源于普马兰加教育厅官网。

[2] 资料来源于普马兰加教育厅官网。

表 11.2 普马兰加教育厅与国外组织的合作项目 [1]

项目名称	资助国	时间	项目描述
美国和平队志愿者项目	美国	1997 年至今	项目志愿者为三个地区的社区服务学校。自 1997 年至今，已有 100 多名志愿者以两年合同的形式被派往对应社区学校。
加拿大-南非教师发展项目	加拿大	2000—2005 年	项目的重点是在基础阶段实施结果导向教育和全纳教育，共有 80 所学校参与该项目。
日本校舍工程	日本	2002—2004 年	日本的一个赠款援助项目，由国家部门协调，旨在建设 20 所中小学。
日本海外公司志愿者项目	日本	2002—2006 年	数学和科学项目的实施由日本志愿者来完成。

（四）林波波教育厅

林波波教育厅由 5 个区办事处和 134 个巡回办事处组成。该省有 7 所进修和培训学院和大约 4 015 所公立普通学校，容纳了 140 多万名学生。总部下设 4 个以高级总经理为首的分支机构，12 个以总经理为首的总公司，33 个以高级管理人员为首的分支机构。[2]

林波波教育厅秉持卓越、专业、创新和正直的价值观。卓越是指以结果为本位，具有成本效益，确保卓越的绩效，并努力使利益相关者满意；专业是指本着对当局负责、对利益相关者负责的态度和精神依法开展工作；创新是指在履行职责时思路或方法新颖；正直是指毫不妥协地遵守道德原则，在任何情况下都能做正确的事情，即使没有人监督也不例外。林波波教育厅的愿景是提供卓越、创新、优质的基础教育。教育厅致力于通过以

---

[1] 资料来源于普马兰加教育厅官网。

[2] 资料来源于林波波教育厅官网。

下方式在提供创新、优质的基础教育方面取得卓越成就：以创新高效的方式提供优质教育；对地区和学校给予最大限度的监督和支持；促进教育工作者和官员的不断发展；促进社区参与教育管理；确保公平有效地分配和利用资源；努力打造一支有能力、有动力的员工队伍等。[1]

（五）自由州教育厅

自由州教育厅的愿景是成为一个努力确保逐步实现普及教育、提高教育质量和消除自由州公民之间差距的部门。自由州教育厅的使命是为自由州省的所有儿童提供免费、义务、普及和平等的教育。自由州教育厅秉持不受教育机会的阻碍、纠正过去的失衡、普及素质教育、服务周到及时、员工尽职尽责的价值观。自由州教育厅有如下战略目标。（1）通过可持续利用的资源促进部门建设：为教育机构提供支持和相关服务；对符合规范的独立学校给予补助。（2）提供有效的优质基础教育资源：为1—12年级的学生提供有效的教学；为有特殊需要的学习者提供优质教育的机会；扩大和普及R年级教育。（3）提供无障碍的继续教育和培训计划：培养能促进经济增长和个人发展的技能；为年龄偏大的成年人和失学青少年提供优质教育。[2]

（六）东开普教育厅

东开普教育厅的愿景是通过高质量的基础教育，为学习者提供成为有生产力和负责任的公民的机会。教育厅倡导如下价值观：尊严、团结、自信、权利、信任、正直和国家情怀。教育厅承诺恪守如下工作原则：以同

---

[1] 资料来源于林波波省政府官网。

[2] 资料来源于自由州政府官网。

理心服务民众；以团队精神不断团结奋斗，注重全民素质教育；尊重并有礼貌地对待学习者、同事和利益相关者；激发民众对政府服务的信任；履行宪法规定的公平准入原则；信任和诚实是基本要求；在日常运营中表现出高度的诚信和责任感；培养学生的谦逊精神和主人翁意识。

为实现上述愿景，东开普教育厅将通过高质量的教学和适当的教育计划，调动社区和利益相关者的支持，在各级部门建立起问责制文化，提供优质的公共教育系统，使学校承担社区中心的角色，促进清明的政治、良好的道德和共同的价值观建设。[1]

二、教育区办事处

教育区办事处即地区办事处，是省级教育部门与各自的教育机构和公众之间联系的纽带。教育区办事处在确保所有学习者都能逐步获得高质量的教育方面发挥着关键作用。教育区办事处是地方教育的发展中心，为省总办事处和教育机构之间提供重要的沟通渠道。根据省级计划，教育区办事处的任务是在巡视办公室的大力协助下，与学校校长和教育工作者合作，改善教育机会，降低留级率，提供专业的管理支持，帮助学校在教学方面取得优异成绩。[2]

教育区办事处在巡视办事处的支持下，履行如下职责。（1）制定计划。教育区办事处负责收集和分析学校和地区数据，为学校和地区规划提供依据；协助学校编制改善或发展计划；将学校改善或发展计划纳入地区计划。（2）提供支持。教育区办事处为区内的教育机构提供有利的工作环境和有针对性的支持，使其能够按照教育法律和政策开展工作。通过学校走访、课

---

[1] 资料来源于东开普教育厅官网。
[2] 资料来源于南非政府官网。

堂观察、咨询访谈、分组会议、反馈报告等方式，教育区办事处协助学校校长和教育工作者提高学校的教学质量，为教育机构提供法律、政策和信息服务，促进区内所有机构的信息和通信技术连接，为管理人员、教育工作者和行政人员的专业发展提供有利的工作环境和组织支持。（3）担负监督和问责任务。教育区办事处负责落实本区教育机构的校长问责制；负责向省级教育部门汇报地区教育机构的绩效；按政策规定地区官员的角色、职能和绩效协议；负责会计核算并向省级教育部门汇报。（4）公众参与。教育区办事处以公开透明的方式向公众提供信息服务和公开咨询。

第十二章 中南教育交流

2003 年，中国政府和南非政府签署了高等教育合作协议，揭开了两国教育合作的新篇章。截至目前，中南两国的教育合作与交流取得了丰硕成果，两国教育合作的前景日益广阔。这激励着两国更加注重加强文化教育的交流与合作，携手开创中南合作共赢、共同发展的新时代。

第一节 交流历史

一、2000 年以前

中非友谊悠久深厚。600 多年前，举世闻名的中国航海家郑和下西洋就到访过非洲。新中国成立以来，在中国强大的经济实力背景之下，中国与非洲各国的联系更加密切，包括教育在内的文化合作一直被列入双方的外交议程。

中国与非洲各国的教育合作交流历史可以追溯到 20 世纪 50 年代。当时，新中国正处于发展起步阶段，同时也拉开了中非教育交流的序幕。埃及、喀麦隆、南非等国都有输送留学生赴华留学，教育交流形式以小规模教育援助为主，如提供奖学金和相关教育人才支持。20 世纪 70 年代末，得益于改革开放政策，中国经济开始复苏，对外交流也开始恢复，中国与南非的教育交流也日渐密切。

二、2000 年以后

2000 年，首届中非合作论坛召开，标志着中国与南非合作进入新阶段，也为 2000 年以后中南之间的教育合作奠定了基础，中南高等教育机构之间建立起友好交流关系。2003 年，中国和南非签署了高等教育合作协议，揭开了两国教育合作的新篇章。

中南两国政府在教育合作方面有广泛共识，高层互访频繁。2014—2017年，南非基础教育部率领了 3 个代表团访华。2016—2018 年，中国教育部派出 4 名副部长访问南非。中南双方签署了一系列教育合作的政府间协议和计划，为教育发展奠定了坚实的政治基础。中国表示愿同南非探讨在基础教育领域深化教师培训、课程开发、教材编写等交流合作。如果南非有需要，中方愿举办双边中小学教师培训班，特别是中小学数学教师培训班。南非表示期待与中国在基础教育领域开展合作，在学校开设中文课程。

近年来，在双方共同努力下，中南教育交流与合作关系保持强劲发展势头。2015 年，南非宣布中文作为第二外语被纳入南非的国家教育体系，南非成为首个将中文纳入国民教育体系的非洲大国。2018 年，中国与南非签署了高等教育学历互认协议。2018 年 10 月，南非独立考试委员会首次组织实施中文作为第二外语的大学入学考试（类似于中国的高考），并且将考试成绩纳入高考总分。2019 年 8 月 5 日，中国与南非政府在南非行政首都比勒陀利亚宣布，双方同意将每年 9 月 17 日定为南非中文日。

中南双方也注重职业教育的优势互补，为了推进与南非及其他非洲国家职业教育务实发展，加强产教融合，促进中国职业院校和企业联手"走出去"，2018 年 1 月，中国教育部中外人文交流中心与南非高等教育和培训部工业和制造业培训署在中国常州共同举办了"中国 – 南非职业教育合作·技术技能人才培养磋商会"，共同发起成立"中国 – 南非职业教育合作联盟"。合作联盟的成立为中南职业教育的交流和借鉴提供了一个广阔的平台。联盟成立后，中方和南非方相继有多所职业教育学院加入了联盟，如郑州旅游职业学院、南京科技职业学院、东开普敦米德兰职业教育学院、戈特锡班德职业教育学院等。2019 年 11 月，为促进中国与非洲其他国家职业教育合作和交流，助力"一带一路"建设和中非命运共同体构建，经联盟中方理事会研究决定，"中国 – 南非职业教育合作联盟"更名为"中非（南）职业教育合作联盟"。[1]

近年来，越来越多的南非国家元首访华，他们见证了一个真实的、文明的、开放的、友好的、充满希望的中国，深刻体会到教育在促进中华文化和文明的传承和创新以及经济社会快速发展中的特殊作用。他们希望借鉴学习中国的教育经验，促进南非的教育发展，从而更好地为南非的经济发展助力。

中国驻南非大使馆设立了文化教育处，与南非政府和教育机构保持着良好关系。南非许多富有远见的大学领导和师生们看到了世界发展的大势和中南关系的未来，希望扩大在南非的中文教学，促进学术交流和科研合作。例如，2018 年，约翰内斯堡大学成立了非洲 – 中国研究中心。目前，一些南非的大学在建立中国研究中心的同时，还相继建立起校际合作关系。中南双方正在积极推进双向留学推广促进工作。[2]

---

[1] 中非（南）职业教育合作联盟. 中非（南）职业教育合作联盟简介 [EB/OL]. (2020-01-28) [2023-05-17]. http://csatveca.ccit.js.cn/lmgk/lmjj.htm.

[2] 中华人民共和国驻南非共和国大使馆. 携手共筑中南教育文化交流合作的美好前景——林松添大使在"南非汉语教学成果展演"上的讲话 [EB/OL]. (2019-08-05)[2023-05-18]. http://za.china-embassy.gov.cn/dshdxwfb/2019/201908/t20190816_10406505.htm.

2017 年 4 月 24 日，中国国务院副总理、中南高级别人文交流机制的中方主席刘延东在南非比勒陀利亚和南非艺术和文化部部长、机制南方主席姆特特瓦共同主持机制首次会议，启动中南高级别人文交流机制。这是中国与非洲国家建立的首个高级别人文交流机制，旨在为发展和丰富双边、多边合作交流机制与项目创造新的机遇。中南高级别人文交流机制的合作领域涵盖教育、科技、文化、卫生、媒体、体育、旅游、青年、妇女、智库等领域。[1]

中南高级别人文交流机制首次会议的会议主题为"践行真实亲诚，增进民心相通"。会上，双方主签署了 3 份合作协议和 3 份合作备忘录。会议期间，双方还举办了"中非部长级医药卫生合作会议""中国 – 南非科技园合作研讨会""中南高端思想对话会""史蒂夫·比科医学院捐赠医疗器械仪式""中国南非手拉手——庆祝中南高级别人文交流机制启动暨新南非成立 23 周年文艺晚会""第二届中非青年大联欢""全国妇联向非国大妇联捐赠缝纫机仪式""访问德班理工大学孔子学院"等活动。[2]

2018 年 12 月 3 日，中国国务院副总理、中南高级别人文交流机制中方主席孙春兰在北京和南非艺术与文化部部长、机制南方主席姆特特瓦共同主持中南高级别人文交流机制第二次会议。会上双方共同签署了会议纪要。会议期间，双方举办了"中南人文交流成果图片展""中国南非相知相亲——庆祝中南高级别人文交流机制第二次会议暨中南建交 20 周年文艺晚会"等活动。[3]

为促进中南文化交流和相互了解，中国政府出资在南非设立了孔子学

[1] 北京大学中外人文交流研究基地 . 中南高级别人文交流机制简介 [EB/OL]. (2020-06-05)[2023-05-19]. https://www.igcu.pku.edu.cn/info/1281/1779.htm.

[2] 北京大学中外人文交流研究基地 . 中南高级别人文交流机制简介 [EB/OL]. (2020-06-05)[2023-05-19]. https://www.igcu.pku.edu.cn/info/1281/1779.htm.

[3] 北京大学中外人文交流研究基地 . 中南高级别人文交流机制简介 [EB/OL]. (2020-06-05)[2023-05-19]. https://www.igcu.pku.edu.cn/info/1281/1779.htm.

院和孔子课堂。2004 年，南非第一所孔子学院在斯泰伦博斯大学落成。截至目前，南非与中国共建立了 6 所孔子学院和 3 个孔子课堂。这些学院与课堂受到了南非各界的欢迎。每年，南非都有数百名师生通过夏令营和姊妹学校的邀请来华访学。南非孔子学院在中国与南非学校的校际交流中发挥了重要作用，极大地增进了两国高校和青年之间的相互了解与合作。2018 年，约翰内斯堡的孔子学院邀请并资助了 77 人访华。到目前为止，约翰内斯堡大学 8 个学院中已有 5 个学院的院长、教授和教员都访问了中国，姊妹学校间的合作非常密切。中国公派到南非的中文教师和志愿者将近 60 人。[1]

在中南双方共同努力下，两国的教育合作已成为中南人文合作的新亮点，增进了两国人民的相互了解和友谊，促进了交流与合作，为推动中南关系的发展奠定了坚实的社会和文化基础。

第二节 交流现状、模式与原则

一、交流现状

（一）中文教学在南非遍地开花

南非是目前拥有孔子学院和孔子课堂最多的非洲国家。孔子学院和孔子课堂是南非中文教学的主要平台。目前，有 54 名中国教师和志愿者在南非教授中文。除 6 所孔子学院外，还有 45 所南非中小学开设了中文课程，

---

[1] 中华人民共和国驻南非共和国大使馆. 携手共筑中南教育文化交流合作的美好前景——林松添大使在"南非汉语教学成果展演"上的讲话 [EB/OL]. (2019-08-05)[2023-05-18]. http://za.china-embassy.gov.cn/dshdxwfb/2019/201908/t20190816_10406505.htm.

这些课程惠及在校中小学生 7 100 多名、在校大学生 1 300 多名、社会各界学习人员 450 多名。为提高中文教学水平，中国驻南非大使馆与各孔子学院和孔子课堂合作，每年都会举办大学生、中学生"汉语桥"比赛。获胜者会被邀请参加在中国举行的全球总决赛。[1]

（二）南非来华留学生稳定增长

在金砖国家大学联盟的框架下，越来越多的中国大学和南非大学开展联合研究，携手培养人才。中国与南非多所大学正在逐步探索学分互认、硕士和博士联合办学等新的合作。近年来，在南非青年学生和家庭中掀起了一股前往中国留学的热潮，来华的南非留学生数量稳定增长。截至 2018 年，南非在华留学生人数已从 2014 年的 400 多人迅速增长至 3 000 多人，其中以自费留学生居多，年均增长 30%。中国政府每年都会向南非提供 100 多个政府奖学金名额。中国政府除继续向南非在华享受政府奖学金的学生提供奖学金外，还在 2018—2019 学年增加了 31 个南非在华留学生奖学金名额。这 31 名申请人获中国政府和大学批准，其中 5 人攻读博士学位，12 人攻读硕士学位。[2]

伴随着南非来华留学生的迅速增长，我们也要直面留学中出现的问题，寻求切实的解决办法。比如，南非医学专业来华留学生可能面临无法回到南非进行临床实习等问题。同时，中国在南非留学人数近年来呈下降态势，原因涉及很多方面。南非的教育在非洲是最强的，2023 年 QS 世界大学排名中

---

[1] 中华人民共和国驻南非共和国大使馆. 携手共筑中南教育文化交流合作的美好前景——林松添大使在"南非汉语教学成果展演"上的讲话 [EB/OL].（2019-08-05）[2023-05-18]. http://za.china-embassy.gov.cn/dshdxwfb/2019/201908/t20190816_10406505.htm.

[2] 中华人民共和国驻南非共和国大使馆. 携手共筑中南教育文化交流合作的美好前景——林松添大使在"南非汉语教学成果展演"上的讲话 [EB/OL].（2019-08-05）[2023-05-18]. http://za.china-embassy.gov.cn/dshdxwfb/2019/201908/t20190816_10406505.htm.

南非有 9 所大学上榜，其中 4 所进入前 500 强，同时也是非洲的前四名，它们分别是开普敦大学、约翰内斯堡大学、金山大学和斯泰伦博斯大学。南非在天文学、采矿、生物医学、交通等学科领域处于非洲领先地位。今后，我们应加强调研和宣传，充分利用南非高等教育的优势学科、优势专业，为国别和区域研究、非通用语种等各类人才培养服务。

二、交流模式

近年来，中国与南非在校际交流、语言教学、学术研究等领域开展了全方位合作，取得了丰硕成果。

（一）校际交流

近年来，中国和南非不断加强交流合作，从伙伴关系到战略伙伴关系，再到全面战略伙伴关系，两国关系已成功实现了"三级跳"。中国国家主席习近平曾多次对南非进行国事访问。

西开普大学国际处处长巴瓦指出：南非和中国同是金砖国家，南非渴望与中国高校有深入、长久的合作交流。西开普大学虽然地处非洲最南端，但却颇具"国际范"。该校 2.2 万名学生中，外国留学生约占 16%。目前，西开普大学与浙江师范大学开展合作交流，2021 年该校有 20 多名师生到中国交流学习。巴瓦说，"欢迎更多中国学生来南非，来西开普大学留学。中国是我们的友好国家，学校愿提供最好的（资源）给中国学生。"[1]

在 2010 年开始实施的"中非高校 20+20 合作计划"项目中，比勒陀利

---

[1] 中非（南）职业教育合作联盟. 中非（南）职业教育合作联盟简介 [EB/OL].（2020-01-28）[2023-05-17]. http://csatveca.ccit.js.cn/lmgk/lmjj.htm.

亚大学与东北师范大学、斯坦陵布什大学与湖南大学开展了校际合作。在金砖国家大学联盟框架下，中国 23 所大学和南非 5 所大学开展共同研究并联合培养高端人才。中国 11 所大学和南非 12 所大学开展了能源、计算机科学和信息安全、金砖国家研究、生态和气候变化、水资源和污染治理、经济学六大优先合作领域的相关合作。[1] 相信通过中南双方高校之间不断加强的校际合作、优势互补，两国高等教育将取得长足的发展和进步。

（二）语言教育交流

文化的交流不可避免地涉及语言的学习和交流。随着中国综合国力的稳步上升，中文在国际上的影响力越来越大，普及度也越来越高。为了推动中南文化的深度交流和合作，南非政府加强了对中文的重视，逐步推广并深化中文教学工作。

2015 年，南非基础教育部宣布将中文作为第二外语，纳入国民教育大纲，并于 2016 年试点实施中文教学先行先试计划。2016 年，中国国家汉办（现称中外语言交流合作中心）派遣中文教学顾问到南非基础教育部，帮助建立国家中文课程标准，制定中文教师培养培训方案，并设立大学入学考试中文科目。

2018 年 10 月，南非首次实施由中国专家参与设计和研制的中文高考科目。为了推动中文学习的进一步深入发展，今后南非应更加注重本土教材和师资力量的建设，在孔子学院发展规划的指导下，不断拓展办学功能，提高办学质量，进一步深化中文教学推广工作。[2] 以孔子学院为代表的中文

---

[1] 中华人民共和国驻南非共和国大使馆. 携手共筑中南教育文化交流合作的美好前景——林松添大使在"南非汉语教学成果展演"上的讲话 [EB/OL].（2019-08-05）[2023-05-18]. http://za.china-embassy.gov.cn/dshdxwfb/2019/201908/t20190816_10406505.htm.

[2] 北京大学中外人文交流研究基地. 中南高级别人文交流机制简介 [EB/OL].（2020-06-05）[2023-05-19]. https://www.igcu.pku.edu.cn/info/1281/1779.htm.

教学，在这个有 3 个首都、11 种官方语言的"彩虹之国"结出累累硕果，让两国人民的手牵得更紧、心贴得更近。斯坦陵布什大学孔子学院教室的墙上，挂着南非学生用毛笔写的中国古诗句："欲穷千里目，更上一层楼。"这正是未来中南两国教育合作交流的美好写照。[1]

目前，南非有 6 所孔子学院和 3 个孔子课堂，不仅积极开展中文语教学，而且还积极推动双方的师生互访、学术交流和科研合作。中方愿与南非密切合作，促进南非孔子学院与当地大学的对接，探索本土化和"中国 +"的发展模式，建设有特色的孔子学院。例如，约翰内斯堡大学孔子学院设立了中国研究中心，积极探讨共建国家重点科技实验室，目标是建成中文与学术研究相结合的孔子学院。德班理工大学的孔子学院服务于当地社区的就业需求，与中国本土企业合作开展技能培训和职业教育，目标是成为中国语言 + 职业培训的孔子学院。西开普大学孔子学院以推广传统医学教育为发展方向，将中医药与非洲本土医学研究相结合，打造中文与传统医学相结合的孔子学院。这些探索融入了南非大学自身的发展，为中南教育合作提供了新的路径和选择。[2]

与此同时，中方也在积极引进南非语言的教学。北京外国语大学是中国一流的外语教学高校，开设了 101 个外语教学项目，其中就包括祖鲁语、茨瓦纳语、科萨语和索托语等非洲语言课程，并已开始招收中国学生，还将出版祖鲁语教材和中文版祖鲁语词典。[3]

---

[1] 中非（南）职业教育合作联盟. 中非（南）职业教育合作联盟简介 [EB/OL].（2020-01-28）[2023-05-17]. http://csatveca.ccit.js.cn/lmgk/lmjj.htm.

[2] 中华人民共和国驻南非共和国大使馆. 携手共筑中南教育文化交流合作的美好前景——林松添大使在"南非汉语教学成果展演"上的讲话 [EB/OL].（2019-08-05）[2023-05-18]. http://za.china-embassy.gov.cn/dshdxwfb/2019/201908/t20190816_10406505.htm.

[3] 中华人民共和国驻南非共和国大使馆. 携手共筑中南教育文化交流合作的美好前景——林松添大使在"南非汉语教学成果展演"上的讲话 [EB/OL].（2019-08-05）[2023-05-18]. http://za.china-embassy.gov.cn/dshdxwfb/2019/201908/t20190816_10406505.htm.

（三）职业培训交流

为了推进南非与其他非洲国家职业教育的务实发展，2018 年，中南双方共同发起并成立了"中国－南非职业教育合作联盟"。根据南非《2030 年国家发展规划》，南非的职业技术人员数量严重不足，每年南非需要培训 5 万名职业技术人员才能满足国内的生产需求。由于南非自身培训条件欠缺，面对这个状况，中国高等职业技术院校和企业合作，安排南非学生来华学习并进行技能培训。他们可以在中国企业实习，这是一项互利双赢的务实合作。

2018 年 12 月，中国温州职业技术学院与中国华联机械集团举行校企合作暨南非留学生实习协议签约仪式。在仪式上，中国华联机械集团表示，集团将以企业员工的标准培养南非实习生，保证实习质量。中国华联机械集团提出，将进一步与中国温州职业技术学院做好沟通及衔接工作，深化校企合作和产教融合。中国温州职业技术学院也表示，将深入推进和中国华联机械集团的合作，加强沟通，充分利用双方资源优势，为中国温州地区乃至"一带一路"沿线国家的经济发展提供人才及技术支撑，努力打造产教融合的中国典范。[1]中国驻南非使馆教育组表示，将紧密结合南非需求和中国条件，探索在更多行业和职业开展中南合作，为南非培养更多的实用技能人才，助其成为引领非洲工业化的火车头。[2]

（四）平台机制交流

多年来，中南教育文化合作交流已经形成了一些品牌项目，为中南教

---

[1] 中非（南）职业教育合作联盟. 中非（南）职业教育合作联盟简介 [EB/OL].（2020-01-28）[2023-05-17]. http://csatveca.ccit.js.cn/lmgk/lmjj.htm.

[2] 北京大学中外人文交流研究基地. 中南高级别人文交流机制简介 [EB/OL].（2020-06-05）[2023-05-19]. https://www.igcu.pku.edu.cn/info/1281/1779.htm.

育文化等领域的合作和交流提供了便捷有效的平台，如中南高级别人文交流机制、"中非高校 20+20 合作计划"项目、"汉语桥"大学生中文比赛和"汉语桥"中学生中文比赛、中国政府来华留学年度奖学金项目等。今后，中南双方应提高质量，扩大影响，做好这些项目深入基层、深入民间的扎根工作，以便更好地促进中南人文交流与合作，深化两国友谊。[1]

三、交流原则

20 世纪 90 年代初，南非逐步走进民主教育时代。经过 30 多年的发展，南非教育已系统化，在国民发展体系中的重要性日益凸显。作为"一带一路"倡议在非洲的战略支点国家，中国与南非的文化教育交流具有示范性。

教育合作是"一带一路"倡议的内容之一，"育人为本，人文先行"始终是中南两国文化交流的重要原则。中国与南非在"一带一路"倡议框架下，要坚持人文交流先行，建立区域人文交流机制，搭建民心相通的桥梁。中南要加强两国的文化教育交流，合作育人，提高两国国民素质，为中国与南非共建"一带一路"提供人才支撑。中南高级人文交流机制就是这一原则的最佳体现。在今后的发展中，中国与南非两国须更加注意加强文化教育的机制化建设，始终保持政府高层对文化教育合作的高度关注。

在文化教育交流领域，中国政府与南非政府要强调"政府引导、民间主体"的原则。双方应加强沟通协调，整合多种资源，引导两国教育融合发展，发挥学校、企业及其他社会力量的主体作用，活跃中南教育的合作局面，丰富两国教育交流的内涵。2016 年 7 月 15 日，中华人民共和国教育

---

[1] 北京大学中外人文交流研究基地. 中南高级别人文交流机制简介 [EB/OL]. （2020-06-05）[2023-05-19]. https://www.igcu.pku.edu.cn/info/1281/1779.htm.

部印发《推进共建"一带一路"教育行动》通知，为中国各学校、企业及其他社会力量助力中南文化教育交流提供政策指引。在此政策指引下，中国的学校和相关社会组织纷纷投身于中南文化教育交流，为其贡献自己的一份力量。毋庸置疑，在中国与南非的教育合作方面，政府自始至终将起着引领、推动的作用。同时，不容忽视的是，随着中国民间资本对南非教育的关注，中国与南非教育合作的主体将以民间合作为主。

在中南文化教育交流的过程中，双方应该坚持"共商共建、开放合作"的原则。"共商、共建、共享"不仅是中国与南非政治、经济合作的必然要求，也是两国推进教育发展规划相互衔接，实现中南两国教育融通发展的必然要求。唯有如此，两国才能在命运共同体的道路上越走越远。比如，中南双方职业教育的优势互补，就很好地体现了这一原则。"中国－南非职业教育合作联盟"的成立为中南职业教育的交流和借鉴提供了一个广阔的平台。中方和南方相继有多所职业教育学院加入了联盟，在推进中国与南非及其他非洲国家职业教育的务实发展，加强产教融合，促进中国职业院校和企业联手"走出去"方面发挥了巨大的作用。[1]

中国与南非在进行教育交流的同时，应该加强两国文明之间的对话，寻求教育发展最佳契合点和教育合作的最大公约数，促进中南两国在教育领域互利互惠。中国和非洲的交往，独特之处就在于互相理解和尊重，从不把自己的价值观强加于对方，这与西方国家有根本区别。两国在 2017 年建立的高级别人文交流机制，是中国同非洲国家建立的首个政府间高级别人文交流机制，对中非文明交流互鉴、发展中国家人文合作起到引领效应。在教育领域，中南两国已从双向留学、中文教学等合作拓展到大学生创业教育、职业教育等方面。现在很多南非青年到中国留学，热衷学习未来发展所需要的技术，希望能在数字化和工业化转型的时代提升竞争

[1] 中非（南）职业教育合作联盟. 中非（南）职业教育合作联盟简介 [EB/OL].（2020-01-28）[2023-05-17]. http://csatveca.ccit.js.cn/lmgk/lmjj.htm.

力。而南非作为"彩虹之国"也对中国青年具有较强的吸引力。在中南双方的共同努力下，两国教育合作已成为中南人文合作的新亮点。两国文化教育交流合作增进了两国人民的相互了解和友谊，为中南全面战略伙伴关系的发展奠定了坚实的社会和公共基础，也实实在在地促进了南非教育的发展。

第三节 案例与思考

2018年1月，中国－南非职业教育项目由中国教育部中外人文交流中心与南非高等教育和培训部工业和制造业培训署共同打造，以中国－南非职业教育合作联盟为基础，优选了部分特色鲜明、水平卓越、教育国际化程度领先的高职院校开展的国家级跨国培训项目，目的是推进中国与南非及其他非洲国家职业教育的务实发展，加强产教融合。[1]

一、合作案例

（一）成立中国－南非职业教育合作联盟

2017年4月，中国和南非两国建立高级别人文交流机制。为丰富机制内涵，推进南非及其他非洲国家职业教育的务实发展，加强产教融合，2018年1月，中国－南非职业教育合作联盟成立。中南双方共58家参会单位现场签署了"中国－南非职业教育合作联盟"成立宣言，其中中方包

---

[1] 中国文化和国际交流中心. 中国－南非职业教育合作联盟中方理事会成立暨年度工作会议在常州召开 [EB/OL]. （2021-08-25）[2023-05-18]. http://ccieec.com/index.php?m=home&c=View&a=index&aid=184.

括教育部中外人文交流中心、河南省教育厅、27家院校和20家企业；南非方包括南非高等教育和培训部工业和制造业培训署、6所院校和2家教育机构。联盟旨在搭建开放性平台，秉持共商、共建、共享的理念，推动中南职教合作，深化产教融合，创新技术技能人才培养模式，发挥教育培训在促进人文交流、经济发展和产业升级中的先导性、基础性和广泛性作用。[1]

2019年11月15日，由中国教育部中外人文交流中心主办、黄河水利职业技术学院承办的"中国－南非职业教育合作联盟年会暨产业发展研讨会"在河南开封举行。会上，中南双方高校代表签署了共建"大禹学院"意向书，南非与中国郑州铁路职业技术学院签署了共建"轨道交通行业中外人文交流研究院"意向书。专家学者分别围绕人工智能时代高端技术技能人才培养、中非职业教育合作与青年人才培养等做了主题发言和经验交流。

截至2018年，河南省20余所高校共招收非洲留学生1 051人，河南高校和非洲各国院校的教育交流日趋活跃。此次年会的召开，进一步推动了中南双方在教育文化、科技服务、学生培养等方面的交流与合作，深化了产教融合，是技术技能人才培养模式的一次创新。[2]

（二）南非学生、教师来华学习培训项目合作协议

为落实中南高级别人文交流机制会议精神，发挥中国－南非职业教育合作联盟的平台作用，统筹协调好中南双方院校及相关机构资源，促进南非学生、教师来华学习培训项目的有序开展，在中国－南非职业教育合作

[1] 中非（南）职业教育合作联盟. 中非（南）职业教育合作联盟简介 [EB/OL].（2020-01-28）[2023-05-17]. http://csatveca.ccit.js.cn/lmgk/lmjj.htm.

[2] 中国教育信息化网. 中国南非联手助推职教发展 [EB/OL].（2019-11-18）[2023-05-18]. https://web.ict. edu.cn/world/w3/n20191118_63644.shtml.

联盟双方秘书处的共同努力下，经过多轮研讨磋商，《中国－南非职业教育合作联盟·南非学生、教师来华学习培训项目合作协议》于中国－南非职业教育合作联盟中方理事会成立暨年度工作会议期间签署。

协议要求项目实施单位提高政治站位，通过组织实施南非学生、教师来华学习培训项目，加强中南职业教育产教融合，对接中南社会经济战略发展，促进南非学生的成长发展，为中南技术技能人才培养、产业转型升级和社会经济发展发挥积极作用，为推动中南人文交流和全面战略伙伴关系的行稳致远贡献力量。协议确定，由中国教育部中外人文交流中心、南非高教培训部工业制造业培训署和中国－南非职业教育合作联盟中南双方执行秘书处代表共同组成项目管理委员会，对项目的规划、实施、应急处理等重大事项进行讨论与决策。联盟中南双方执行秘书处分别具体负责项目在各自国家的的组织和协调。为保障项目的合法性和规范性，确保项目实施质量，协议明确项目须通过联盟统筹实施，原则上在联盟成员单位范围内开展。

协议约定，南非方应为中方院校实施项目提供必需的经费支持（包括学费、住宿费、餐费、保险费、体检费、出入境手续费等），承接项目的中方院校应为项目实施提供相应配套资源。项目具体资助经费数额和拨付比例由南非方与项目承接中方院校另行协议约定，南非方须按协议约定，足额拨付经费。

协议要求，南非方每年派往中国的学生和教师数量须达到一定规模；负责制订南非学生和教师来华培训计划，并提前三个月通知中方；支持中方院校和企业根据中国法律法规、学院校纪校规、企业厂纪厂规对南非项目的学生和教师进行管理；须在中国境内设立办事处，对项目实施进行跟踪管理，对实施过程中可能出现的问题制定预案，并在问题出现时及时进行应急处置。

协议提出，中方应推荐优秀院校和企业承接项目；对项目实施予以统筹协调和指导，开展项目实施质量的监督评估；负责项目实施的信息管理，编制项目实施情况年度报告；定期或不定期召开项目实施中方院校和企业工作会议，研讨项目实施过程中的问题、困难及解决方案。

中国－南非职业教育合作联盟开展实施的南非学生来华学习项目，已被纳入《中华人民共和国与南非共和国高级别人文交流机制第二次会议纪要》和中非合作论坛北京峰会教育领域后续落实任务清单。中国－南非职业教育合作联盟将继续推进实施中南中非技术技能人才培养等工作，服务"一带一路"建设，推进中南和中非人文合作发展。[1]

（三）南非学生来华学习项目——以中国重庆职业管理学院为例

2019年6月4日，南非中国文化和国际教育交流中心领导来到中国重庆职业管理学院进行访问，并就双方的具体合作进行了沟通交流。双方举行了"中国－南非职业教育合作联盟2019年南非学生来华学习项目"调研会。

中方介绍了中国重庆职业管理学院在专业建设、校企合作、产教融合、国际教育等方面的办学优势和综合实力，以及中国－南非职业教育合作联盟南非学生来华学习项目的背景、运行模式和实施情况，解读了该项目"请进来与走出去、政府合作与民间合作、教育合作与产业合作"的工作思路，分享了项目运行两年以来中国部分高职院校培养南非来华留学生的教育、教学和管理经验。

中方希望通过中南两国职业院校的通力合作，把中国职业教育资源和职业技能培训模式"输出"到南非，更好地将南非大学生培养成中国"走出去"企业的代言人。双方还就实习实训基地建设、培养模式、标准建设、

---

[1] 中国教育新闻网. 南非师生来华学习培训项目合作协议签署 [EB/OL].（2019-01-28）[2023-04-30]. http://www.jyb.cn/rmtzcg/jzz/201901/t20190128_212901.html.

资源开发等内容展开充分探讨。中方表示，学校高度重视南非学生来华学习项目，并把开拓中南职业教育合作作为推进学校国际化进程的重要举措，充分发挥学校国际化教育资源优势，积极探索高职院校与行业、企业跨国培养留学生的办学模式，大力推动具有中国职教特色的技术技能型人才培养"输出"模式的创新发展。[1]

二、问题与思考

（一）交流存在的问题

纵观中南关系的历史与现状，双方的教育交流取得了丰硕成果，在交流层次、交流规模和机制化程度等方面明显提升。然而，相对中南在战略互信、经贸合作领域的快速发展而言，双方在教育交流方面相对滞后，在民心相通方面仍存在很多问题和障碍。在中南关系发展进程中，一直存在重经济、重贸易、重硬件而轻人文、轻思想、轻软件传播的问题。现有的合作平台与路径有一些流于表面形式，不成体系，远远不能适应中南关系快速发展的态势。虽然近年来中南教育交流有不少实践，但缺乏理论总结与思想凝练，缺乏理念建构和优势话语转化，这导致中南教育交流在面上"热热闹闹"，但"留得住""影响远"的成果不多，难以深入服务国家战略目标。可以说，中南教育交流亟待从量变到质变。

---

[1] 一带一路网. 重庆工程职院：在"一带一路"上讲好职业教育故事 [EB/OL]. （2019-12-31）[2023-04-30]. http://ydyl.china.com.cn/2019-12/31/content_75565275.htm.

（二）未来改进的方向

中南双方应以"合作发展、共享共赢、开放包容、互学互鉴"为原则，广泛借鉴其他高级别教育交流机制的经验，高起点建立中南高级别教育交流机制，将教育交流打造成为两国关系的牢固纽带。

中南双方可以从基础领域做起，稳扎稳打，确保对话有机制、交流有渠道、合作有实效，具体如下：（1）强化顶层设计，发挥好中南高级别教育交流机制的高端引领作用；（2）聚焦重点领域，提升中南教育交流的针对性和实效性；（3）加强理念支撑，不断充实中南教育交流的思想和理论内涵。

中南可建立两国部际磋商机制，扩大高层交流。双方完善高校学历互认体系，设立专项奖学金，促进留学生交流，深化高校务实合作，推动人才联合培养和合作研究。中方支持南非高校建立"中国研究中心"，加强中国高校的非洲研究能力建设，同时加大对顶尖南非学者的引进力度，中南合办职业技能培训学院等机构。中国援建南非小学，邀请南非高中生访华。两国加强教育改革经验的交流与借鉴，召开大学校长论坛，推动和促进对南教育援助、人力资源开发和非洲教育研究。

双方应拓展合作内容和路径，整合学术机构和学者力量，建立更加包容、开放、稳定的合作关系。双方可积极推动智库论坛的机制化和国际化，打造具有广泛影响的学术交流平台。

当前，中南双方加强教育交流的愿望强烈。双方必须把握历史机遇，积极落实达成的重要共识，针对存在的问题明晰目标内容，全方位提升交流层次，为深入推进中南关系、共同实现"中国梦"和"非洲2063年愿景"，筑牢社会和民意基础。[1]

---

[1] 中国政府网. 刘延东出席中南高级别人文交流机制首次会议 [EB/OL].（2017-04-25）[2023-05-19]. https://www.gov.cn/guowuyuan/2017-04/25/content_5188803.htm.

中国愿意向世界提供中国机遇、中国智慧、中国方案、中国经验和中国借鉴，带给国际社会更加强大的正能量。南非各界对中国充满期待，对中国教育充满期待，对中南教育合作交流充满期待。在中南教育合作交流呈现良好发展态势的情况下，在两国政府有关部门的积极推动和各方的共同努力下，中国与南非合作伙伴齐心协力、整合资源、聚焦需求、精准发力，有效推进中南教育合作交流各项工作，为促进中南教育交流、夯实双边关系做出应有的贡献。[1]

---

[1] 北京大学中外人文交流研究基地. 中南高级别人文交流机制简介 [EB/OL].（2020-06-05）[2023-05-19].
https://www.igcu.pku.edu.cn/info/1281/1779.htm.

结　语

　　2013 年 9 月和 10 月，中国国家主席习近平先后提出共建"丝绸之路经济带"和"21 世纪海上丝绸之路"的重大倡议。"一带一路"倡议提出以来，得到了国际社会的高度关注与认可，积极响应的国家和组织已有 200 多个，其中与中国签署合作协议的国家和国际组织已达 160 多个。作为一个能惠及"一带一路"沿线国家的倡议，"一带一路"倡议合作的领域丰富多样。除了经济领域、政治领域、社会文化领域外，教育合作将是"一带一路"合作的续航发动机，其影响和意义也将深远而绵长。事实上，在推进"一带一路"倡议的进程中，文化与教育发挥着基础性、先导性和广远性的作用，研究对象国的文化教育情况对我国文化教育的发展与对外文化教育交流意义重大。

　　《推动共建丝绸之路经济带和 21 世纪海上丝绸之路的愿景与行动》（简称《愿景与行动》）提出："一带一路"沿线各国资源禀赋各异，经济互补性较强，彼此合作潜力和空间很大，以政策沟通、设施联通、贸易畅通、资金融通、民心相通等五方面为主要合作内容。其中，民心相通是"一带一路"建设的社会根基。要传承和弘扬丝绸之路友好合作精神，沿线各国应广泛开展文化交流、学术往来、人才交流合作、媒体合作、青年和妇女交往、志愿者服务等，为深化双多边合作奠定坚实的民意基础。《愿景与行动》中提到，我国应与"一带一路"沿线国家在文化教育交流上深化合作，深入交流，促进双方民意相通；要扩大相互间留学生规模，开展合作办学，中国每年向沿线国家提供 1 万个政府奖学金名额；沿线国家间互办文化年、艺术节、电影节、电视周和图书展等活动，合作开展广播影视剧精品创作及翻译，联合申请世界文化遗产，共同开展世界文化遗产的联合保护工作；深化沿线国家间人才交流合作。[1] 因而，对"一带一路"沿线各国的文化教育研究，应该是实现对"一带一路"国家全面了解的重要内容之一。略有遗憾的是，仅就学术研究而言，近几年来，国内外对"一带一路"沿线国家的研究已成果斐然，但仍主要集中在一般性政策研究上，如对"一带一路"倡议的解读、对经济贸易或国情的介绍等。这也为本书的出版提供了一片蓝海区域，这恰恰是本研究的意义所在。

本书研究的对象国——"彩虹之国"南非，位于非洲南端，是非洲的第二大经济体，也是当今非洲经济最发达的国家。在种族隔离制度废除之前，南非国民经济各部门发展水平差异很大，区域发展极不平衡，贫富差距巨大，社会矛盾突出。由于种族隔离制度废除年限不长，社会整合尚在进行中。社会整合的一个重要前提就是实现种族平等，种族民族平等的根本途径在教育。尽管政府一直在努力，但南非国内社会整合困难重重。目前南非仍然面临失业、贫困、不平等三大难题，以及其他社会矛盾。

1994 年废除种族隔离制度后，新南非民主政府进行了旨在推进国家建设、培育民主价值观念和促进教育公正的教育改革。政府推动一系列平权运动，包括加大教育投入、加强黑人院校的办学条件和办学水平、增加弱势群体的入学机会、加强技术工程专业等。进入 21 世纪之后，南非变革了基于种族隔离制度而建立起来的高等教育双轨制体系，政府进一步着力推进高校合并。南非政府还围绕语言平等和多语教育政策，颁布了多项法律法规。在宪法的指导下，南非政府为了保障多语教育的顺利实施，先后颁

---

[1] 推动共建丝绸之路经济带和 21 世纪海上丝绸之路的愿景与行动 [EB/OL]. (2015-03-28))[2023-08-30]. https://www.mfa.gov.cn/web/zyxw/201503/t20150328_332173.shtm.l.

布了《国家教育政策法》《高等教育语言政策》等法律法规。经过近 40 年的发展，南非教育已形成自己的特点，并在非洲处于领先水平。总结南非教育的特点，可以概括为以下几个方面。

一、重视教育立法

自 20 世纪 90 年代以来，南非政府颁布了多项教育法律法规，为教育改革奠定法律基础。其中，比较重要的教育法包括：1995 年颁布的《国家教育政策法》，确定了国家对教育的集中统一管理，并明确了国家与各省教育管理机构之间的关系；1996 年颁布的《南非学校法》，明确了学校教育体制改革的方向和举措，成为南非教育的主要法律遵循；1997 年颁布的《高等教育法》，以法律形式确定了南非高等教育的价值取向、基本原则和核心政策；1998 年颁布的《继续教育与培训法》，奠定了建立和发展继续教育与培训体制的基础；2001 年颁布的《国家高等教育规划》和 2002 年颁布的《变革与重建：高等教育机构新框架》，确立了南非高等教育机构整合的具体方案和时间表。总的看来，立法先行为南非教育的发展提供了法律保障，使得南非的教育发展有法可依，有章可循，避免了无序发展和恶意竞争。

二、注重政府引导规划

南非政府一直在教育领域起着引导作用。长期以来，南非政府以国家层面的发展规划来制定教育发展目标，引导教育发展，并且不断更新和完善教育发展规划。2010 年 11 月，南非发布了《2014 年行动计划：面向 2025

年学校教育》，提出南非基础教育发展的关键举措及内容。[1] 为了发展和延伸该行动计划，2015 年 4 月，南非又发布了《2019 年行动计划：面向 2030 年学校教育》。[2] 该规划更加系统全面地规划了处于不同阶段的中小学生所要达成的学习目标和所需掌握的基本技能，以及 R 年级至 12 年级学生所要完成的目标任务。在汲取以往基础教育发展经验的基础上，新版行动规划顺应了新的形势变化，更加注重教育质量的提升和最低教育标准的设定。政府的宏观指导对于南非教育的发展起到了结构性作用，教育的发展在政府政策的指导框架下目标明确，思路清晰，增大了南非教育的容错率，减少了教育的盲目性。

三、关注教育公平

南非后种族隔离时期，教育改革以公平和民主作为价值取向，试图缓和种族隔离时期遗留下来的教育不公平等一系列社会矛盾，从而促进社会的和平稳定发展。20 多年来，南非历届政府对教育的巨大投入给南非的教育公平带来了极大改善，基础教育普及率大幅提高，高等教育成果显著，并成功建立国家资格认证框架体系，促进学历教育和职业资格的有效衔接。[3]

公平问题始终是世界教育发展的难题之一，也是各国教育改革的目标之一。特别是发展中国家，如何实现教育的公平与效率问题，是教育能否实现其社会价值的重要考量之一。南非在教育公平方面的一些做法值得关注。

---

[1] 资料来源于联合国教科文组织官网。

[2] 资料来源于南非政府官网。

[3] 王娟娟. 后种族隔离时期南非教育现状、发展及挑战 [J]. 赤峰学院学报（汉文哲学社会科学版），2019，40（8）：154-158.

四、变革课程与教育

南非政府一直把教育发展作为社会前进的动力和基础。自 21 世纪以来，为加快教育发展的进度，保证儿童正常入学、升学，提高教育质量，南非政府出台了一系列政策措施，重点实施"2005 年课程改革"，引进"以结果为本位"的教育理念，促进基础教育的稳步发展。尽管南非基础教育的发展距离"优质均衡"的目标还有很大差距[1]，但是南非政府加快了教育改革转型，反思教育改革中存在的问题，建立了新的质量提升措施框架。相对而言，课程改革既能推动教育的与时俱进，也易于实现，但其潜在的风险是，如果课程改革失败，将意味着一代甚至几代学生的知识体系存在缺失或不足。在这方面，南非政府的课程改革是小步推进，但步伐从来没有中断，从而保障了课程改革的持续性，也在一定程度上克服了课程改革的风险。

五、完善教育评估制度

国家对学习成果进行评估，对于监测教育的发展至关重要。1994 年以前，南非实行种族分化的教育体系，有 19 个不同的教育部门，每个部门都有不同的标准，并负责各自的考试。此外，在种族隔离时期的教育体系中，唯一的系统评估工具就是 12 年级（入学）考试。但是这个考试的评估标准很不一致，很少强调基于学校的格式化评估，因为不同的教育部门课程框架不同，以不同的形式进行独立管理。随着 1994 年新南非的诞生，新政府将 19 个教育部门集中到一个单一的国家教育部。这个国家教育部的首要任

---

[1] 蔡连玉，苏鑫. 南非基础教育质量提升的路径 [J]. 比较教育研究，2016（12）：92.

务就是要建立一个国家级的考试制度——常见的考试内容和统一的标准、管理、审核、分析和证书。[1]

在南非，12年学校教育结束时举行的考试在新南非成立之前实行了很长一段时间，主要用于选拔学校后教育的生源。从1994年开始，由省级教育部门管理的12年级高级证书考试作为一个特色的教育制度开始实行。从2000年到2007年，省级考试制度一直存在，但在12年级的国家高级证书考试中引入了标准化和中央部门出具的统一试卷。最初这个考试是针对高中课程，但2008年公布的《国家课程声明》将考试扩展到了所有科目。随着2008年《国家课程声明》的发布，基础教育部负责制定所有地区12年级学生的考试试卷，并有完善的标准化的程序，以提高试卷的信度、效度，使评估偏差最小化；同时，南非还实现了跨省份成绩的公平比较。[2]为了提高评估标准，南非基础教育部已经将国家高级证书考试的试题和资格与国际机构进行了对接。总之，完善教育评估制度是实现教育质量提升的重要方式，南非在这方面始终在探索切实有效的方式。

六、加强教师队伍建设

为了解决教师供应的问题，南非的国家发展计划四管齐下，提供了确保有足够的熟练教师供应的方案：（1）通过大学和其他系统培养更多更好的合格教师；（2）制定教师职业发展策略和支持系统；（3）与专业团体和教师工会合作，提高教师的专业知识；（4）确保实行合适的薪酬结构，同时奖励优秀教师。国家发展计划在中期战略框架的体现是：要通过教师的发展来提升教学质量。为了实现这一目标，南非中期战略框架列出了各种量化指

---

[1] 资料来源于南非政府官网。
[2] 资料来源于南非政府官网。

标，具体包括：教师在专业发展中花费的平均时间、第一次以教师身份进入教育系统的年龄、30 岁及以下的合格 R—12 年级教师数量、教师缺勤率、教学岗位满员的学校比例等。[1]

经过多年的探索，如今南非教育已日臻完善，并在整个非洲教育发展中起到了领头羊的作用。"它山之石，可以攻玉"，了解南非在教育发展领域的成功案例、经验教训及其社会环境、相关政策等，不仅对"一带一路"倡议在南非的落地大有裨益，也对中国与南非实现文明互鉴大有裨益。

中华人民共和国与南非共和国于 1998 年 1 月 1 日建交。建交以来，双边关系全面、快速地发展。2000 年 4 月，两国元首签署了《中华人民共和国与南非共和国关于伙伴关系的比勒陀利亚宣言》，宣布成立高级别国家双边委员会，迄今已举行六次全体会议，并多次召开外交、经贸、科技、防务、教育、能源、矿产合作分委会会议。[2]

在文化教育领域，中国与南非两国签有文化合作协定及其执行计划，两国长期保持着多层次、多渠道的文化交流与合作。根据习近平主席 2013 年出访南非期间同南非总统祖马达成的共识，中国与南非互办国家年。2017 年，中南高级别人文交流机制正式启动。

近年来，南非多次开展"中国文化非洲行""感知中国·南非行"等大型活动，反响热烈。南非的多个艺术团体来华参加"国际民间艺术节""相约北京—非洲主宾周"等活动。目前，中国已有 10 余所大学与南非的大学建立合作关系。新华社、《人民日报》《经济日报》《科技日报》和中央电视台在南非设有记者站，《中国与非洲》杂志在南非设有代表处，《北京周报》在南非成立中国与非洲传媒出版有限公司。[3]

---

[1] 资料来源于南非政府官网。

[2] 中国同南非的关系 [EB/OL]. (2024-07-01)[2024-08-30]. https://www.mfa.gov.cn/web/gjhdq_676201/gj_676203/fz_677316/1206_678284/sbgx_678288/.

[3] 中国同南非的关系 [EB/OL]. (2024-07-01)[2024-08-30]. https://www.mfa.gov.cn/web/gjhdq_676201/gj_676203/fz_677316/1206_678284/sbgx_678288/.

中南教育合作是两国加强、加深交往的重要一环。南非多所大学在世界享有盛名。目前，在南非的中国留学生数量偏少，与国家"一带一路"倡议的要求相去甚远，发展空间还很大。因此，双方须进一步加强在教育领域的合作。通过互派留学生、访问学者，共同举办国际学术论坛等形式，两国可以进一步加大双方教育交流与合作。

南非自然环境优美，文化多元，资源丰富，基础设施完善，人力资源充足。当前，作为中国大力实施"一带一路"建设、努力构建全球命运共同体的重要国家，南非政府也正在全力打造文化旅游，促进非洲崛起，极力倡导通过创新经济发展模式解决社会问题，与中国合作愿望强烈。因此，中国应以此为契机，进一步加强与南非的互联互通，强化经济合作纽带联系，加强人员往来，提升两国人民福祉，夯实两国命运共同体基础。

随着"一带一路"建设的推进，中国与南非的合作越来越密切。就目前而言，这些合作仍然局限在政府层面主导的官方交流，民间的交流相对较少。然而，民间交流向来主动性强，形式简单，见效快，作用不容忽视。教育是两国民间交流的重要形式，如何充分发挥两国教育的民间交流，促进官方交流与民间交流共同发展，将是中南教育合作的重点方向。

参考文献

一、中文文献

陈建录. 卢旺达文化教育研究 [M]. 北京：外语教学与研究出版社，2024.

陈建录. 南非职业教育研究 [M]. 北京：外语教学与研究出版社，2023.

陈时见，周琴. 综合大学教师教育的国际比较——侧重综合大学教师教育发展的案例分析 [M]. 重庆：西南师范大学出版社，2011.

崔璨. 马达加斯加文化教育研究 [M]. 北京：外语教学与研究出版社，2022.

杜威可. 连通技能实践认证与国家资格框架 [M]. 牛阿娜，周志，译. 北京：中央广播电视大学出版社，2015.

冯增俊，陈时见，项贤明. 当代比较教育学 [M]. 2 版. 北京：人民教育出版社，2015.

付吉军. 利比里亚文化教育研究 [M]. 北京：外语教学与研究出版社，2023.

顾建新，牛长松，王琳璞. 南非高等教育研究 [M]. 北京：中国社会科学出版社，2010.

顾明远. 顾明远教育演讲录 [M]. 北京：人民教育出版社，2014.

顾晓燕，游滔. 加蓬文化教育研究 [M]. 北京：外语教学与研究出版社，2020.

贺国庆，朱文富，等. 外国职业教育通史 [M]. 北京：人民教育出版社，2014.

李安强. 世界地图集 [M]. 北京：中国地图出版社，2013.

李洪峰，崔璨. 塞内加尔文化教育研究 [M]. 北京：外语教学与研究出版社，2021.

李佳宇，万秀兰. 肯尼亚文化教育研究 [M]. 北京：外语教学与研究出版社，2022.

李生兰. 比较学前教育 [M]. 2 版. 上海：华东师范大学出版社，2013.

李书红，黄晓亮. 突尼斯文化教育研究 [M]. 北京：外语教学与研究出版社，2023.

刘成富，周海英. 南非职业教育与教育体制研究 [M]. 北京：社会科学文献出版社，2021.

刘捷. 教育的追问与求索 [M]. 北京：人民出版社，2021.

刘捷. 专业化：挑战 21 世纪的教师 [M]. 北京：教育科学出版社，2002.

刘进，张志强，孔繁盛. "一带一路"高等教育研究（2019）：国际化展望 [M]. 北京：北京理工大学出版社，2020.

卢晓中. 比较教育学 [M]. 北京：人民教育出版社，2020.

秦惠民，王名扬. 高等教育与家庭流动 [M]. 北京：科学出版社，2019.

秦惠民. 教育法治与大学治理 [M]. 北京：人民出版社，2021.

任钟印. 东西方教育的覃思 [M]. 北京：人民教育出版社，2017.

石筠弢. 学前教育课程论 [M]. 2 版. 北京：北京师范大学出版社，2014.

孙有中. 跨文化研究论丛 [M]. 北京：外语教学与研究出版社，2019.

滕大春. 教育史研究与教育规律探索 [M]. 北京：人民教育出版社，2019.

田园，李迪. 贝宁文化教育研究 [M]. 北京：外语教学与研究出版社，2023.

王承绪，顾明远. 比较教育 [M]. 5 版. 北京：人民教育出版社，2015.

王定华，秦惠民. 北外教育评论：第 2 辑 [M]. 北京：外语教学与研究出版社，2021.

王定华，杨丹. 人类命运的回响——中国共产党外语教育 100 年 [M]. 北京：外语教学与研究出版社，2021.

王定华. 教育路上行与思 [M]. 北京：人民出版社，2020.

王定华. 美国高等教育：观察与研究 [M]. 2 版. 北京：人民教育出版社，2021.

王定华. 美国基础教育：观察与研究 [M]. 2 版. 北京：人民教育出版社，2021.

王定华. 新时代高品质学校建设方略 [M]. 长春：东北师范大学出版社，2019.

王定华. 中国基础教育：观察与研究 [M]. 北京：人民教育出版社，2021.

王定华. 中国教师教育：观察与研究 [M]. 北京：人民教育出版社，2020.

王惠清，胡彩业. 教育行政原理 [M]. 长沙：湖南大学出版社，2006.

王吉会，车迪. 刚果（布）文化教育研究 [M]. 北京：外语教学与研究出版社，2021.

王晶，刘冰洁. 摩洛哥文化教育研究 [M]. 北京：外语教学与研究出版社，2021.

王俊. 南非 [M]. 长春：东北师范大学出版社，2012.

王琳璞，毛锡龙，张屹. 南非教育战略研究 [M]. 杭州：浙江教育出版社，2014.

吴旻雁，黄超. 埃及文化教育研究 [M]. 北京：外语教学与研究出版社，2022.

吴式颖，李明德. 外国教育史教程 [M]. 3 版. 北京：人民教育出版社，2015.

习近平. 论坚持推动构建人类命运共同体 [M]. 北京：中央文献出版社，2018.

习近平. 习近平谈"一带一路" [M]. 北京：中央文献出版社，2018.

谢维和. 我的教育觉悟 [M]. 北京：人民教育出版社，2016.

徐倩，李慧芳. 坦桑尼亚文化教育研究 [M]. 北京：外语教学与研究出版社，2022.

杨汉清. 比较教育学 [M]. 3 版. 北京：人民教育出版社，2015.

叶兴增. 南非 [M]. 重庆：重庆出版社，2004.

苑大勇. 国际高等教育协同创新与人才培养比较研究 [M]. 北京：知识产权出版社，2020.

张方方，李丛. 安哥拉文化教育研究 [M]. 北京：外语教学与研究出版社，2021.

张笑一，Edmund Chang. 埃塞俄比亚文化教育研究 [M]. 北京：外语教学与研究出版社，2022.

郑家馨. 南非史 [M]. 北京：北京大学出版社，2010.

郑通涛，方环海，陈荣岚."一带一路"视角下的教育发展研究 [M]. 广州：世界图书出版公司，2017.

张颖. 首脑外交视阈下的中非关系 [M]. 北京：时事出版社，2017.

中国地图出版社. 世界国旗国徽地图册 [M]. 北京：中国地图出版社，2013.

朱睿智，杨傲然. 莫桑比克文化教育研究 [M]. 北京：外语教学与研究出版社，2021.

二、外文文献

ADELE G. Restructuring teacher education[M]. Johannesburg: Center for Education Policy Development, 2009.

Education Labour Relations Council. Policy handbook for educators[M]. Pretoria: ELRC, 2003.

KRAAK A. An overview of South African human resources development[M]. Pretoria: Human Scientific Research Council Press, 2004.

OECD. TALIS 2018 results (Vol. I): teachers and school leaders as lifelong learners[M]. Paris: OECD, 2019.